BOOK HILL

अक्षर गन्ज

नगरकोटी

BOOK HILL

बुकहिल पब्लिकेसन प्रा. लि.
कर्पोरेट तथा सम्पादकीय कार्यालय
सत्य-सदन ५३०/२० कालिका मार्ग,
का.म.न.पा.- २९, कालिकास्थान, काठमाडौं
पोस्ट बक्स नं. : ४९७४,
फोन : +९७७-१-५९०४४०१/२
info@bookhill.com.np
www.bookhill.com.np

आवरण
सचिन यगोल श्रेष्ठ

लेआउट
उमेश काफ्ले

बुक-हिल संस्करण : १७ मङ्सिर, २०७९

ISBN : 978-9937-753-29-6

AKSHARGUNJ BY KUMAR NAGARKOTI

a

kumar nagarkoti

anthology

death is a total waste of time.

पच्चिस पेग

सो-कल्ड फिक्सन डिजाइनर !

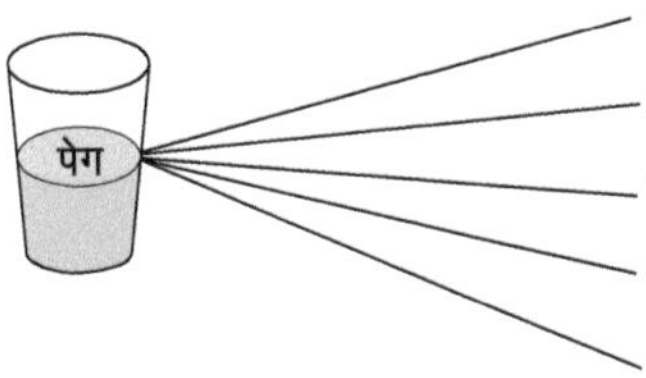

शून्यता

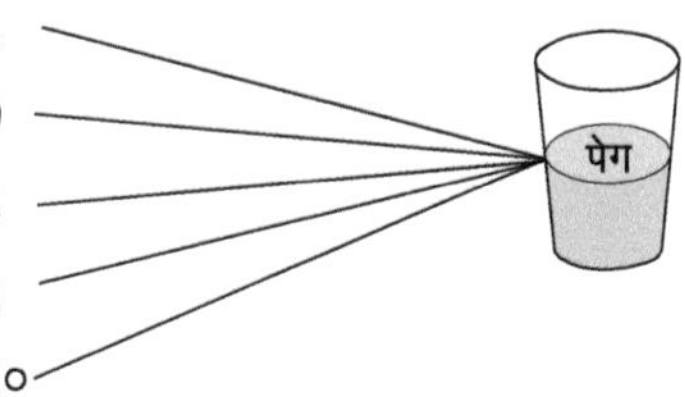

किताब

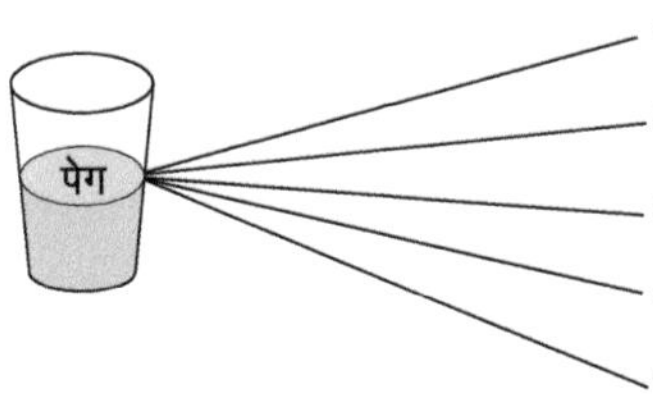

एस-ट्रे

घाट

उमेर

अक्षरगन्ज

सो-कल्ड फिक्सन डिजाइनर !

यज्ञश

खलिल जिब्रानको एउटा लघुकथा छ, स्यालको सिकारबारे ।

एउटा स्याल एकाबिहानै सिकारका लागि निस्किन्छ । पारिलो घाममा आइपुगेपछि उसले एकपटक आफ्नो छाया हेर्छ । बिहानको घाममा उसले छाया साह्रै लामो र ठूलो देख्छ अनि स्यालले सोच्छ, "ए, म त धेरै ठूलो जीव पो हुँ ! मलाई त सिकार पनि ठूलै चाहिन्छ ।" एकछिन विचार गरेपछि स्यालले निष्कर्ष निकाल्छ, "मजस्तो ठूलो प्राणीको पेट भरिन जिराफ चाहिन्छ । त्योभन्दा सानो सिकारले मलाई पुग्दैन ।"

यस्तो सोचेर स्याल जिराफ खोज्न दौडिन्छ । बिहानभर दौडिएर लखतरान भइसक्दा पनि उसले जिराफ भेट्दैन । भोक र घामले थकित भएको स्यालले मध्याह्न १२ बजे फेरि एकपटक आफ्नो छाया हेर्छ । टाउकोमाथि आइपुगेको घाममा उसले छाया साह्रै पुड्को देख्छ । अनि स्यालले फेरि सोच्छ, "धत्, म त साह्रै सानो पो रहेछु ! मलाई त खरायो भए पुग्ने रहेछ ।"

***

यो लघुकथाको सीधा सन्देश आफ्नो छाया होइन, आफूलाई हेर र चिन भन्ने होला सायद ! कुमार नगरकोटीले यसलाई कसरी व्याख्या गर्छन्, मलाई थाहा छैन किनभने जिब्रान उनले धेरै पढेको लेखकमात्र होइन, उनले बढी प्रयोग गरेको पात्र पनि हो । नगरकोटी आफैं भने यस्तो दुबिधामा कहिल्यै परेनन् होला किनभने नगरकोटी कथा-शिकारमा प्रायः राति निस्किन्छन् । उनी शहरका दारु महलदेखि घाटसम्म राति विचरण गर्छन् । रातको एउटा फाइदा छ- न घामको चिन्ता, न छायाको ।

नगरकोटी पछिल्ला केही वर्षदेखि आफूलाई सकेसम्म बदनाम गराउन लागिपरेका छन् । यसैले होला, उनी मृत लेखकहरूको ग्याङ खडा गरेर तिनका माध्यमले जीवितहरूका साहित्यमाथि हमला गरिरहेका छन् । कहिले 'सेक्स इन

द घाट' भनेर अन्तर्वार्ता दिन्छन्, त कहिले पुलिसले गिरफ्तार गरेका क्याजुअल लेख लेख्छन् । नगरकोटी 'मोक्षान्त : काठमान्डु फिभर' भनेर कथा लेख्छन् तर आफूचाहिँ फिक्सन र हाई ब्लड प्रेसरको फिभर बोकेर हिँडिरहन्छन् । यसैले होला, उनी फ्याक्टलाई फिक्सन बनाउने प्रेसरमा हुन्छन् ।

तपाईं कल्पना गर्नुस्, कुनै मानिस बिहान ४ बजे मर्निङ्वाकमा चुरोट तान्दै हिँड्छ ? बिहानको हावासँग गरिने योभन्दा ठूलो ठट्टा के हुन्छ ? यस्तो ठट्टा नगरकोटी हरेक बिहान बालकुमारीदेखि बगलामुखी र पाटनका गल्लीहरूमा गरिरहन्छन् । स्वर्णमन्दिरदेखि पुरानो माछाबजारसम्म नगरकोटीका फिक्सनका प्लटहरू चुरोटको धुवाँ भएर उडिरहन्छन् ।

***

केरमेटबिना साना अक्षरमा लेखिने नगरकोटीका लेखहरू स्क्यान गरेर छापे पनि हुने खालका हुन्छन् । खुकुरी चुरोटजस्तै छोटा वाक्य, चुरोटको सर्कोजस्ता खिरिला अक्षर । १३ पेज लामो फुलस्केपमा लेखिएको लेखमा मुस्किलले दुई-तीनवटा शब्द काटिएका हुन्छन् । नगरकोटी साहित्य र यसको भावलाई मात्र होइन मसी, अक्षर र रङलाई समेत प्रेम गर्छन् । लेख्ने पूरै प्रक्रियालाई नै प्रेम गर्छन्, जतन गर्छन् ।

भर्खरै उनले स्कुल पढाउने धन्दा बन्द गरेका छन् । नगरकोटी अब फुलटाइम लेखक बन्न चाहन्छन् । होल टाइमर उनकै शैलीमा भन्ने हो भने, "साहित्यको जेलमा कसैलाई भेट्न आउने 'आगन्तुक' होइन, भित्रै बसिरहने र यसकै सिदा खाने खुङ्खार कैदी ।"

हुन त साहित्य कुनै जागिर होइन, जसमा फुलटाइम र पार्टटाइम हुन्छ । हाजिर र गयल नहुने पेसा भएकाले यसमा समयको खासै महत्त्व छैन । भनिन्छ, मानिस आफ्ना आदतहरूको कैदी हो । कति मानिसले आफ्नो लतसमेत थाहा पाउँदैनन् । थाहा पाउनैपर्छ भन्ने पनि छैन, जसरी हरेकपटक सास फेरेको गणना गरिँदैन । एउटा लेखकका लागि लेखन सासजति नै महत्त्वपूर्ण हो भन्ने हो भने त्यो अतिशयोक्ति हुन्छ । सास र प्राणजत्तिको महत्त्वपूर्ण त केही नहोला तर आदतको तलतल पनि कडै हुन्छ । यो कुरा 'सो-कल्ड कुमार नगरकोटी'लाई राम्ररी थाहा छ ।

नगरकोटीसँग 'एक्स्ट्रा ब्यागेज' छैन । उनी कसैलाई जित्न वा केही सिद्ध गर्नलाई लेख्दैनन् । मलाई लाग्छ, लेखकहरू केही कुराले लखेटिएर लेख्छन् । कति कुरा बुझेर लेख्छन्, कति कुरा बिझेर लेख्छन् । कुनै न कुनै तृप्तिका

लागि लेख्छन् । नगरकोटीलाई उनको नोस्टाल्जियाले लखेटिरहेजस्तो लाग्छ । नगरकोटी आफ्नो नोस्टाल्जियाका प्रेतहरूलाई तृप्त पार्न लेख्छन् ।

यसैले होला, उनको लेखनको कुनै क्रम हुँदैन । कतै क्रमभङ्ग पनि हुन्छ, त कतै शुरु नै हुँदैन । एउटै बिन्दुमा बसेर गुजुमुज्ज लेख्दा कति कुरा दोहोऱ्याइरहन्छन् । यसै पनि नगरकोटी 'कला'मा जोड दिने लेखक हुन् । उनी आफूलाई लेखकभन्दा बढी 'डिजाइनर' ठान्छन् र डिजाइन यस्तो खतरनाक कुरा हो, जो नयाँ भइन्जेल 'स्टाइल' हुन्छ, पुरानो भएपछि इतिहास !

निरन्तर नवीनताको खोजीले लेखकलाई नयाँ बनाइराख्छ । यसैले होला, नगरकोटी अब कविता, निबन्ध, नाटक र कथाबाट उपन्यासतिर लाग्दै छन् । उनको यो खोजी कत्तिको परिष्कृत हुन्छ भन्ने आउने दिनमा थाहा भइहाल्ला ।

नगरकोटी ती थोरै लेखकमा पर्छन्, जसलाई उनको नाम होइन लेखिएका शब्द र वाक्यले चिनाउँछन् । तपाईं उनको लेख नामबिनै छाप्नुहोस्, पाठकले लेखक चिन्न सक्छन् । यस्तो छाप निर्माण गर्नुमा उनको अनावश्यक अङ्ग्रेजी प्रयोगलाई केही आलोचकले जिम्मेवार ठहऱ्याएका पनि छन् । यसमा आफ्नो बचाउ नगरकोटी आफैं गर्लान् ।

***

पहिलेदेखि नै पढिँदै आएको हो, साहित्य शब्दहरूमा हुँदैन, तिनको बीचमा हुन्छ । शब्दबीचबाट अर्थ खोज्नका लागि थुप्रै सिद्धान्त बने । पढ्ने र पढाउने नियम बने । र, कालान्तरमा जसले ती नियम तोडे, तिनै रचनात्मक कहलिए । अदालतजस्तो कसैले तोकिदिएको दायराभित्र बसेर रचनात्मक बन्न सकिँदैन । यसका लागि बेलाबेला बारबन्धन तोड्ने आन्दोलन चाहिन्छ । नगरकोटी ती दायरा तोड्न सधैं तम्तयार देखिन्छन् । 'अक्षरगन्ज' एउटा उदाहरण हो ।

'अक्षरगन्ज'मा केही चिनिएका पात्र छन् । केही देखिने/सुनिने पात्र छन् । केही पढिने पात्र छन् । खलिल जिब्रान र शङ्कर लामिछाने यसमा सबभन्दा बढी भेटिएलान् । बच्चु कैलाश सबभन्दा बढी सुनिएलान् । अहिलेको समयमा लेखिरहेका नारायण ढकालदेखि बुद्धिसागरसम्मका आख्यानकारहरू, विमल निभादेखि श्रवण मुकारुङसम्मका कविहरू र रोशन शेरचनदेखि दीपक सापकोटासम्मका निबन्धकारहरू यसमा भेटिनेछन् । आक्कलझुक्कल बूढो अर्नेस्ट हेमिङ्वे समुद्रको कुनै कुनामा माछा मार्दै गरेको पनि भेटिन सक्छ । लेखकहरूलाई पात्रका रूपमा प्रयोग गर्ने नगरकोटीको शैली छ । त्यसको बयान यो पुस्तकले गर्नेछ ।

मलाई कहिलेकाहीँ नगरकोटी उडी एलेनको फिल्म 'मिडनाइट इन पेरिस'को पात्रजस्तो लाग्छन् । सय वर्षअघिको कथामा उपन्यास लेख्न खोजिरहेको यो पात्र एक दिन संयोगले यस्तो रेस्टुरेन्टमा पुग्छ, जहाँ मध्यराति पिकासो आइपुग्छन् र आइपुग्छन्, मुड्की बजाउँदै हेमिङ्वे । रातभरि यी कलाकारहरूले अनेक वितन्डा मच्चाउँछन् तर बिहान सब गायब !

लेखकको दिमाग एउटा प्रयोगशाला हो, जहाँ अनेक टेस्टहरू, साहित्यिक उडानका अनेक स्टन्ट हुन्छन् । उडी एलेनको यो पात्र त्यस्तै एउटा प्रयोगशालामा प्रवेश गर्छ, जो दिउँसो अहिलेको समयमा हुन्छ र राति पुग्छ, हेमिङ्वे भेट्न । इतिहास र वर्तमानमा एकसाथ यात्रा गर्ने यस्तै यात्री जसरी नगरकोटी भूपि र शङ्कर लामिछानेलाई वर्तमानमा तानिरहन्छन् । सायद, उनी त्यो कालको कुनै कुरा सच्च्याउन चाहन्छन्, केही कुरा ठीक गर्न चाहन्छन् !

'अक्षरगन्ज' नगरकोटीको आफ्नै यात्राको पनि कथा हो । तपाईं यसमा कुमार नगरकोटी कसरी 'सो-कल्ड' लेखक बने भन्ने पाउनुहुनेछ । आफ्ना प्रहरी बुबासँग जुफाल पुगेका नगरकोटी कसरी स्याउको दानाजसरी प्रहरी स्कुलको डिब्बामा बन्द हुन आइपुगे भन्ने पाउनुहुनेछ । राँझा एयरपोर्टको हावा खाँदै माधुरी दीक्षितलाई पठाएको चिठीको जवाफ नआउँदै उनी कसरी पाटनका गल्लीहरूमा रुमलिन आइपुगे भन्ने पनि थाहा पाउनुहुनेछ । यो पुस्तक लेखक बन्ने प्रक्रियाको बयान हो ।

खासमा 'अक्षरगन्ज' नगरकोटीको 'सेल्फ पोट्रेट' हो, जसमा रङहरूको संयोजन भद्रगोल छ । क्यानभासमा पोतिएका यी रङलाई एउटा लय दिने काम नगरकोटीले पाठकलाई छाडेका छन् ।

***

कोसेलीको 'कुमारजी उवाच'का लागि आफ्नो हस्तलिखित लेख पुऱ्याउन नगरकोटी महिना-दुई महिनामा आउँछन् । कहिलेकाहीँ त यस्तो लाग्छ, कुनै दिन कुमारजी झुस्स दाह्री पालेको ख्याउटे मान्छेलाई लिएर आउनेछन् र आफ्नो शैलीमा मलाई चिनाउनेछन्, "मिट माई फ्रेन्ड, खलिल जिब्रान ! आजै अक्षरगन्जबाट आइपुगेको !"

पेज नं. ७५५

कहिलेकाहीं पेज नं. ७५५ ले मेरो आत्माको अपहरण गर्छ ।

यो एक बारको तथाकथित जुनीमा असङ्ख्य पुस्तक पढ्ने अवसर प्राप्त भयो । ती सम्पूर्ण पुस्तकप्रति मेरो अगाध प्रेम र श्रद्धा छ ।

आजको यो दारु-महल शान्त छ । यो नव वर्षको दोस्रो साँझ । ५:२३ बजे । शनिबार । सोचिरहेछु, तमाम पात्रगत पोर्ट्रेटहरू । टोल्सटोयकी 'अन्ना करेनिना' अनायास याद आइरहेछ ।

अन्ना करेनिनाले आत्महत्या गरेको यो पेज कहिलेकाहीं च्यातेर डस्टबिनमा मिल्काइदिन मन लाग्छ तर अन्ना पेजमा नभई हृदयमा बसेकी एक दुर्लभ नायिका हो, बोक्सी हो भन्ने अन्तरिम बोध भएपछि पेज नं. ७५५ लाई आजसम्म च्यातेर फ्याँकिहालेको छैन ।

आफूले अतिशय प्रेम गरेका केही फिक्सनल पात्रहरूलाई आज म यो दारु-महलमा स्मरण गर्न चाहिरहेको छु । ती पात्रहरू एक किसिमको मानसिक पोर्ट्रेट भएर दिमाग/हृदयमा बसोबास गर्छन् । यस्तो मौलिक मुहार-चित्र जो कुनै पनि प्रकारले काठमान्डुका पुस्तकालय, शौचालय, बङ्गुरालय इत्यादि इलाकाहरूमा झुक्किएर पनि फेला पर्दैनन् । ती पोर्ट्रेटहरू रहस्य र कुतूहलले भरिएका हुन्छन् । ती प्राइभेट पोर्ट्रेटहरू तपाईंको प्राइभेट मस्तिष्कमा चित्रिएका प्राइभेट विम्ब हुन् । कन्ना करेनिना मेरो हृदयको अतिथि कक्षमा यसरी आई जसलाई मैले 'अलबिदा/फेयरवेल/सायोनारा' भन्नै सकिनँ ।

गुस्ताव फ्लवर्टको 'मदाम बोभारी' ('म्याडम' शब्दमा कर्णप्रियता छैन) सितै कहिलेकाहीं शरद्का साँझहरूमा आइसक्रिम खाँदै हिंड्ने गर्छु पाटनका ऐतिहासिक गल्लीहरूमा । भ्लादिमिर नोबोकोभकी 'लोलिता' पद्मकन्या कलेजको मट्यौली, कफी रङको प्रख्यात खद्दरको युनिफर्ममा सजिएर बागबजारको *हिमालयन बुक सेन्टरमा* छिर्दै र त्यहाँ प्रायःजसो सिग्रेटको धुवाँ उडाई बस्ने भलाद्मी शिवजीसित प्रश्न गर्छे :

- ओ साहुजी ! तपाईंसित मदनमणि दीक्षितको 'नीलिमा' या 'माधवी' छ ?

लेडी च्याटर्लीको अवैध 'लभर' या ब्वाय-फ्रेन्ड नहुनुको पीडा मजस्ता धेरै पाठकलाई हुँदो हो । यद्यपि, पारिजातको सकम्बरी हृदयको करिडोरमा आजसम्म सुनसान रातमा ओहोरदोहोर गर्दा मलाई सोम्नाम्बुलिस्टिक अनुभूतिले झस्काउँछ । ढोकामा आफ्ना खिरिला औंलाले 'ट्यापट्याप' गरोस् अनि भनिदेओस् :

- त्यो ग्वाँच शिवराजलाई कतै भेट्यौ भने भनिदिनू, म अझै मरेकी छैन... !

***

यो दारू-महलमा कवि/सङ्गीतकारहरू अझै आइपुगेका छैनन् । उताको कवि-कर्नर आत्माविहीन छ । हेर्छु । पछिल्लोपटक (एक वर्षअघि) हामीले त्यो कवि-कर्नर ओगटेका थियौं । हामी अर्थात् विमल निभा, अविनाश श्रेष्ठ, पुरुषोत्तम सुवेदी, राजकुमार बानियाँ प्लस कुमार रावत । कवि-लेखकहरूसित अनौपचारिक इलाकामा अनौपचारिक भेट हुँदा मलाई बडो अनौपचारिक आनन्द लाग्छ । औपचारिक हुन नसकेकोमा मलाई कुनै ग्लानि छैन । सिग्रेटको बट्टा बढाउँदा विमल निभाले भन्नुभयो :

"आमरूपमा सिग्रेट पिउने मान्छे म होइन तर तपाईंले दिनुभा'को सिग्रेट मैले किन नपिउने ?", म हाँसें । हामी हाँस्यौं । कविजीले सिग्रेटको ब्रान्ड हेर्नुभो र सलाईको काँटी छाम्नुभयो । आफ्नो चिरपरिचित सेन्स अफ ह्युमरमा ठट्टा गर्नुभो :

- तपाईं त बडो डेन्जर मानिस रै'छ । खल्तीमा तीर (सलाईका काँटीहरू) र खुकुरी (सिग्रेटका काँटीहरू) लिएर हिंड्नुहुँदो रै'छ !

त्यसपछि दारू-महल नै खित्का छाडी हाँसेथ्यो तर आज ती 'खित्कौली' छैनन् । त्यो परको कवि-कर्नर खाली खाली छ । अनौठा कथाहरू मात्रै कति लेख्नुहुन्छ ? कविजीले यसो अखबारका लागि पनि कहिलेकाहीं 'क्याजुअल-लेख' लेख्नुस् न भनेको पनि एक वर्ष भएछ र आज यस बेला यो क्याजुअल लेख : पेज नं. ७५५ लेख्दै छु ।

***

अब एउटा सिग्रेट सल्काउँछु । हेलो ब्रदर ! एक पेग भइजाओस् । वेटर ब्रोलाई भन्छु ।

अर्नेस्ट हेमिङ्वेको 'ओल्ड म्यान एन्ड द सी'को ओल्ड म्यानसित म सदा माछा मार्न जान चाहन्थें । त्यो मत्स्य-सिकार गर्ने अवसर कहाँ ? यहाँ पाटनमा समुद्र छैन र प्रशान्त महासागरतिर जानका निम्ति मैले अझै पासपोर्ट बनाइसकेको छैन । ओल्ड म्यान अक्सर मलाई भन्छ :

"ममार्फत हेमिङ्वेले मानव जातिको सङ्घर्षपूर्ण कथा संसारलाई सुनायो तर स्वयम् आफूले भने आत्महत्या गऱ्यो । उफ्ऽऽ !"

ओल्डम्यानको यस्तो कुराले म प्रायः उदास हुन्छु । अनि फ्रान्ज काफ्काको *मेटामर्फोसिस* कथाको ग्रेगर साम्सा भइदिन्छु । भयानक कीरा भइदिन्छु ।

भैगो, अर्को सिग्रेट सल्काउँछु अब ।

एलेन गिन्सबर्ग र ज्याक केरूआकहरू उता त्यो कवि कर्नरमा अझै आइपुगेका छैनन् तर यस बखत केरुआकलाई सम्झँदा आत्मालाई सुख नै होला सायद । *अन द रोड*मा ज्याकले एउटा अजीव पात्र फेला पार्छ । त्यो क्लेप्टोमेनिक पात्र असलमा एक कमसल चोर हो जो सेकेन्ड ह्यान्ड बजारमा आफूले चोरी गरेका सामानहरू बेच्छ । केरूआकलाई त्यसले सुनाउँछ :

"जेलमा चरित्र सुधार गर्नका निम्ति मलाई बाइबल पढ्न दिइएको थियो । हरेक आइतबार पादरी धर्म व्याख्यान दिएर जान्थ्यो र त्यसपछि मेरो पालो त्यो मोटो धार्मिक ग्रन्थलाई चिसो भुईंमा ओछ्याएर बस्थें । मेरो यस्तो क्रियाकलापदेखि वाक्क मानेर पादरीले एक दिन मलाई पकेट साइज्ड बाइबल दिएर गयो । त्यसलाई अब ओछ्याउन मिलेन । अन्ततः पढेर सिध्याएँ । ए गाँठे ! त्यसमा त दामी कुरा पो लेखिएका रहेछन् । त्यसको प्रभावले म केही परिवर्तन भएँ । पहिले अन्धाधुन्ध चोरी गर्थें । आजकल म कम चोर्छु ।"

त्यो चोर ज्याक केरुआकको *अन द रोड*को कुनै पृष्ठमा अझै जिउँदो होला र नयाँनयाँ पाठकहरूलाई आफ्ना कथा सुनाउँदो होला !

खलिल जिब्रान एक साँझ आइसक्रिम पार्लरमा देखा पऱ्यो । यसलाई पढ भनी एउटा गाता नभएको किताब दिई ऊ फटाफट गइहाल्यो । शीर्षक पढें : *जिजस : द सन अफ म्यान* । घरमा ल्याई पढें । जिब्रानको 'जिजस' प्रिय लाग्यो । पुस्तकमा जिजसलाई कुनै सुपर न्याचुरल शक्तिले पल्लवित पुरुषका रूपमा नभई एक सामान्य मानवका रूपमा व्याख्या गरिएको छ विभिन्न प्राचीन पात्रहरूमार्फत । जिब्रानको 'जिजस' आत्मीय लाग्यो, जसरी कुरान (अङ्ग्रेजी भर्सन) पढ्दा मोहम्मद प्रिय लाग्छ । उता, महावीर प्लस बुद्ध त यसै पनि मेरा 'फेवरेट' थिए नै ।

- हेलो जिजस ! एक पेग अब पिउन देऊ । एउटा क्याजुअल-लेख लेख्न देऊ ।

खलिल जिब्रानको 'म्याड म्यान'ले मलाई झन्डै झन्डै पागल बनाइदिएको ! प्रिय लुसुनको 'म्याड म्यान'को अर्कै कथा छ । मौका मिले म तपाईंलाई सुनाउने

नै छु । म बसोबास गर्ने पाटनमा देशको एक मात्र सुव्यवस्थित 'मानसिक अस्पताल' छ जहाँ मलाई आजसम्म कसैले 'एडमिट' गरेको छैन ।

तर, मेरो पागलपनको 'ओखती' गर्न प्रायः आइपुग्छन्, जिब्रानकै 'प्रोफेट'मा वर्णित अलमुस्तफा एवम् नित्सेको 'जराथुस्त्र' । अनि, दाँत दुख्दा सिटामोलको चक्की लिई आइपुग्छे मेरो पागलपन एवम् एक्लोपनामा सहानुभूति दर्साउन भिक्टर ह्युगोकी जिप्सी नायिका इज्मेराल्दा ।

कहिलेकाहीं अल्वेयर कामुको आउटसाइडर पात्र मर्सोल्ट आफैं हुँ कि जस्तो लाग्छ । कि म दोस्तोयवस्यकीको *क्राइम एन्ड पनिस्मेन्ट*को रास्कोल्निकोभ हुँ ? यस्तो बखत *हन्चब्याक अफ नोत्रेदाम*को बूढो क्वासिमोडो मलाई सान्त्वना दिन आउँछ :

- हेलोऽऽऽ उता कवि-कर्नरमा वासुदेव कट्टेल आइपुगेको छ । जाऔं, उसलाई स्वागत गरौं ।

हेर्छु, वासुदेव कट्टेल होइन बरू हरिहर शर्मालाई देख्छु । कवि-कर्नर वरपर महाकविको 'कुन मन्दिरमा जान्छौ यात्री' पार्श्व भूमिमा साथसाथै गुन्जिरहेझैं लाग्न थाल्छ ।

***

सिनेमाले मेरा पात्रहरूलाई ध्वस्त बनाइदिएका छन् । म ताक्छु मुढो, बन्चरो ताक्छ घुँडोजस्तै भए ती ! मैले बनाएका मानसिक पोर्ट्रेटहरू विनिर्माण भए फिल्महरूमा । मार्गरेट मिसेलको *गन विद द विन्ड* पढेको मान्छे म । स्कारलेट मेरी नायिका थिई धेरै समय तर फिल्ममा अभिनेत्री विवियन लेईले मेरी पर्सनल स्कारलेटलाई रिप्लेस गरिदिई ।

ब्राम स्टोकरकको *ड्राकुला* पढेर हुर्केको म । पछि/कालान्तरमा ड्राकुलाको अभिनय गर्ने क्रिस्टोफर लीलाई चिनें । मेरो मानसिक पोर्ट्रेट भत्कियो । भर्जिनिया उल्फकी मिसेज ड्यालवेले मेरो युवाकालमा केही जादू चलाई तर *आवर्स* नामक फिल्म हेरेपछि मेरी पर्सनल नायिकालाई अभिनेत्री मेरिल स्ट्रिपले रिप्लेस गरिदिई । म उदास भएँ । तपाईंले जेएम कोयत्जीको *डिसग्रेस* पढेर त्यसको नायक अङ्ग्रेजी प्रोफेसरको एउटा मानसिक तस्वीर बनाउनुभा'छ भने त्यसलाई फिल्म हेरेपछि अभिनेता जोन माल्कोविचले तपाईंको इमेजलाई भत्काइदिन्छ ।

पारिजातको मृत्यु हुँदा म काठमान्डुमा थिइनँ । सकम्बरीको यादको पुष्पगुच्छा पारिजातको पार्थिव शरीरमा चढाउन पाइनँ तर जब-जब यो उत्तर आध्यात्मिक

शहरमा शिरीषको फूल फुल्छन्, अनायास सकम्बरी घुम्न थाल्छे हृदयको सुनसान गोदाममा । विजय मल्लकी *अनुराधा*बारे सोध्न कवि अविनाश श्रेष्ठको पछि लागेर न्युरोडमा अवस्थित विजय मल्लकहाँ पुगें । उहाँ अचेत हुनुहुन्थ्यो । त्यही रात उहाँको निधन भयो । भोलिपल्ट अविनाश श्रेष्ठको करेसाबारीबाट चोरेको फूललाई 'अनुराधा' नाम दिएँ र प्रिय लेखकको पार्थिव शरीरमा चढाएँ ।

दारु-महल सुनसान हुँदै जाँदो छ । कवि-कर्नरमा विमल निभाहरू आज आइपुगेनन् । विभिन्न पात्रहरूको चर्चा गरें यस लेखमा । वास्तवमा विश्वका लेखक, साहित्यकारहरूले विभिन्न कालखण्डमा क्रियट गरेका पात्रहरू भट्किएका आत्माहरू हुन् । ती आत्माहरू सदा कुशल पाठकको सम्पर्कमा आउन लालायित हुन्छन् ।

वासुदेवले यस्तो बेला भनिदेओस् :

"आजको अन्तिम पेग चियर्स चिच्याऔं अब । आजको रात मैकहाँ जाऔं । ध्रुवचन्द्र गौतमले मलाई आफ्नो पुस्तक न्याकमा अझै सुरक्षित राखेको छ । अनि अर्को कुरा मिस्टर नगरकोटी ! मसित पनि त्यो प्रख्यात पेज नं. ७५५ छ । अन्नाले आत्महत्या गरेको त्यो पेज आज तिमीसितै पढ्ने मन छ ।"

पहिँलो स्वेटर

प्रोलग

ब्ल्याक-आउट साँझ । राज्यले सशुल्क लोडसेडिङको बम्पर उपहार दिएको छ ।

मैनबत्ती जलाउँछु । फुच्चे गुरु रिम्पोचे आफ्नी आमाको दूध खाएर निदाइसकेको छ । सायद, सपनामा कुनै नर्सरी-गीत या ए फर एप्पल, बी फर बल भन्ने बाल-श्लोक गुनगुनाउँदै ऊ आफ्नै स्वप्न-लोकमा घुमिरहेको होला ।

- सुनाउनुस् न आफ्नो पहिलो प्रेम-कथा, आज । - सावित्री कार्की भन्छे ।

सधैँको उसको धाराबाहिक गुनासो हो यो । झ्याल खोल्छु । आफ्नो लोग्नेको प्रथम प्रेम-कथा सुन्न उसलाई के रहर लागेको होला ! आकाशमा जून छे/उदास उदास । सावित्रीको अनुहार पनि उदास उदास ।

उदासीनता गर्व गर्न लायक अवस्था होइन । मेरो कारणले जून किन उदास हुने ? पत्नी किन उदास हुने ? आफ्नो नोस्टाल्जिक मुटु उघार्छु र भन्छु :

ऽऽऽलौ सुन म भन्छु मेरो रामकहानी
एक दिनको घाम सैयौं दिनको पानीऽऽऽ

***

ऋतुको चिया-पसल

॥ वि.सं. २०५१ ॥

ऋतुको चिया-पसलमा मेरा केही जिप्सी यादहरू छुटेका छन्...

यादका भेडाबाख्राहरू धपाउन/गोधूलि साँझमा ती नोस्टाल्जिक गाईबस्तुहरूलाई घर फर्काउन म कहिलेकाहीं विस्मृत इलाकाका गल्लीहरूमा देखा पर्छु । अतीतको गोठालो भई डुली हिंड्छु ।

ज्ञानीहरू भन्छन्, "अतीतमा डुल्ने डुलुवाहरू मूर्ख हुन् ।" आफू कुनै पनि 'रूप प्लस सार'मा ज्ञानी पुरुष नभएको हुनाले म लाक्षणिक हिसाबकिताबले मूर्ख नै हुँ र सायद पटमूर्ख पनि । रूप र सारको गन्जागोलमा नपर्नु नै यस बखत रुचिकर होला । कि कसो ?

अँ !

तैपनि भन्नुपर्ने हुन्छ : जीवनमा भए गरेका सम्पूर्ण मूर्खतापूर्ण एवम् सुरुचिपूर्ण घटना, उपघटना या कार्यकारी घटनाहरूको लेखाजोखा गर्न म यदाकदा ती स्मृतिजन्य-उद्यानहरूतिर डुलिहिंड्छु, घुमिहिंड्छु ।

ऋतुको चिया-पसल वास्तवमा एलेन गिन्सवर्गको कुनै कवितामा फेला पारिने स-सानो कफी-गृहजस्तो थियो । सात, आठ थान मेच टेबल/खित्रिङमित्रिङ सामानहरू/भित्ताको मोनालिसाको पोस्टर/प्लास्टिकका बाटा एवम् बाल्टीहरू/स्टोभ यस्तै यस्तै । अलमस्त टाइपका ग्राहकहरू चिया पिउने अड्डा ।

ऋतु चिया बनाउँथी । चिया के बनाउँथी र ! चियासितै आफ्नो पार्थिव-हृदय उमाल्थी, सायद । सदा कुर्ता सलवार लगाउने ऋतु कुनै मौन तपस्वीझैं शान्त मुद्रामा हुन्थी । ऊ जवान थिई । म पनि कम जवान कहाँ थिएँ र ? ऊसित मेरो कुराकानी कमै हुने गर्थ्यो । गफगाफ गर्ने जिम्मा त अरू ग्राहकहरूको नै हुने गर्थ्यो । म त त्यहाँ एक छेउको टेबल ओगटी चुपचाप अद्भुत किताबहरूको रहस्यलोकतिर हराइरहेको हुन्थें ।

- अर्को कप चिया ? ऊ आफैं सोध्थी । मलाई उसको अनुहार हेर्ने फुर्सद हुँदैन थियो । सायद ऊ नै चिया उमाल्दै मेरो मङ्गोल अनुहार हेरी बस्थी, पसलको कुनाबाट । तात्तातो चिया मेरो अगाडि राखिदिन्थी ।

मैले पढिरहेको पुस्तकको नाम पनि ऊ यसो चियाउँथी र ? डायरीमा, नोटबुकमा म के फुटनोट्स लेखिरहेको हुन्थें ? उसले कहिल्यै थाहा पाई ?

वास्तवमा, त्यस कालतिर म साहित्यको नवोदित पाठक बन्ने सत्कार्यमा जुटेको थिएँ । आफूलाई म एक उदीयमान पाठक बनाउन चाहन्थेँ । साहित्यमा उदीयमान या नवोदित केवल 'लेखक' मात्रै हुनुपर्छ भन्ने टिप्पणी विश्व साहित्यको कुन संविधानको कतिऔं धारा/उपधारामा उल्लेख गरिएको छ ? म बबुरोलाई थाहा थिएन ।

तसर्थ, म एक उदीयमान पाठक बन्ने सन्दर्भमा थिएँ । मेरो सम्पूर्ण पेसा भन्नु नै साहित्य, कला, दर्शन, चित्रकारिताको अध्ययन नै त थियो नि ! पढ्नैका निम्ति मैले आफ्नो जीवनको आकर्षक प्रथम नोकरी छाडेँ । कलेज छाडिदिएँ । विश्वविद्यालयको प्राज्ञिक इम्पेरियलिजममा कहिल्यै रुचि जागेन । स्वअध्ययनकै निम्ति वसन्तपुरस्थित दाजुभाउजूको परिवारलाई छाडिदिएँ र पाटनको चाकुपाटमा एउटा डेरा लिएँ, जहाँ ऋतुको चिया-पसल पनि थियो ।

त्यो चिया-पसलमा मैले आफ्ना केही आयु फ्याँकेँ । घन्टौं बसोबास गर्थें त्यहाँ ।

ऋतुको परिवार मेरो कोठाभन्दा माथिको तलामा बसोबास गर्थ्यो । तीन दिदीबहिनीमा ऊ माहिली छोरी थिई । दाइ पाटनको इलेक्ट्रिक पसलमा सेल्सम्यान थियो । आमा आध्यात्मिक पाराकी थिइन् । गुरु बाल योगेश्वरको शिष्या । भनूँ भने पूरै परिवार गुरुजीको आशीर्वादमा थियो । बुबा चाइने अस्तित्वदेखि सफाचट भइसकेका ।

ऋतुकी आमाले एक दिन भनिन्, "कुमार बाबु ! हिंड्नुस्, भोलि शनिबार तपाईंलाई गुरु महाराजजीकहाँ लैजान्छु । जानुहुन्छ ?"

- मैले त्यहाँ गएर के पो गर्ने होला ? - भनें ।

- प्रवचन सुन्ने । सत्सङ्ग गर्ने ।

प्रवचन र सत्सङ्गको अभ्यास नगर्नुपर्ने कुनै कारण थिएन । ओशो, युजी अनि जे कृष्णमूर्ति, नागार्जुनजस्ता आध्यात्मिक गुरुहरूको किताबी सत्सङ्गको अद्भुत लत लागिसकेकै थियो । यसो गुरु महाराजजीको सत्सङ्ग 'ट्राई' मार्दा राम्रै त होला नि !

सामाखुशीको प्रवचन-हल आध्यात्मिक फ्लेभरमा/सम्पूर्ण 'औरा एन्ड अरोमा' सितै मेरो प्रतीक्षा गरिरहेझैं लाग्यो । ऋतु छेवैमा बसी । केही भजनहरू कानभित्र छिरे । भिडियो स्क्रिनमा गुरु महाराजजी बाल योगेश्वर देखा परे । हलका सप्पै शिष्य/शिष्याहरू आध्यात्मिक मुडमा देखा परे । ऋतुले भनी, "प्रवचन ध्यानपूर्वक सुन्नुस् । तपाईंको जीवनमा काम लाग्छ ।"

जीवनमा काम लाग्ने प्रवचन त ध्यानपूर्वक सुन्नै पऱ्यो । एउटी जवान युवतीले भनेपछि टार्ने नै कसरी ! भिडियो प्रवचनमा गुरुजी उवाच :

मनुष्यको इस तरह से सम्मोहित किया गया है की वो अपनी अन्दर की यात्रा ही तय कर नहीं पाता । कितनी अजीव बात है ये की अपनी आत्मा की खोज वो बाहर की दुनियाँ मे करता है । भौतिक पदार्थों मे वो खो गया है । मानव सभ्यता की इतिहास मे मैने आद्मी को इतनी विवश और दुःखदायी स्थिति मे कभी नहीं पाया । बचपन से लेकर युवा तक, युवा से लेकर बूढा पे तक आद्मी सिर्फ बाहर ही देख्ने की अभ्यास करता है । जब कोई बच्चा रोता है तो उस की माँ उसे कोई खिलौना थमा देती है । बच्चों को आदत पड जाती है खिलौना से । वो खिलौना बाद मे बदल जाती है और आद्मी की स्थायी मित्र बन जाती है । वो पडोस की महल, सडक की ल्याम्प-पोस्ट, विज्ञापन की होर्डिङ बोर्ड देखकर बडा होता है । अपनी भितर की यात्रा मे वो भला क्यों पडे ! क्यों की उसे तो बस पकडना है । ट्रेन छुट जाती है । अपनी अस्तित्व की खजाना छुट रही है, उसे इस का कुछ पता नहीं । मै कहेता हुँ, इस भागदौड की जीवन से कुछ देर विश्राम लो । ध्यान मे डुबो । अपनी अन्तस की यात्रा मे तुम्हे कोई भिसा नहीं चाहिए । कोई पासपोर्ट नहीं चाहिए । जागो और अपने आपको ढुँडो । बहोत हो गई बेबफाई अपनी आत्मा से । अपनी आत्मा की मौन प्रेम निवेदन स्वीकार करो...

झसङ्ग भएँ । आफ्नो आत्माको प्रेम निवेदन स्वीकार गरियोस् भनी गुरुजीले भर्खरै भने । यस, द्याट वज अ पासवर्ड : आत्माको प्रेम निवेदन ? त्यो पनि मौन खालको ! मौन तपस्वी ऋतुलाई यसो हेर्छु । ऊ त पद्मासनमा प्रवचनको आनन्द लिइरहेकी थिई आँखा चिम्ली । भिसा या पासपोर्ट नै नलिई ऊ कुन आनन्द लोकमा उडिरहेकी थिई ? मेरो हृदय-लोकमा आएको त कुनै खबर छैन ।

ऋतुलाई उसकै आफ्नो आनन्द लोकमा मैले छाडिदिएँ ।

जीवन मेरो औसत रूपमा सरल रेखामा कोरिएको गल्लीमा हिँडिरहेको थियो तर मैले छनोट गरेँ बक्रोक्ति । त्यसपछि बक्ररेखामा मेरो जीवन कुनै भुस्याहा कुकुरझैं अस्तित्वका तपसिल-गल्लीहरूमा भट्कन थाल्यो । मैले चाल पाएँ । आम मानिसझैं बाँच्नु मेरो अधिकार थियो तर प्राथमिक अधिकार मात्रै मेरा

निम्ति पर्याप्त थिएन । सार्वभौम भन्नुस् या संवैधानिक अस्तित्वमा जीवनमा केही पर्सनल छनोटहरू पनि त हुनु पर्‍यो नि ए गाँठे ! मैले छनोट मन पराएँ । मैले मीरा भट्टराईलाई रुचाएँ । माफ गर ऋतु !

***

ऋतुको चिया-पसल उस्तै थियो । त्यहाँ हजारौं मग चिया र त्यति नै खिल्ली चुरोट खाएँ हुँला । सत्सङ्ग या प्रवचनले मेरो आत्माको शुद्धीकरण खोइ किन हो, हुनै सकेन । हृदय परिवर्तन भन्छन् नि ज्ञानीहरू ! खै त ! आफ्नो हृदय त उस्तै छ, खनिजजस्तो, शिलालेखजस्तो...

चिया-पसलमा कहिलेकाहीं ग्राहकहरूसित आध्यात्मिक भनाभन हुन्थ्यो । सन्त महाराजझैं गरी फुर्ती लगाउँदै कोही भन्थ्यो, "मनुष्यको केन्द्र आत्मा हो । मानव देह त आखिर के नै पो हो र ? केवल भ्रम हो, माया हो, मृगतृष्णा हो ।"

मलाई आत्मा र मानवदेहबीच फैलाइएको डिमार्केसन पर्याप्त थिएन । म भन्थें, "मृगतृष्णा नै सही, केही त हो नि यार !"

म मानवदेहवादी या आत्मवादी केही थिइनँ तर मृगतृष्णाप्रति मेरो चाख किन त्यस्तो रोचक थियो त ? यसको एउटा कारण थियो । म एउटी महिलाको प्रेममा चुर्लुम्म घाँटीघाँटीसम्म डुबेको थिएँ ।

ऊ छिमेकी महिला थिई र जिजस क्राइस्टले भन्नुभएकै छ : लभ दाइ नेइबर/आफ्नो छिमेकीलाई प्रेम गर । मैले छिमेकीलाई प्रेम नगर्नुपर्ने कुनै कारण थिएन । प्रेममा तर्क नाजायज हो/प्रेममा विचार अवैध हो । यस्तै मनको लड्डुमा रमाइरहें । जर्मन दार्शनिक मार्टिन लुथर (अमेरिकी मार्टिन लुथर किङ होइन) ले भनेकै छन् नि : रिजन इज द डेभिल्स ह्वोर... । त्यस्तै केही ठानें । प्रेममा विचार या तर्क ! ह्वाट ननसेन्स ! मीरा भट्टराई मेरो प्रथम प्रेम थिई । बूढापाकाहरू भन्छन् नि : पहिलो पिरेम ।

मेरो प्रेमको समस्या के मात्रै थियो भने मीरा भट्टराई विवाहित थिई । ऊ कसैकी आधिकारिक पत्नी थिई ।

***

मीरा मेरो डेराबाट लगभग सय मिटर परको एउटा घरमा केही महिनादेखि बस्दै आएकी थिई । कालान्तरमा ऊ मेरो जिन्दगीको सुनसान करिडरमा चुपचाप ओहोरदोहोर गर्न थाली र एक साँझ मेरो हृदयको दैलोमा आफ्ना मसिना

औंलाहरूले 'ट्याक्क ट्याक्क' गरी आवाज दिई । मैले दैलो उघारें । मुस्कुराउँदै उसले भनी, "मे आई कम इन ?"

ट्वाँ परें । ओहो ! यस प्लिज, गेट इनसाइड भन्नुपऱ्यो ।

उसलाई मैले आफ्नो हृदयको अतिथि-कक्षमा स्वागत गरें । बेरोजगार युवाको अतिथि-कक्ष कस्तो हुन्छ ? लथालिङ्ग एवम् अस्तव्यस्त न हो ! उसले सरसफाइ गरी । कुर्सीमा बसी ट्वाँ पर्दै उसलाई हेरिरहें ।

ओछ्यान पनि चिटिक्क पर्दो रैछ त ! म हुस्सुरामलाई बल्ल पो थाहा भयो । कोठाभरि यत्रतत्र छरिएका तन्त्रशास्त्रका, विज्ञानशास्त्रका, दर्शनशास्त्रका, कोकशास्त्रका ग्रन्थहरूलाई उसले जतनका साथ पुस्तक ऱ्याकमा थान्को लगाइदिई । ओभरकोट, मफलर, ज्याकेट इत्यादि लुगाफाटाहरूलाई ह्याङ्गरमा झुन्ड्याइदिई । खुम्चिएका, खजमजिएका प्यान्ट कमिजहरूलाई प्लास्टिकको झोलामा प्याक गरी र भनी, "इस्त्री गरेर ल्याइदिन्छु.... ।"

मेरो मन पनि खुम्चिएको, खजमजिएको छ । त्यसलाई पनि स्त्री ए सरी ! इस्त्री लगाइदिए क्या जाती, क्या दामी हुन्थ्यो ! चिया बनाएँ । उसलाई दिएँ ।

हेरचाह गर्ने, माया गर्ने स्त्रीको जीवनमा ठूलो महत्त्व हुँदो रैछ । ती कालतिर म धुमधामले कविताको व्यसनमा थिएँ । कविता-कर्ममा थिएँ । डायरी लेख्ने पुरानो आदत ज्यूँदै थियो । उसले पढ्ने रहर गरी । उसको चाहनामा ल्याप्चे लगाउँदै पाँचवटा नोट-बुक रिफर गरें । गोविन्द गोठालेको 'पल्लो घरको झ्याल' पनि पढिछाड्ने जिद्दी गर्न थाली । बदलामा मैले गोविन्दका भाइ विजय मल्लको 'अनुराधा' उपन्यास पनि बोनसमा चढाएँ ।

मेहदी हसन, गुलाम अली, जगजित/चित्रा सिं/चन्दन दासका गजल चक्काहरू पनि 'लौ तपाईंले यिनीहरूलाई पनि सुन्नुपर्छ' भनी दिएँ । अनुप जलोटाको भजनचाहिं दिइनँ । भजन कीर्तनले रोमान्टिक मुडलाई ध्वस्त पार्थ्यो कि ! अर्को कप चिया म आफैं बनाउँछु भनी ऊ स्टोभ बाल्न थाली । पुरानो फिलिप्स टेपरिकर्डरमा 'अर्थ' फिल्मको चक्का घुसारें । गीत बज्न थाल्यो :

ऽऽऽतुम इतना जो मुस्कुरा रही हो
क्या गम है जिसे छुपा रही होऽऽऽ

चिया पिउँदै उसले मेरो अव्यावहारिक जीवन-ढाँचाको बारेमा चाख राखी । अस्तव्यस्तता एवम् अव्यावहारिकता नै मेरो जीवनको व्यावहारिकता थियो । यस्तै केही भनें । ऊसित प्रशस्त जिज्ञासा थिए मेरो चरित्रलाई लिएर । म बर्सातमा

बिनाकारण किन रुइन्न मन पराउँछु ? साँझपख एक्लैएक्लै फगत एक्लै गितार बजाई म किन उदास गीत गाउने गर्छु ? बिनाकारण म किन शिव शर्माको (नजिकैको दारु अड्डा) पसलमा रक्सी पिउने गर्छु ? बिनाकारण ऋतुको चिया-पसलमा घन्टौं पुस्तक पढी किन आफ्नो युवा-आयु खल्लास गर्दो रहेछु ? जागिर खान छाडी म व्यर्थैमा किन चुरोट खाँदो रहेछु ? उसका यस्ता टाइपका जिज्ञासा सुनी म केवल फिस्स, फिस्स फगत फिस्स गरिरहें । मसित यस्ता प्रश्नहरूको नैतिक जवाफहरू पनि त थिएनन् नि !

जाने बखत उसले भनी :

- कुमारजी ! तपाईं एकदमै अनौठो मान्छे हुनुहुन्छ । तपाईंजस्तो हरफनमौला मैले आजसम्म भेटेकी छैन । ज्यादै अजीव ! अहिले जान्छु । कोठा चिटिक्क बनाइदिएकोमा मसित नरिसाउनुहोला ।

बेकारमा किन रिसाउने ? म अजीव छु भन्छे । आफ्नो लोग्ने उसलाई अजीव लाग्न छाडेछ कि क्या हो ! मेरा सामानहरू लिएर ऊ गई । सामानसितै केही टुक्रा मुटु पनि लिएर गई । फर्केर कहिले पो आउली !

पाटन, चाकुपाटको रू. ६००/- को डेरा त्यसपछि मलाई भव्य लाग्न थाल्यो । वरपर फैलिएका खेतबारीहरू सुन्दर लाग्न थाल्यो । कहाँसम्म भने कोठाबाहिर बग्ने खुला ढलको पानी पनि के ज्याद्रो कलकल गरी बगेको ?

'पल्लो घरको झ्याल'मा बस्ने मीरा जादूगर्नी थिई । बेसीशहरकी यी भद्र महिला आकारमा आम नेपाली महिलासमान औसतकी थिई । औसत उचाइ । औसत लवाइखवाइ । औसत रुचि । ओठ, आँखा, केशविन्यास, नितम्ब, वक्षस्थलका शास्त्रीय चर्चा यहाँ नगरूँ । यत्ति हो, हरेक नेपाली स्त्रीझैं ऊ आकर्षक थिई, राम्री थिई, सुन्दर थिई ।

उसको पार्ट-टाइम-पति पोखराको कुनै नुडल्स कारखानाको म्यानेजर थियो । बिदामा यदाकदा पोखराबाटै चिनियाँ मोटरसाइकल कुदाउँदै मीरा भट्टराईलाई भेट्न आउँथ्यो । ती भद्र पुरुषसित मेरो कहिल्यै कुरा भएन । मलाई ऊ कुनै भिजिटिङ प्रोफेसरजस्तै लाग्थ्यो । यस्तै १५, १६ दिनमा ऊ आउँथ्यो/घर खर्च दिन्थ्यो/रातमा सम्भोग-सेक्स यस्तै केही गर्थ्यो र अर्को बिहानै भालेको डाँकसितै चिनियाँ बाइक स्टार्ट गर्थ्यो र नुडल्स फ्याक्ट्री भेट्टाउन पोखरा रवाना हुन्थ्यो । यस्तै थियो जम्माजम्मी मीरा भट्टराईको दाम्पत्य जीवनको रामकहानी ।

मेरो अजीवोगरिब जीवन-ढाँचा यथावत् थियो । पसलमा उधारोले डाँडा काटेपछि घरमा बुबालाई चिठी लेख्थें :

पूजनीय पिताज्यू !

साष्टाङ्ग ढोग ।

आराम छु । आराम चाहन्छु । तपाईंले मेरो बारे कुनै चिन्ता नलिनुहोला । कलेज (रत्नराज्य क्याम्पस) नगए पनि आईए पढिराछु डेरामै । किताबहरू किन्नका निम्ति दश, बाह्र हजारको खाँचो परेको छ । पसलमा उधारो पनि तिर्नु छ । कृपया, पठाइदिनुहोला !

हजुरको आज्ञाकारी छोरा
उही, कुमार नगरकोटी

कालान्तरमा, केही समय म कुमार नगरकोटी रहिनँ । नाम परिवर्तन गरी मिराज लेख्न थालें । मिराज अर्थात् मीरा भट्टराईको । अनि त्यो शब्दको अङ्ग्रेजी भर्सन -MIRAGE- पनि त्यस बेलाको मेरो मनोदशालाई म्याच गर्थ्यो : मृगतृष्णा...

मीराज अर्थात् मीराको (MEERA'S)

मिराज अर्थात् मृगतृष्णा (MIRAGE)

मिराजको नाममा मैले केही कथा, कविता लेखें । साहित्यिक उपनाम भन्छन् नि साहित्य अध्येताहरू ! 'समकालीन साहित्य'को ३५ औं अङ्कमा मिराज श्रेष्ठको नाममा एउटा लेख प्रकाशित छ, 'स्यामुअल बेकेट : एक फ्ल्यासब्याक ।'

एक साँझ मीरा आई मेरा सामानहरू लिई । मेरो मुटुको टुक्रा लिएर ऊ आइपुगी कोठामा । स्त्री ए सरी ! इस्त्री लगाइएका कमिज प्यान्टहरू । डायरी । कविताका नोट-बुकहरू । गजलका चक्काहरू । आफैंले चिया बनाउन थाली । थोत्रो फिलिप्समा पुनः जगजति गुँन्जिन थाल्योः

SSSतुम इतना जो मुस्कुरा रही हो
क्या गम है जिसे छुपा रही होSSS

चिया पिउँदै उसले भनी :

- तपाईंको डायरी मन पर्‍यो तर कविताहरू चैं छेउटुप्पा केही बुझ्न सकिनँ । बुझिने कविता पनि लेख्नुस् न !

स्वीकारें उसका कुराहरू । कविताहरू मेरो युवा-मनोदशाभन्दा जटिल नै थिए । मोहन कोइराला, ईश्वर वल्लभ, टीएस इलियट, एज्रा पाउन्ड, गिन्सबर्गलाई मन पराउँथें ती कालमा । भूपी शेरचन, वासु शशि, बासो, चुआङ त्जु कुन्नि कता थिए !

साँच्चि ! मीराले बुझ्ने कविता कहाँबाट ल्याउने होला ! खैर, काव्य-चर्चा यत्ति नै ! उसले थुप्रै कुरा गरी । आफ्नो बाल्यकालको । बेसीशहरका नोस्टाल्जियाहरू ।

पोखरामा बिताएका रमणीय दिनहरू । आफ्नो 'हसबेन्ड' सित घुमेका/बिताएका क्षणहरू । 'भिजिटिङ प्रोफेसर'ले उसलाई पत्नी बनाई काठमान्डु ल्याएको कुरा । मैले सुनें उसका अतीत गाथाहरू ।

मीराको आवाज केही रुझेको/भिझेको थियो । सदा त्यस्तै ! अलिकति नेजल-टोन आउँथ्यो । नाके आवाज । मलाई मन पर्ने गायिका अरुणा लामाको वेदनामय आवाजझैं ।

वास्तवमा, ऊ ज्यादै एक्ली थिई । 'भिजिटिङ प्रोफेसर' कहिलेकाहीं मात्रै आउँथ्यो । प्रायः 'पल्लो घरको झ्याल'भित्र मीरा धुम्धुम्ती बस्थी । साथीसङ्गीहरू कोही थिएनन् । आउटसाइडरझैं थिई । मानिसहरू कुरा काट्थे । उसको मनमा केके कुराहरू खेली बस्दो हो ! बच्चासच्चा थिएनन् । बच्चा जन्माउन चाहँदैन रे लोग्ने । के पत्नीलाई भोग्नै मात्रै चाहन्थ्यो ? लोग्नेस्वास्नीबीच उमेरको पनि ठूलो फरक थियो । कसोकसो माया लागेर आउँथ्यो मीरा भट्टराईको ।

उमेरले ऊ २५/२६ की थिई । म थिएँ २० वर्षको । आफूभन्दा पाँच/छ वर्ष जेठी महिलासित पिरती लगाउन मिल्छ ? अर्काकी पत्नीसित पिरेम गर्न सकिन्छ ? यस्ता नैतिक टाइपका प्रश्नहरूले दिमागलाई तर्साउँथ्यो तर मेरो आदिम हृदयले भन्थ्यो, जरूर मिल्छ, बच्चु ! तर उत्तिखेरै चतुर दिमाग भन्थ्यो, न न, यो त पतन मार्गतर्फको अनैतिक यात्रा हो... ।

मैले पतन-मार्ग रोजें । आदिम हृदयको आवाज सुनें ।

प्रेममा तर्क गरिन्न, त्यो भनें । वैध, अवैधको हिसाबकिताब गरी प्रेम गरिंदैन, त्यो पनि भनिसकेकै छु । अब भन्छु : हातमा बहीखाता बोकी प्रेमको पवित्र मार्गमा हिंडिंदैन । खलिल जिब्रान आफ्ना रचनाहरूमा प्रायः 'प्रेममा शहीद' हुने चर्चा गरी बस्छन् । मैले शहीद हुने पथ रुचाएँ । मध्य-रातमा शङ्खमूल घाटमा गितार बजाउँदै गीत गुनगुनाउन रुचाएँ :

SSSमैले पुण्य मन पराएँ या पाप मन पराएँ
जे होस् मैले तिमीलाई चुपचाप मन पराएँSSS

मीरालाई मैले निःसर्त चुपचाप मन पराएँ ।

- तपाईंलाई कस्तो रङ मन पर्छ ? - त्यो साँझ उसले सोधेकी थिई ।
- सबै रङ मन पर्छ । - भनें ।
- तैपनि, विशेष ?
- पहेंलो । - भनें ।

- छ्या ! यो त जोगीको रङ भैगो !

- म जोगी नै त हुँ नि ! - हाँस्दै भनेको थिएँ ।

उसले औंलाको बित्ताले मेरो छाती नाप्न थाली । कुम नाप्न थाली । “के गर्न थाल्नु भो ?”, भनी सोधें ।

- जोगीलाई एउटा स्वेटर बनाइदिनु पर्‍यो । - उसले भनी ।

त्यसो भए, मैले स्वेटर लगाउन पाउने भएँ, होइन ? होम-मेड पहेंलो स्वेटर । त्यसपछि ऊ गई ।

उसले फर्काएका नोट-बुकहरूलाई यसो पुस्तक र्‍याकमा मिलाएर राख्नुपर्‍यो भन्दा एउटा नोटबुकबाट तीनवटा फोटो भुईंमा झरे । उठाई हेरें । सबै तस्वीरमा ऊ उदास देखिन्थी । कापीको खाली पानामा उसले केही लेखेकी रैछे । बाङ्गाटिङ्गा शब्दाक्षरहरू पढें । त्यो लिखोट यहाँ जस्ताको तस्तै :

कुमारजी !

कहिलेकाहीं जीवन किन यति खल्लो लाग्छ ? सबथोक भएर पनि केही नभएजस्तो । तपाईंका लेख, कविताहरू पढें । छपाउन पाए कस्तो जाती हुन्थ्यो ! तर, तपाईं ज्यादै लापरबाही हुनुहुन्छ । म चाहन्छु, तपाईं राम्रो मानिस भएको हेर्न । तपाईं सुध्रिएको, व्यवस्थित भएको देख्न चाहन्छु । आफूलाई व्यवस्थित पार्नोस् । हुन त यस्तो भन्ने म तपाईंको को नै हुँ र ! तैपनि किनकिन तपाईंको माया लागेर आउँछ ।

***

यसरी एउटा जोगीको सुनसान हृदयको बगैंचामा एउटा फूल फुल्यो । गुलाब नै त भनिहाल्दिनँ । त्यो फूल सायद ट्युलिप थियो । यसरी एउटा जोगीको सुनसान हृदयको मरुस्थल-मनमा प्रेमका नयाँ घाँसहरू उम्रिए । पिरतीका अनाम पुतलीहरू हृदयाकाशमा उड्न थाले । प्रेमको दिव्य आभास, अनुभूति वसन्त ऋतु मात्रै होइन, पतझडका मौसमहरूमा पनि महसुस गर्न थालें । हृदय नै एक सुकुमार काव्यखाना भइदियो । जीवन आशीर्वादपूर्ण लाग्न थाल्यो ।

काठमान्डुमा सुन्दर पार्कहरू नभएकोमा मेरो मन मसित धेरै कचकच/गुनासो गरी बस्थ्यो । त्यसो त पार्कमा, सार्वजनिक स्थलमा प्रेम गर्दै हिंड्ने प्रेम मेरो कदापि थिएन । मेरो प्रेम समाजका तथाकथित भद्र भलाद्मीहरूले गर्ने अनुष्ठानभन्दा अलि बेग्लै थियो । उनीहरू निर्लज्ज भनिदिन्छन् नि : एक्स्ट्रा मरिटल अफेयर्स ।

त्यसपछि ? अँ त्यसपछि...

लभ-स्टोरी/रोमान्टिक फिल्म कहिल्यै नरुचाउने मैले मीरासितै पाटनको अशोक सिनेमा हल (आजकल त्यो हल 'पार्टी प्यालेस' मा रूपान्तरण भएको छ) मा 'दिलवाले दुल्हनिया ले जाएंगे' टाइपका फिल्महरू रुचिका साथ हेरें, त्यो पनि ब्ल्याकमा टिकट काटेर । दक्षिणकालीको सवारी चलाइन्थ्यो । नगरकोटीको 'भ्यु-टावर'बाट अलिकति जीवन चियाउँथ्यौं ।

ऋतुको चिया-पसलमा मीरा पनि मसितै घन्टौं बस्न थाली । ऋतु केवल टुलुटुलु फगत ट्वाल्ल, ट्वाल्ल मलाई हेरी बस्थी ।

साँझ अबेरसम्म डेराबाहिरको आँगनमा बस्थें । 'पल्लो घरको झ्याल' खुलै हुन्थ्यो । झ्यालछेवै बसी ऊ कुरुसमा आफ्ना औंला चलाउँथी । पहेंलो स्वेटर जो बन्दै थियो नि त ! रात अबेर हुने छाँटकाँट भएपछि मीरा झ्यालैमा उभिन्थी र इसाराले नै 'गुडनाइट-किस' दिन्थी । उताबाट उडी आएको त्यो उडन्ते चुम्बनलाई म पक्रेर राख्थें । त्यसपछि ऊ बत्ती निभाउँथी ।

मेरो हृदयमा जलिरहेको मैनबत्ती पनि निभ्थ्यो ।

अनि निद्रा ?

निद्रा त के लाग्थ्यो र ! निदाएको प्रशस्त बहानाचाहिं निर्विकल्प रूपमा अवश्य गरिन्थ्यो ।

समय, आफैं लुरुलुरु हिंड्छु भन्यो । समयलाई रोक्ने कुरा पनि आएन । ऋतुको चिया-पसलमा मीराले एक साँझ भनी :

- कुमारजी ! जिन्दगी किन सोचेजस्तो छैन ?

यस्तो गहन प्रश्नको जवाफ कनीकुथी रूपमा दिएँ । जिन्दगी सोचेजस्तो किन नभएको भने मानिस अनावश्यक रूपमा बढी नै सोच्छ । सोच्नु पनि के भन्नु र खोइ ? बरु गुनासो भनूँ । जीवनसित मानिसको धेरै गुनासो हुने गर्छ । यसो/उसो हुनुपर्थ्यो, भएन । यस्तो किन भएको होला ? यसो नभए उसो भएको भए कस्तो हुन्थ्यो ? मानिस अनावश्यक रूपमा बढी सोची बस्छ । जीवनप्रति ठूलो आग्रह, महत्त्वाकांक्षा राखी बाँच्छ । त्यसैले जिन्दगी सोचेजस्तो छैन । त्यस्तो हुने कुरै होइन ।

भन्न त भनें तर आफैंलाई चित्त बुझेन आफ्नो जवाफ । चिया खाऔं ऋतु, कसो ? मौन तपस्वीलाई भनें । ऊ चुपचाप बनाउन थाली । चियासितै उसले आफ्नो पार्थिव-हृदय उमाल्न थाली स्टोभमा, सायद !

त्यो साँझ मीराको कोठामा सन्ध्या-भोजन गरें । मांस-परिकार अरूले बनाएको रुचाउँदिनथिएँ । तसर्थ आफैंले 'मटन-ग्रेभी' बनाएँ । स्वादिलो छ, मीराले मेरो पाक-कलाको प्रशंसा गरी । स्वेटर लगभग आधाउधी तयार भएको रैछ । कुरुससितै उसले पीत-वस्त्रलाई मेरो आङमा जाँची । ऊ ढुक्क भई । स्वेटरको आकार मेरो तामसिक-देहसित म्याच गऱ्यो ।

केही बेर यताउतिका सार्वजनिक चासोका विषयहरूको चर्चा गरेपछि उदास मुद्रामा मीराले भनी :

- कुमारजी ! यसरी कतिन्जेल गुपचुप बस्ने ? पोखरामा बूढाकी अर्कै बूढी छ भन्ने मलाई शङ्का छ । मलाई त आफ्नो जीवनदेखि वाक्क दिक्क लागिसक्यो । तपाईंको माया लाग्छ तर के गर्ने खै ? यो प्रेमको अन्त कसरी हुने होला ? कहाली लाग्छ । चिन्ताले सताउँछ । निद्रा लाग्दैन । मेरो एक्लो जीवनमा तपाईं आउनुभयो, कहिले त लाग्छ किन आउनुभयो ? मलाई रुवाउन ? यो समाजले हाम्रो प्रेमको के फैसला गर्ने हो, कुन्नि ?

उसको नेजल-टोनमा हिक्कहिक्क थियो । उसका आँखा आँसुले भरिएका थिए । उसको हृदयमा सायद कुनै टुहुरो ईश्वर रोइरहेको थियो । वेदनाको त्यो प्रशान्त गहिराइमा मेरो आत्मा पनि छटपटाइरहेको थियो । समाज, व्यवस्था, ईश्वर, नैतिकता परिदृश्यमा आउँदा भए, जाँदा भए । प्रेममा जोखिम त उठाउनैपर्ने भयो ।

- टु हेल विथ दिस सोसाइटी । हामी विवाह गरौं ? - भनें ।

मीरा अवाक् रही । मलाई टुलुटुलु हेरी केही बेर । त्यसपछि ऊ त झन् पो रुन थाली । मलाई उसको लोग्ने अर्थात् 'भिजिटिङ प्रोफेसर' को बाल थिएन । समाजले, साथीभाइले, आफन्तजनले के भन्ला बाल थिएन । म केवल प्रेममा शहीद हुन चाहन्थें । उसका मोतीदानाहरू पुछिदिएँ । अँगालोमा बेरें । बोल्नु केही थिएन । मौनताको त्यो घडीमा निःशब्द हुनु नै हाम्रो नियति, प्रारब्ध, उत्सव थियो ।

साँच्चि ! प्रेममा शहीद हुन कति गाह्रो रैछ ! खलिल जिब्रानले कसरी भन्न सकेको होला त्यस्तो कुरा !

मेरो ओठलाई जथाभावी चुम्दै उसले भनी :

- कुमार ! मेरो जीवनमा किन आउनुभयो यसरी ? कहिलेकाहीं धिक्कार लाग्छ आफैंलाई देखेर । माया किन यस्तो अनौठो हुन्छ ? आज म पतित हुन चाहन्छु । पतित मीरा नगरकोटी हुन चाहन्छु ।

आखिर, शारीरिक सुख भनेको के हो ? बायोलजिकल-इच्छा भनेको के हो ? यौन-विशेषज्ञले भन्ने गरेको सम्भोग-सुख भनेको के हो ? सन्तान-सुख भनेको के हो ?

'भिजिटिङ प्रोफेसर' को कन्डमको प्याकेट छेवैमा थियो । मीराले त्यसलाई झ्यालबाटै मिल्काइदिई । पूर्ण रूपमा बेहोस बेहोसमा, मादकताले खर्लप्प निलेको अवस्थामा उसले भनी, "केको डर कुमार ! भुँडी बोके पनि तिम्रै बोकुँलाऽऽऽ !"

आजकल लाग्छ मलाई : त्यो समभोग (सम्भोग-सेक्स) पतित थिएन । अहिले त्यो अतीत भए पनि पतित थिएन । त्यो रातको स्मृतिले आजकल पनि मलाई यदाकदा डस्न आउँछ । सर्पदंशझैं । संसारमा सम्भोग पवित्र कर्म थियो, छ र रहिरहनेछ । लुकीलुकी कामवासनाद्वारा ग्रस्त समाजका तथाकथित नैतिक भद्रभलाद्मीका सम्भोगप्रति मेरो 'आलोचनात्मक समर्थन'जस्तो कुनै राजनीतिक टिप्पणी छैन । मेरो निम्ति प्रेम मन्दिर हो । सम्भोग एक पवित्र तीर्थयात्रा हो ।

तीर्थयात्रामा हिंडेको म एक जोगी थिएँ ।

...तर, जीवन विरोधाभासको अर्को नाम पनि हो ।

टोलमा केही गाइँगुइँ हल्लाहरू बतासमा घुम्न थालेको मैले सुनें । म, अर्थात् कुमार नगरकोटी 'मीराको मोहन' भएको सामाजिक टिप्पणीहरू मैले सुनें । म 'मोहनलाल' भएकोमा मीराले दुःख व्यक्त गरी । एक कान, दुई कान मैदान भन्ने जुन सार्वजनिक लोकोक्ति छ, त्यसले अन्ततः 'प्रुभ' गर्ने छाँटकाँट देखाउन थाल्यो । भिजिटिङ प्रोफेसरलाई यसबारे केही थाहा हुने कुरा भएन । बालै भएन । ऊ त आउँथ्यो/जान्थ्यो... ।

यिनै कालहरूमा बुबाको खबर आयो । गाउँबाट ।

मीरालाई भनें, "गाउँ जाऔं । उतै बसौं । बुबा अलि लिबरल हुनुहुन्छ । हाम्रो सम्बन्धलाई स्वीकार्नुहुन्छ ।"

ऊ गाउँ जान तयार भइन । प्रेमिकालाई फकाउने कला मसित छैन । सदा अड्बाङ्गे थिएँ/र, छु । मीरालाई फकाएर गाउँ लान सकिनँ । भनी :

- चाँडै आउनुस् । म तपाईंलाई पर्खन्छु ।

॥ वि.सं. २०५३ ॥

गाउँ, खुर्कोट जाँदा थाहा पाएँ, बुबालाई घाँटीको क्यान्सर भएको रै'छ । डाक्टरहरूले उहाँलाई 'बाँच्ने' केही अवधि/समय प्रेस्काइव गरेका रै'छन् ।

बुबा क्रमशः खिइँदै जानुभयो । दिन प्रतिदिन उहाँ मेरो आँखाअगाडि मर्दै जानुभयो । उहाँ मेरा निम्ति पिता, बुबा, बा या ड्याडी मात्र हुनुहुन्थेन । साथी हुनुहुन्थ्यो । हामी साथी थियौं । ही वज माई बेस्ट फ्रेन्ड, आफ्टर अल ! उहाँको निम्ति म 'फुच्चे/नाथे कुमार' थिएँ ।

मृत्यु शैयामा आराम गरिरहेका बुबालाई मैले एक दिन भनें :

- बुबा, म एउटी आइमाईसित प्रेम गर्छु ।
- नाथे कुमार ! लोग्ने मान्छेले प्रेम गर्ने भनेकै आइमाईसित त हो नि ! तेरी आमालाई मैले गोरखाबाट भगाएर विवाह गरी ल्याएकै हुँ क्यारे ! हाँस्दै भन्नुभयो, "तेरी आइमाई चैं के थरकी हो ?"
- भट्टराई, भनें ।
- नाम पनि त होला नि आइमाईको ? - सोध्नुभयो ।
- मीरा ! मीरा भट्टराई । - यत्ति भनें ।
- बजिया ! आफू नेवार भई बाहुनी पो ताक्दो रै'छ ! आफ्नै 'सेन्स-अफ-ह्युमर'मा उहाँले थप्नुभयो । - जातको त के कुरा भयो र ! प्रेममा जातभात हुँदैन । बुझिराख् केटा । तेरी आमा पनि त गुरुङ हो । होइन भने भन् क्यारे ?
- त्यो त हो बुबा तर ऊ मभन्दा उमेरले जेठी छ । - भनें ।
- तब के भो र ! दुईमध्ये एक जना जेठो, कान्छो हुने भइहाल्यो नि ! खै कुरो बुझेको तैंले ? अलिकति लिबरल बन् न यार ! - थर्काउनुभयो मायाले ।
- तर, एउटा समस्या छ बुबा ! - सोचविचार गरी भनें । ऊ विवाहित छे ।

सोचें : बुबाले गाली गर्दै भन्नुहोला, नाथे कुमार ! संसारमा कुनै आइमाई फेला पारिनस् र अर्काकी स्वास्नीसित पिरती लाउन पुगिस्... तर बुबा मौन रहनुभयो । गाली खान तयार थिएँ । गाली नै गर्नुहुन्न बा ! कान समाई उठकबैठक गर्न तयार थिएँ तर चाइँचुईं केही छैन बा ! बडो यातना भयो । उहाँको अनुहार हेर्छु । त्यहाँ 'सेन्स-अफ-ह्युमर'को कुनै लक्षण छैन । बुबाको मप्रति लिएर थुप्रै आशा/आकाङ्क्षा थिए हुनन् । मैले ध्वस्त पारिदिएँ सायद, पिताका सारा सपनाहरू ।

केही समयपछि शान्त मुद्रामा बुबाले भन्नुभयो :

- नाथे कुमार ! यो समस्या होइन/ठूलो समस्या हो । अरे स्वाँठलाल ! कुनै विवाहित महिलासित प्रेम गर्नुअघि तैंले मलाई सोध्नु पर्दैनथ्यो ! म त मर्दै छु । म मरेपछि सबै जिम्मा तेरै हो । तेरो भाइ सानै छ/बुइनी सानै छ । पिरती लाउने पनि तरिका हुन्छ नि, नाथे ?

मेरो मुन्टो झुक्यो । बुबालाई हेर्न सकिनँ । तर पनि बुबालाई सोधें, "म सजाय भोग्न तयार छु बुबा !"

बुबा चुपचाप । मीरा भट्टराईको अनुहार आँखामा आइरह्यो । बुबाले भन्नुभयो :

"हेर् केटा ! म तेरो बाउ हुँ । तँलाई मैले तेरी आमाको पाठेघरमा हुँदैदेखि चिनेको हुँ । टाउको झुकाउनुपर्ने कुनै लज्जित काम तैंले गरेको छैनस् । संसारमा

यस्ता मानिसहरू धेरै छन्, तँ मात्रै एक्लो होइनस् । प्रेम यस्तै हुन्छ । प्रेम अन्धो हुन्छ । मानिसहरू भन्छन् । म अर्थात् तेरो बाउ रत्नबहादुर नगरकोटी भन्छु : अन्धो/सन्धो हुँदैन प्रेम । यति मात्रै हो कि प्रेम गर्ने मानिसहरू कहिलेकाहीं अन्धो भइदिने गर्छन् । तेरो प्रसङ्ग पनि त्यस्तै हो तर जीवनमा अनुभूति, अनुभव गर्दै जा । समयले तँलाई जम्मै सिकाउँछ । नाथे कुमार ! समय ठूलो गुरु हो ।"

स्वेट मार्टेनको फ्यान, बुबाले आफ्नो जीवनकालको अन्त्यतिर आफ्नो प्राइभेट डेथ-बेडबाट भनेको कुरा ठीकै त होला भन्ने लाग्यो नाथे कुमारलाई ।

समय आफ्नै गतिमा अगतिलो किसिमले हिँड्न थाल्यो ! अस्तित्वसित, जगत्सित मेरा थुप्रै प्रश्नहरू थिए । एउटा कथा लेख्न बसे, 'निकास' ।

वि.सं. २०५४ वैशाख १७ मा बुबा अस्तित्वदेखि अन्ततः अन्त्य हुनुभयो ।

१३ दिने किरिया सिद्धिएपछि एक साँझ डायरीमा लेखें :

प्रिय मीरा,

जीवन एक मिराज हो । मिराज : अर्थात् एक मृगतृष्णा... !

चाकुपाटको पुरानो डेरामा स्मृतिका धुलो/धुवाँ पत्रैपत्र जमेका थिए ।

...तर, आफ्नो कोठा आफ्नोजस्तो लागेन । मेरो अनुपस्थितिको अवधिमा धेरै कुरा परिवर्तन भइसकेका थिए । ऋतुको चिया-पसल सदाका निम्ति बन्द भइसकेको थियो । उसको परिवारै डेरा सरी कुन्नि कता गएछ ।

मीरा भट्टराईको 'पल्लो घरको झ्याल'मा अर्कै कुनै महिला देखा पर्न थाली । साँझपख, सिग्रेट उडाउँदै ती झ्यालहरूमा आँखा पुऱ्याउँदा आँखै उदास/उजाड हुन्थे । डेरा नजिकैबाट बग्ने खुला ढलको पानी कलकल गर्न छाड्यो । बरू, यति साह्रो किन गन्हाउँछ यो ढल भनी आफैंसित गनगन/फतफत गर्न थालें । बुबा रहेनन् । ऋतुको चिया-पसल रहेन । मीरा रहिन । मेरो सडे-गलेको आत्मा आफ्नै कोठामा निदाउन थाल्यो ।

मीरा भट्टराईले स्त्री ए सरी ! इस्त्री गरेको प्यान्ट कमिजहरू लगाउने मन भएन । पुरानो ट्याङ्कामा थन्काइदिएँ, थान्को लगाइदिएँ । बरू, दुई, चार जोर लिभाइजका ब्लु/ब्ल्याक जिन्स, टाइट टिसर्ट लगाउन थालें । थोत्रो फिलिप्स टेप रेकर्डरमा बीबीसी सुन्न थालें । पाटनको 'अशोक' सिनेमा हलमा यश चोपडाको 'दिलवाले दुल्हनिया लेजाएंगे' फिल्म किन पो लाग्थ्यो र ! बरू त्यहाँ गई नाना पाटेकरका अग्निसाक्षी/युगपुरुष/प्रहार टाइपका फिल्ममा रमाउन थालें ।

आफ्नो मनलाई जसोतसो सम्हालें ।

एक दिन चाकुपाटबाट आफ्नो सामान कँसें । 'बसाइँ' जानुपर्‍यो, सोचें । मरुभूमिमा अब अरू के बसाइ भयो र ! आफ्नो हृदयलाई सम्झाइ/बुझाइ गरें । कहिलेकाहीं, पुराना यादहरूले सताए भने नोस्टाल्जियाको ऊँट चढी घुम्न जानुपर्ला त्यो मरुभूमिमा ।

पाटनकै लुःखुशी नामक गल्लीमा नयाँ डेरा लिएँ रु. ९५०/- मा । पढाउनका निम्ति चापागाउँमा एउटा विद्यालय फेला पारें । नवागन्तुक बच्चाहरूलाई अङ्ग्रेजीका व्याकरण सिकाउन थालें । तलब थापें । बिहानदेखि साँझसम्मै पढाएँ । ट्युसन-कक्षा लिएँ ।

बिदाका दिनहरूमा पाटनका गल्लीहरूमा घुम्थें । कुनै क्याफेमा बसी ब्ल्याक-कफी पिउँदै कहिलेकाहीं सोच्थें :

प्रिय मीरा !
भिजिटिङ प्रोफेरको चिनियाँ मोटरसाइकलको
पछिल्लो सिटमा बसी
तिमी,
अहिले कुन उपत्यका,
वन/उपवन डुलिरहेकी छौ ?

मीरा कुन्नि कुन प्रदेशमा थिई तर ऋतु एक दिन अपर्झट मेरो हृदयको दैलो ढकढक्याउन आइपुगी ।

समयको लामो इन्टर्भलपश्चात् ऋतुसित मेरो पाटनको गाःबहालको भित्री चोकमा एक साँझ भेट भयो । हाई हेलो गर्‍यौं, एक वृक्षमुनि । चिया-पसल छाडेपछि उसको परिवार बगलामुखी मन्दिर छेवैको गल्लीको प्राचीन घरको एउटा फ्ल्याटमा बस्दो रैछ ।

उसले भनी :

- तपाईं गाउँ जानुभयो । मीरा भट्टराई पोखरा गई आफ्नो लोग्नेसितै । तपाईंबिनाको हाम्रो चिया-पसल खल्लो भयो, पसल बन्द गर्‍यौं ।

ठीकै भएछ ! भनें । भागवत गीताको शैलीमा मौन तपस्वीलाई भनें :

- ऋतु !
  जे थियो ठीक थियो ।
  जे हुन्छ ठीक हुन्छ ।
  (व्यर्थ क्यों चिन्ता करें !)

ऋतुले भनी, “तपाईंलाई धेरै खोजें । चाकुपाटको डेरा छाडी कुन्नि कता गायब हुनुभो ।”

कमसेकम, म गायब भएको कुरा उसलाई थाहा रहेछ । कसैले यसरी मलाई खोजी गर्नु ठीकै कुरा हो ! नत्र मानिसहरू संसारको भीडमा यसरी हराउँछन् कि के भनूँ । अन्ततः पाँच वर्षभरिको आफ्नो हृदयमा गुम्सिएर रहेको ‘गुप्ती-कुरा’ मौन तपस्वीले यसरी खोली :

- कुमारजी ! वास्तवमा म तपाईंलाई प्रेम गर्छु । तपाईंसित बिताएका क्षणहरू याद आइरहन्छ । तपाईं अनौठो मान्छे हुनुहुन्थ्यो । मलाई थाहा छ : तपाईं मीरालाई प्रेम गर्नुहुन्थ्यो । अर्काकी स्वास्नीको पछाडि किन लागेको होला भनी तपाईंसित रिस उठ्थ्यो ! तर, प्रेम भन्ने चीज पनि त अनौठो हुँदो रैछ ।

मौन तपस्वीको कुरामा ‘वजन’ थियो । वजनदार कुरा/प्रसङ्गमा म प्रायः चुप रहन मन पराउँछु । त्यो साँझ लुःखुशीको डेरामा फर्कें । यसो सोचेंऽऽऽ ।

साँच्चि मैले के सोचें ?

केही दिनपछिको एक साँझ ऋतुसित शङ्खमूल घाटमा गई भेटें । एउटा लास जलिरहेको थियो । लासका आफन्तहरू पेटीमा बसी रोइरहेका थिए । मौन तपस्वीलाई भनें :

- ऋतु ! प्रेमस्रेम के गरिरहने ? त्यो विवाहपछि गरौंला । विवाह गर्ने हो ?

॥ वि.सं. २०५८ ॥

वैशाख ५ गते ऋतुसित विवाह भयो ।

पुण्य अवसरको ‘तिथि’मा आफ्ना सम्पूर्ण आफन्तजनलाई बोलाएँ पाशुपत क्षेत्रको गुह्येश्वरी मन्दिरमा । जीवनमा पहिलोपटक ‘दुलाहा’ भएँ । दुबोको माला घाँटीमा लगाएँ । मौन तपस्वी अर्थात् ऋतुको सिउँदोमा सिन्दूर भरिदिएँ । मान्यजनहरूले आशीर्वाद दिए । भोजभतेर (नेवारी-ढाँचाको) भई पो गयो । आमालाई गाउँमा अन्ततः हवाई खबर (टेलिफोन)मार्फत विवाहको सु-समाचार पठाएँ ।

आफ्नो जोगी-छोराले अन्ततः विवाह गरेकामा उहाँ खुशी हुनुभएको कुरा थाहा पाएँ । खुशीजस्तै केही भएँ तर मेरी गुरुङसेनी आमाको ‘खुशी’ लामो समय टिकेन ।

वैवाहिक जीवनका ती सङ्क्षिप्त लफडाहरूबारे यहाँ चर्चा नगरूँ !

लगत्तै जेठ १९ आइपुग्यो । त्यो रात उता तत्कालीन राजा वीरेन्द्रको वंश नाश भयो । तथाकथित कालो पदार्थ खाएर तत्कालीन युवराज दीपेन्द्रले

नारायणहिटीमा रात्रिकालीन 'सुट आउट' गर्दा ऋतु र म (सम्भोगपश्चात्) काजु, बदाम, किसमिस खाइरहेका रहेछौं ।

बिहानै उठ्दा ढोकैमा 'कान्तिपुर' आयो । पढें । अशुभ समाचार रैंछ । टीभी खोलें । सबै राष्ट्रिय च्यानलमा शोक-धुन बजिरहेथ्यो । ऋतुले आफ्ना सामानहरू प्याक गरी । माइती जान्छु भनी । हुन्छ, जाऊ भनें । गल्लीको मोडसम्म पुऱ्याएँ । आफैं जान्छु भनी । हुन्छ जाऊ भनें ।

२०५८ जेठ २० गते बिहान माइती जान हिंडेकी ऋतु मेरो घर फर्केर कहिल्यै आइन ।

काठमान्डुलगायत पूरै देश शोकमग्न थियो । राज्यले आफ्नो कर्तव्य पालना गर्दै राष्ट्रिय 'बिदा' घोषणा गऱ्यो । मेरो आफ्नै हृदयको 'राज्य' पनि क्रमशः टुटिरहेको थियो ।

मङ्गलबजारको पुरातात्विक चिया-पसलमा हलुवा पुरी खाएँ । पसलमा/बाटोघाटोमा मुडुला टाउका बोकी हिंडेका भद्रजनहरू देखें । एउटा सैलुनमा छिरें । प्रिय हजामले निःशुल्क केश मुण्डन गरिदियो । धन्य भएँ ।

एक थान मुडुलो टाउको बोकी म सडकमा हिंडे । सिग्रेट पिउँदै... ।

एपिलग

सावित्री सोफामा चुपचाप बसेकी छे ।

फुच्चे गुरू रिम्पोचे अझै निदाइरहेको छ । आकाशमा जून अलि 'पर सरेकी' छे । सिग्रेट सल्काउँदै धुवाँ फ्याँक्छु लसुन बारीमा ।

- जोगीले पहेंलो सुइटर लगाएन ? - सावित्री कार्की, मेरी पत्नी सोध्छे ।

म केवल फिस्स/फिस्स फगत फिस्स गर्छु ।

सावित्री अचम्म मानी मलाई टुलुटुलु हेर्छे । उसलाई लाग्दो हो, कस्तो अनौठो/अजीव/हरफनमौलासित विवाह गरिएछ ! गुरू रिम्पोचेलाई जन्माइएछ ! घरजम गरिएछ !

तर ऊ भन्छे :

- जीवनमा सबैले प्रेम गर्छन् । प्रेमबिना जीवन कहाँ सम्भव छ र ! यत्ति हो, तपाईंको प्रेमकथा या भनूँ रामकहानी अलि फरक रैंछ । बडो अजीव । बडो अनौठो ।

सावित्रीलाई अङ्कमाल गर्छु/उसको निधार चुम्छु। आफ्नो तथाकथित 'लोग्ने'को प्रेम-कथामा उसलाई कुनै नैतिक गुनासो पनि छैन। नत्र त आम पत्नी आफ्नो लोग्नेको यस्तो खालको कथालाई त्यति सहजै कहाँ डाइजेस्ट गर्न सक्छन् र ! ऊ भन्छे :

- भाग्यमा लेखिएको जो कुरा छ/सो हुन्छ । यस्ता कुरा भावीले छैटीमा लेखिदिएका हुन्छन् रे निधारमा ! मसित विवाह हुने कुरा तपाईंको 'खप्पर'मा लेखिएको रैछ । मीरा र ऋतुहरू त आउँछन्/जान्छन् । अङ्ग्रेजी उखान छ नि : म्यारिजेस आर मेड इन हेभेन । हो, त्यस्तै हो !

अन्ततः सावित्रीलाई भन्छु :

- उखान सही हो सावित्री ! विवाह सायद स्वर्गमै निर्धारण गरिएको हुन्छ तर मैयाँ यो पनि सत्य हो कि डिभोर्सेस आर मेड इन अर्थ ।

पितास्मरण

म हिजो मर्नेछु,
म भोलि जन्मेको थिएँ ।

प्रिय पिता...

अनायास आज तिमीलाई स्मरण गर्दै छु । आज फादर्स दिवस होइन, न त बुबाको मुख हेर्ने दिन । पिताजस्तो वैदिक शब्दद्वारा तिमीलाई पहिलोपटक सम्बोधन गर्दै छु । तिमी जीवित हुँदा तिमीलाई क्रमशः पापा, ड्याडी बा अनि बुबा भनी सम्बोधन गरें । आङ्ल भाषी पाठशालामा तिम्रो 'फादर'को नाम के हो भनी टिचरहरूले सोध्दा गर्वका साथ जवाफ दिने गर्थें, "माई फादर्स नेम इज मिस्टर रत्नबहादुर नगरकोटी ।"

त्यो रत्नबहादुर आज मसित छैन भनी सम्झी ल्याउँदा अविश्वासजस्तो लाग्छ तर म यथार्थमा तिम्रै एक अंश हुँ । तिम्रो रक्त, मांस अनि वीर्यबाट निर्मित यो कुमार नगरकोटी क्रमशः बूढो हुँदै छ ।

प्रिय पिता...

उमेरको लामो कारावासका बन्दी हुँदा रहेछौं हामी सब । मनुष्यको यात्रा शून्यदेखि शून्यसम्म रहेछ । यो विशाल शून्यलाई भर्न अनेक अद्‌भुत होहल्ला गर्दै बाँच्दा रहेछौं/मर्दा रहेछौं । तिमी एक असल साथी थियौ मेरो । काठमान्डुमा सुख-दुःख पर्दा तिमीलाई पत्र लेख्थें :

"बुबा, एस्ट्रेमा सिग्रेट सल्किरहेछ । धुवाँसित म पनि क्रमशः सल्कँदै छु । हिजोआज जेम्स जोयसको 'उलिसिस' पढिरहेछु । मेरो फकिर बन्ने ताल उस्तै छ । बजारमा विवेकानन्दका कम्प्लिट वर्क्स (आठवटा मोटो भोल्युम) आ'को छ । आठ, दश हजार पठाइदिनुहोला ।"

प्रिय पिता...

तिमीले आफ्नो जीवनकालमा उति साह्रो पैसा जोगाएनौ किनभने तिम्रो जम्मै पैसा मैले किताब किनेर उडाइदिएँ । पुस्तकहरूको दुर्व्यसनमा तिमीले नै फसाएका हौ मलाई । मेरो अधिकांश जन्मदिनमा तिमीले पुस्तकहरू उपहार दियौ । साथमा नयाँ कापी र कलम । तिमी यसो भन्थ्यौ :

"नाथे कुमार ! अक्षर सुन्दर बनाउनुपर्छ ।", आजसम्म हातैले लेख्छु । कम्प्युटरको 'विन्डो' खोल्न सधैँ झ्याउ लागेर आउँछ । अल्वेयर कामु भन्ने गर्थ्यौ, "डोन्ट वक बिहान्ड मी । आई मे नट लिड यु । डोन्ट वक अहेड अफ मी । आई मे नट फलो यु । वक बिसाइड मी एन्ड बी माई फ्रेन्ड ।" मेरो साथ हिँड र मेरो साथी बन तर तिमीले मेरो साथ छाड्यौ र बीच यात्रामा "नाथे कुमार ! अब तँ एक्लै हिँड्" भनी मेरो अस्तित्वको स्पेसबाट सदासदाका निम्ति बतासमा कपूरझैँ बिलायौ गयौ । म एक्लै मौन हिँडिदिन्छु घाटहरूमा/देवालयहरूमा ।

तिमीले स्वेट मार्टेनका पुस्तकहरू खुब पढ्यौ । बच्चामा, मलाई काखमा राखी पुस्तकका हरफहरू सुनाउँथ्यौ । म ध्यान दिएर सुन्थेँ । कालान्तरमा पछि मैले स्वेट मार्टेन पढिनँ । आजसम्म मार्टेनको एउटा किताब पनि किनिनँ । मैले यसमा अफसोस मान्नुपर्ने हो कि ! वास्तवमा मलाई 'मोटिभेसनल' किताबहरूले कहिल्यै आकर्षण गरेनन् र मलाई बायोग्राफी पनि कहिल्यै मन परेन । मेरो पुस्तक-सेल्फमा तिमीले बिपी कोइराला/गान्धी/मण्डेला/माओ इत्यादि फेला पार्नेछैनौ । बायोग्राफी पढ्न रुचाउनेहरू यो शहरमा धेरै छन् । मैले किनेका कमला दास, अमृता प्रीतम (क्रमशः माई स्टोरी/रसिदी टिकट) लगायत माथि उल्लेख गरेका नामलाई प्रायः उपहार नै दिएर सङ्ग्रह गर्ने झमेलाबाट मुक्त भएँ ।

प्रिय पिता !

अब एउटा सिग्रेट सल्काउँछु । पर्ख । हतार नै के छ र !

तिमीले आफ्नो जीवनखण्डमा नगरेका दुई उदेकलाग्दा काम मैले गरेँ । तिम्रो परिवार गरिब थियो र तिमी विद्यालय जानबाट वञ्चित भयौ । तिमीले मलाई चाहिँ देशकै राम्रो बोर्डिङ पाठशालामा पढायौ । तिमीलाई एउटा शिक्षित-सन्तानको सपनाले डोऱ्याएको थियो तर एसएलसीपछि म बरू जोगी/फकिर सपना लिई हिँडेँ । तिमीलाई चोट पुऱ्याएँ तर प्रिय पिता ! कलेज/विश्वविद्यालयका उदेकलाग्दा 'क्लास रुम'मा नछिरेर नै त्यो नाथे कुमारले तथाकथित स्नातकोत्तर (त्यो पनि अङ्ग्रेजी साहित्यमा) गरेको सुन्दा कृपया तिमी चकित नपर्नू । यो थियो, तिम्रो वंश परम्परामा आजसम्म कसैले नगरेको प्राज्ञिक कर्म ।

दोस्रो कर्म झन् उदेकलाग्दो छ । भर्खरै, नेपाली साहित्यको कर्पोरेट बजारमा एउटा कथासङ्ग्रह आएको छ । अफसोसको कुरा के छ भने 'मोक्षान्त : काठमान्डु फिभर' नाम धारण गरेको पुस्तकको तथाकथित लेखक तिम्रो त्यही नाथे कुमार पऱ्यो । प्रिय पिता अब यसैमा चित्त बुझाऊ । कमसेकम ऊ जोगी भएन ।

तिम्रा निम्ति अर्को एउटा 'ब्रेकिङ-न्युज' पनि छ मसित । मैले विवाह गरेँ र तिम्रो एउटा फुच्चे नाति पनि यस लफडादायी दुनियाँमा छुट्टी मनाउन आइसकेको छ ।

उसको नामचाहिँ ग्रिष्मिल । दुई साताअघिको शनिबार १७ महिनाको भयो । म उसलाई गुरु रिम्पोचे भनी सम्बोधन गर्छु । अनि रिम्पोचे किताब च्यातिरहेछ । 'मोक्षान्त : काठमान्डु फिभर'का थुप्रै पानाहरू कोठामा लथालिङ्ग छरिएका छन् । प्रिय पिता ! अब एउटा पाना (च्यातिएको) उठाउँछु । त्यहाँ के लेखिएको छ पढौँ ...

> नोकरी पाएको दिन मैले घर छोडेँ । घर, परिवार, आफन्त, सांसारिकता त्यागी जङ्गल गई ध्यान गर्ने/आत्मशुद्धि गर्ने उमेरमा म यस चिडियाघरमा आएको थिएँ जहाँ मैले मांसाहारी जनावरहरूलाई फलामको बाल्टीमा मासु बोकी उनीहरूको सेवा गर्नु थियो । त्यही वृद्ध कर्मचारी सुत्ने कोठामा मैले आफ्नो भावी उमेर तय गर्नु थियो । चिडियागृह आउँदा मैले आफ्नो ओछ्यानको सिरानीमुनि एउटा चिठी छाडेको थिएँ, जसमा लेखिएका कुराहरू आजसम्म मलाई अक्षरशः याद छ-
>
> *प्रिय पिताज्यू,*
>
> *म चिडियाघरको कर्मचारी बन्न गइरहेको छु । म तपाईंले आशा गरेअनुरूप 'वाणिज्य विभागको मान्छे' हुन नसकेकोमा दुखी छु । आमाको हृदय कोमल हुन्छ तर उहाँलाई सम्झाउनुहोला । भनिदिनुहोला, तेरो प्रिय छोरा 'एनिमल किङडम'मा गयो ।*
>
> *तपाईंको पुत्र । (पेज १९९)*

गुरु रिम्पोचेले च्यातेको यो पानालाई अब 'डस्ट-बिन'मा फ्याँकिदिन्छु ।

प्रिय पिता ! आजको क्याजुअल पत्र यस्तै भयो । तिम्रो क्लोज-अप स्मरण गरेँ ।

तिमी अप्रिलमा मरेका थियौ । अब कहिले ज्युँदिने हौ, थाहा छैन । टीएस इलियटलाई माया गरी 'इडियट' भन्ने गर्छु । त्यही इडियट भन्ने गर्थ्यो : "अप्रिल इज द क्रुयलेस्ट मन्थ... ।" तिम्रो मृत्युको समाचार मेरो हृदयको कालोपाटीमा अक्षरशः कुँदिएका छन् । बाहिर, अब त हिउँदे वर्षा आकाशबाट झरझर झरिरहेकी छे । म अब यो क्याजुअल-पत्र यहीं कहीं बन्द गर्छु ।

प्रिय पिता !

मेरो आत्मा वर्षातमा नरुझेको धेरै भयो । अब मेरो आत्मा निस्फिक्री भिजोस्, यो आकस्मिक हिउँदे झरीमा ।

म हिजो मर्नेछु,
म भोलि जन्मेको थिएँ ।

रेनेसाँ रेस्टुराँमा एक साँझ

काठमान्डुका प्रस्तर गल्लीहरू वैशाखको झरीमा मस्तसित नुहाइरहेका थिए ।

रुझेको कुकुरको छाउरोझैं म एकतमासले तिनै गल्लीहरूमा मौन हिँडिरहेको थिएँ । मेरो मनोदशालाई गए रात हेरेको 'ब्युटिफुल' फिल्मको नायक जेभिएर ब्राडमले विक्षिप्त पारिदिएको थियो । कहिलेकाहीं इम्पर्सनल पीडाहरूले हृदयमा अपूरणीय क्षति पुऱ्याइदिन्छन् । जगदीश घिमिरेको 'अन्तर्मनको यात्रा'ले पनि त्यस्तै मृदुल चोट पुऱ्याइदिएको थियो । सिनेमा प्लस पुस्तकहरूले क्रियट गर्ने कथार्सिसबाट उम्कन म कहिलेकाहीं काठमान्डुका क्याफे, सङ्ग्रहालय, गुम्बाहरूतिर बरालिन्छु ।

म केही उपहार सामग्री किन्ने मुडमा थिएँ । डिभिडी दोकानमा देखा परें । त्यहाँ मैले केही फिल्महरू किनें । एलेजान्द्रो गोन्जालेज, झाङ यिमाउ, स्पिलबर्ग, मार्टिन स्कोर्सिज, ब्रायन डे' पाल्माका क्रमशः २१ ग्राम, रेज द रेड ल्यान्टर्न, सिन्डलर्स लिस्ट, ट्याक्सी ड्राइभर र स्कारफेसहरूलाई झोलामा हालें । मलाई किताबहरू पनि त किन्नु थियो नि ! बागबजारको पुस्तक पसलमा छिरें । सिग्रेट पिउँदै बसेको साहुलाई सोधें, "उर्गेनको घोडा छ ?"

सिग्रेटको ठुटालाई एस्ट्रेमा किचिमिची पार्दै उसले उल्टै मलाई सोध्यो, "कसको घोडा ?"

"उर्गेनको... !", म फिस्स भएँ ।

"यो कुनै तबेला हो र घोडा पाउने ?", उसले ठट्टा गऱ्यो ।

युग पाठकलाई प्रेमपूर्वक च्यापें । अरू पनि किन्नु थियो । नारायण वाग्ले, बुद्धिसागर, नयनराज पाण्डे, रोशन शेरचन, सञ्जीव उप्रेती, गोविन्द वर्तमान, नारायण ढकालका कृतिहरू क्रमशः पल्पसा क्याफे, कर्नाली ब्लुज, चम्पारन ब्लुज, घनचक्कर, सोह्र साँझहरू र प्रेतकल्पहरू पनि अपहरणमा परे । पसलबाट मैले रिडर्स डाइजेस्ट, गरिमा, मधुपर्क इत्यादिका नवीनतम अङ्कहरू पनि किनें । सीडी पसलबाट आभासको नयाँ एल्बम 'ल्याम्प-पोस्ट' उठाएँ ।

ती सप्पै सामानहरू बोकी त्यो साँझ वास्तवमा म नेपाली साहित्य/कलाको पुनर्जागरण कालखण्डतिर जाँदै थिएँ । म बीस या तीसको कुनै दशकतिर बरालिन चाहन्थेँ ।

साँच्चि... त्यो साँझ म कुन दिवङ्गत लेखकलाई भेट्न जाँदै थिएँ ?

***

आज वैशाख ३१ अर्थात् मे १४ थियो । नेपाली कवि एवम् कथाकार अविनाश श्रेष्ठलाई सेलफोनबाट 'बर्थ-डे-विस' गरिसकेपछि अर्को एउटा फोन रिसिभ गर्नुपऱ्यो मैले । खलिल जिब्रानको आवाज कानमा सङ्गीतझैं गुन्जियो :

"नगरकोटी ! तिम्रो शङ्कर लामिछानेसित भेट गर्ने इच्छा लाग्यो ।"

"अति लोभलाग्दो इच्छा व्यक्त गऱ्यौ बूढा", भनें । "त्यसो भए शिरीषको रूखमुनि भेटौं हामी । म गाडी लिएर आउँछु । त्यहींबाट जाऔंला बीस, तीस दशकको कुनै साँझतिर । हुँदैन ?", हुन्छ भनें । शङ्करका निम्ति उपहार त किनिसकें । एक प्याकेट खुकुरी र एउटा किङ साइज्ड सिग्नेचर पनि झोलामा हालें । आकाशबाट झरेकी झरी त्यसपछि बिनसित्तै मरी । तैपनि बादलका झुप्पाहरू आकाशमा बल-डान्स गरी नै रहेका थिए । बीचबीचमा, बन्दुक या तोपझैं पड्किने चट्याङले आङ सिरिङ्ग पाथ्र्यो । जनयुद्धकाल त समाप्त भइसकेको थियो । तैपनि आकाशमा बसी तोप, बन्दुक पड्काउने कुनचाहिं स्वाँठ रैंछ ?

पुष्टकारी खाँदै शिरीषको रूखमुनि उभिएँ । रूखले आफ्नो आङबाट प्याजी शिरीषहरूलाई जमिनमा यत्रतत्र मिल्काइरहेको थियो । एउटा कालो भक्स वागन मेरो छेवैमा आएर अडियो । जमिनबाट केही फूलहरू उठाएर झोलामा कोचें । खलिल जिब्रान पहिलेको भन्दा अझ ख्याउटे पो भएछ । गाडीको पछिल्लो सिटमा बसें । बिस्तारै गाडी अगाडि बढ्यो । जिब्रानले बच्चु कैलाशलाई 'अन' गऱ्यो । बच्चुको माइल्ड आवाज गुन्जियो, 'टाढा टाढा जानु छ साथी... !'

***

गाडीबाट ओर्लियौं । तान्त्रिक साँझ यताउता चारैतर्फ चहलपहल गर्दै थिई । नजिकैको ढुङ्गेधारामा गई जिब्रानले आफ्नो अनुहार धोयो । मैले टाउको भिजाएँ । कपालचाहिं भिजेन किनभने केही समयअघि मैले केश मुण्डन गरेको थिएँ ।

हामी रेनेसाँ रेस्टुराँमा प्रवेश गऱ्यौं । रेस्टुराँ विशाल भईकन पनि शान्त थियो । ग्राहकहरू ध्यान गरेझैं चुपचाप बसेको थिएँ । कुनै लाइब्रेरीमा झुक्किएर

त आइपुगेनौं ? तर, त्यहाँ जम्मा भएका भद्र महिला एवम् पुरुषहरूलाई मैले चिन्न भ्याएँ । विवरण पाठकहरूले मुनि पढून् :

* गोपालप्रसाद रिमाल गोर्खापत्र पढिरहेका थिए । साथमा अगमसिंह गिरी लेमन टी सुरूप-सुरूप गरी पिउँदै बसेका थिए ।
* देवकोटा चुरोट पिउँदै नोटबुकमा हतारहतार केही लेख्नमा व्यस्त थिएँ ।
* भूपि प्लस पारिजात इसारामा केही कुरा गरिरहेका थिए ।
* नारायणगोपाल ऐला/छोयला खाँदै अरुणा लामासित मौनसंवाद गरिरहेका थिए ।

खलिल जिब्रानलाई सबैको परिचय दिएँ टाढैबाट तर यो भीडमा शङ्कर खोइ ? बारटेन्डरलाई शङ्करबारे जिज्ञासा राखें । उसले हामीलाई डोऱ्याउँदै बुइँगलमा पुऱ्यायो । शङ्कर कुनाको टेबलमा आँखा चिम्लेर दायाँ हातमा अडेस लिई ध्यानमग्न थियो । कुनै हल्ला नगरी आ-आफ्नो कुर्सीमा हामीले आफ्नो ज्यानलाई थुपाऱ्यौं । बुइँगलमा विथोवनको 'फिफ्थ सिम्फोनी' गुन्जिरहेथ्यो ।

शङ्करले सात मिनेटपछि आँखा उघाऱ्यो । जिब्रान र मैले पालैपालो लामिछानेसित हात मिलायौं । उसका आँखाहरू सदाझैं जीवन्त थिए । शङ्करले भन्यो, "खासमा म लैनसिंह वाङ्देलको रियलिस्टिक पेन्टिङमाथि अब्स्ट्रयाक्ट चिन्तन गरिराथें । नगरकोटी ! अनि यो तिमीसितै आएको मरन्च्याँसेचाहिँ को हो नि ?"

- मानिसहरू मलाई खलिल भन्छन् । - जिब्रानले भन्यो ।
- प्रोफेट लेख्ने खलिल ? - शङ्करको जिज्ञासा ।
- यस... ।
- म्याड म्यान लेख्ने जिब्रान ?

शङ्करले उठेर खलिललाई अङ्कमाल गऱ्यो । वास्तवमा खलिललाई मैले उहिल्यै शङ्करका सप्पै कृति पढ्न दिएको थिएँ । शङ्कर कालखण्डका अरू श्रद्धेय लेखकहरूका किताब पनि दिएको थिएँ । जम्मै पढेर खलिल जिब्रानलाई नेपाली साहित्यप्रति आदरभाव जागेको थियो । उसले शङ्करलाई सहर्ष सुनायो, "तिमीलाई थाहा छ शङ्कर ! तिम्रो कालखण्ड भनेको नेपाली साहित्यको रेनेसाँ पिरियड हो ।" शङ्करले निधार खुम्च्याउँदै भन्यो, "आई एम ग्लाड टु नो दिस ।"

मैले झोलाबाट एक एक गर्दै उपहार सामग्रीहरू निकालेर शङ्करलाई दिएँ । उसले तीनवटा खुकुरीमा दागबत्ती दियो । पालैपालो हामीलाई दियो । धुवाँ उडायौं । बारटेन्डरले तीनवटा गिलासमा 'अन द रक्स' बनायो । गिलास ठोक्काउँदै हामीले चियर्स चिच्यायौं ।

- काठमान्डुको हाल कस्तो छ कुमार आजकल ? - शङ्करको अप्रत्याशित प्रश्नले तर्सें । भन्नुपर्‍यो, "पोलिटिकल्ली बेहाल पो छ ओ शङ्कर ।"
- साहित्यमा कस्तो छ ?

म : ज्यादै आशाजनक छ । नयाँ पठित पाठकहरू जन्मिरहेका छन् । युवा लेखकहरू केही वर्षयता जुर्मुराउँदै छन् । किताबहरू ल्याइदिएकै छु, पढ्नु नि !

शङ्कर : पछिल्लोपटक आउँदा तिम्रो किताब 'मोक्षान्त : काठमान्डु फिभर' बजारमा आउँदै छ भन्थ्यौ । आयो त ?

म : आयो आयो । तर आज यहाँ ल्याउन भुसुक्कै बिर्सेछु ।

शङ्कर : नेपाली फिल्महरूको अवस्थाचाहिँ के छ ?

म : झुर पो छ त ! तर, आशालाग्दा फिल्म निर्देशकहरू नवीन सुब्बा प्लस छिरिङ रितार शेर्पाहरूले केही गरिरहेछन् । नाटकमा सुनील पोखरेलले अविस्मरणीय काम गरिरहेका छन् ।

शङ्कर धेरै कुरा जान्न उत्सुक थियो । केही डिस्कोर्सहरूलाई मैले डिलिट गर्नुपरेको छ । पाठकसित क्षमा माग्छु यसका निम्ति । 'अन द रक्स' क्रमशः जम्दै गयो । थुप्रै सिग्रेटहरूलाई दागबत्ती चढाउँदै गयौं । मैले लगिदिएका पुस्तकहरूबाट शङ्करले उत्साहका साथ केही च्याप्टरहरू वाचन गर्‍यो । मैले 'प्रेतकल्प'को ओपनिङ पेज पढेर सुनाएँ । खलिल जिब्रानले 'घनचक्कर' एवम् 'उलार'बाट केही अंश वाचन गर्‍यो ।

समय स्लो-मोसनमा बितिरह्यो । 'अन द रक्स' प्लस दागबत्ती प्रसङ्ग अन्त्य हुँदै गयो । अब फेयरवेलको कार्यक्रम हुनु थियो । हामी बुइँगलबाट झर्‍यौं । शङ्कर मुडमा थियो । सबै भद्रजनहरूसित खलिललाई परिचय गराउन ऊ चाहन्थ्यो । बिपी कोइरालाको "यो मान्छे को रे ?" भन्ने प्रश्नमा खलिलले जवाफ दियो जेम्स वोन्ड शैलीमा, "खलिल ! खलिल जिब्रान... ।"

खलिललाई दारुले छोइसकेको थियो । पारिजातसित परिचय गर्दा उसले भन्यो, "म खलिल जिब्रान होइन । सुयोगवीर हुँ, सुयोगवीर । शिरीषको फूलको विक्षिप्त पात्र ।"

रेनेसाँ रेस्टुराँबाट हामी बाहिरियौं । शङ्कर हामीलाई छाड्न मूलद्वारसम्म आइपुग्यो । जिब्रान गाडीमा बसिसकेको थियो । शङ्करलाई अन्तिमपल्ट हात मिलाउँदा भनें, "शङ्कर ! अर्कोपल्ट भेट्न आउँदा के ल्याइदिऊँ ?", शङ्करले भन्यो, "मेरो प्रिय साथी ताना शर्माका लेटेस्ट किताब ल्याइदेऊ । खगेन्द्र

सङ्ग्रौलाका जे भेट्टाउँछौ, ल्याइदेऊ । इन्द्रबहादुर राईको 'आज रमिता छ' ल्याइदेऊ । त्यो किताब मेरो बुकसेल्फबाट हरायो । जगदीशको 'अन्तर्मनको यात्रा' पढ्न पाए हुन्थ्यो । भूपि र पारिजात उसलाई खुब सम्झन्छन् । यस्तै हो नगरकोटी ! अर्कोपटक भेट्न आउँदा अम्बर गुरुङको केही सीडी र पिटर (जे कार्थक) को नयाँ उपन्यास ल्याइदेऊ । मेरा प्रिय जिउँदा साथीहरूलाई म दिवङ्गत शङ्करले सम्झेको छ भनी सुनाइदिनू । मलाई पढिरहेका तिम्रो युगका पाठक, लेखकहरूलाई मेरो प्रेम सुनाइदिनू । है त !"

गाडीबाट जिब्रानले हर्न बजायो, बजायो र पुनः बजायो । शङ्करसित अङ्कमाल गरें र बिदावारी भैंगएँ । भक्स वागनको पछिल्लो सिटमा बसे । गाडी बिस्तारै अगाडि बढ्यो । रेनेसाँ रेस्टुराँको मूलद्वारमा ठिङ्ग उभिई शङ्कर लामिछाने दायाँ हात हल्लाउँदै हामीलाई 'बाईबाई' गरिरहेथ्यो ।

खलिलले बच्चु कैलाशलाई पुनः 'अन' गऱ्यो । बच्चुको मृदुल आवाज गुन्जियो, 'टाढा टाढा जानु छ साथी... ।' भक्स वागनको पछिल्लो सिटमा म पुनः निदाएँ ।

क्लोज अप

ब्युँझिंदा मैले आफूलाई शिरीषको रुखमुनि ठिङ्ग उभिएको फेला पारें । खलिल जिब्रान मलाई एक्लै छाडी गइसकेको थियो । शङ्कर कुनै युगको रेनेसाँ रेस्टुराँमा छुटिसकेको थियो । एउटा सिग्रेट सल्काएँ अनि काठमान्डुका प्रस्तर गल्लीहरूमा धुवाँ उडाउँदै लागे कुन्नि कतातिर...

माधुरी दीक्षितको चिठी

प्रिय डायरी !

क्याफेको उदाङ्गो झ्यालबाट उसलाई देखें । सडकपारिको सैलुनबाट त्यो मानिस हातमा केही किताब, पत्रिका बोकी बाहिरियो । केश भर्खरै खौरिएको त्यो फ्रेस मनुष्यलाई देखी म तत्कालै आकर्षित भइगएँ । ऊसित कफी पिउन मन लाग्यो ।

क्याफेको काउन्टरमा कफीको पैसा तिरें । साहुनीले रु. १०० को खुद्रा खोज्न थालेपछि मेरो धैर्यले शिवजीको नटराज डान्स देखाउन थाल्यो । साहुनीलाई भन्नुपर्ने भो, "साहुनीजी ! हतार पो भो यार ! खुद्रा राख्नुस् । पछि हिसाब गरौंला ।"

फटाफट सडकमा हिंडें । त्यो चिन्डेलाई खोजें । ऊ गएको बाटो पछ्याउँदै ग्वार्को चोकसम्म पुगें । ऊ कतै देखा परेन । गुण सिनेमा हलसम्म गएँ । उसको अत्तोपत्तो थिएन । 'डर्टी पिक्चर'को पोस्टरमा देखा परेकी विद्या बालनको डर्टी पोज हेरें । दिमागमा डर्टी चीजहरू चलमलाउन थालेपछि म पनि त्यहाँबाट लापत्ता हुने मनोदशामा पुगें ।

केश कर्तनालयमा टुप्लुक्क देखा परें । सदाझैं तस्मिनले स्वागत गऱ्यो । उसलाई सोधें, "अभी कुछ देर पहेले यहाँ से एक आदमी क्लिन सेभ्ड हो कर निकला था । पता है तस्मिन, वो कौन था ?", उसले भन्यो, "पता नहीं दाइ (हिन्दीमा 'गुफ्तगु' गर्दा पनि ऊ मलाई प्रायः दाइ नै भन्छ । मज्जा लाग्छ ।) वो कौन था । कहाँ से आता है कहाँ जाता है, कुछ भी पता नहीं । लेकिन दो तीन महिने मे एक बार जरूर आता है । कभी तो ऐसा लगता है वो फिरोज खान है ।"

"कौन फिरोज खान ?", सोधें । 'बलिउडका बाप', भन्यो । बाफ्रे बाफ ! यो त अलि खतरनाक कुरा भइगयो । दिवङ्गत भारतीय अभिनेताबारे तस्मिनले मलाई केही फिल्मी टनिक खुवायो । सैलुनको सिंहासनमा बसें र उसलाई भनें, "तस्मिन ! मुझे भी फिरोज खान बनादो ।"

यसरी आज २५ दिसम्बर २०११ मा म फिरोज खान बनें । अर्थात् चिन्डे बनें । बीचमा मेरो टुपी समाउँदै तस्मिनले भनेथ्यो, "इस का क्या करना है दाइ ?"

"सब को फाड डालो !", भनें ।

पोस्टरमा माधुरी दीक्षित मुस्कुराइरहेकी थिई । जिल्ल पर्दै एकक्षण हेरें । उही अनुहार, उही केशराशि, अनुहारको बायाँ गालाको उही प्रख्यात डन्डिफोर...

प्रिय डायरी !

माधुरी दीक्षितको चिठी मैले कहाँ हराएँ ?

***

स्थान : प्रहरी विद्यालय, साँगा

काल : २०४६ साल

चिलाउनेका रूखहरू लुतो लागेको भुस्याहा कुकुरले झैं बेस्सरी आफ्ना आङ कन्याइरहेका थिए । त्यो साँझ अङ्ग्रेजीको गृहकार्यमा मेरो मन आत्महत्या गर्दै थियो । टीएस इडियट (इलियट) बूढाको कविताले हैरानै पाऱ्यो । टु हेल विथ इडियट भन्दै किताब कापी बन्द गरें । यस्तैमा क्लासरुमको ढोकामा देखा पऱ्यो गान्टे पोस्टम्यान । वास्तवमा, त्यो पोस्टम्यानको नाम के थियो ?

त्यसको नाम थाहा नपाएकोमा बडो पीडा महसुस हुन्छ कहिलेकाहीं । त्यो हल्कारा हप्ताको हरेक बिहीबार साँझ हाम्रो स्कुल आउँथ्यो र चिठीहरू बाँडेर जान्थ्यो । केही समयअघि हेरेको चिनियाँ फिल्म 'पोस्टमेन इन द माउन्टेन्स'ले मलाई नोस्टाल्जिक बनाइदिएको थियो तर ऊ चिनियाँ अवश्य थिएन । उसको खद्दरको झोलामा हाम्रा चिठीहरू हुन्थे ।

त्यो झोलामा केही रहस्यहरू लुकेका हुन्थे । पोस्टम्यान खुसुक्क झोलाबाट एउटा चिठी निकाल्थ्यो र नाम सुनाउँथ्यो । त्यो भाग्यमानी विद्यार्थी ऊसामु उभिन्थ्यो र चिठी लिन्थ्यो । साँगाको त्यो प्रहरी आवासीय विद्यालयमा देशभरबाट जम्मा भएका विद्यार्थीहरू (केटा मात्रै) बसोबास गर्थ्यौं । होस्टलमा आफ्ना चिचिला आयु गुजार्ने हामी एक प्रकारले भन्ने हो भने अर्ध अनाथ थियौं ।

म नाथेलाई चिठी पठाउने कसले ? तर, त्यो साँझ अचम्मै पो भो । मेरो नाममा चिठी आयो । पोस्टम्यानले मेरो नाम उच्चारण गर्दा मैले आफ्नो कानलाई अविश्वसनीय पाराले सुनें । भ्रम भयो, तसर्थ ट्वाँ परें । दोस्रोपटक उसले मेरो नामको डाँको छोडेपछि म ऊसामु ठिङ्ग उभिन पुगें । उसले मलाई एउटा चिठी दियो । कुन स्वाँठले ठट्टा गरेछ ! खाममा टाइपराइटर-प्रिन्टेड बोल्ड अक्षर पढें, कुमार नगरकोटी ।

चिठी खोलेँ । खामभित्र एउटा फोटो थियो । फोटोमा माधुरी दीक्षित मुस्कुराइरहेकी थिई आफ्नो प्रख्यात डन्डिफोरसितै । उसको रसमाधुर्यमा मेरो नीरस मन मुग्ध भएको पत्तै पाइनँ । फोटोमा उसैको हस्ताक्षर थियो कर्सिभ-ह्यान्डराइटिङमा, 'विथ लभ फ्रम माधुरी दीक्षित ।'

प्रिय डायरी !

'आइरनम्यान' दुब्लो/पातलो थियो । होस्टलमा ऊ हाम्रो युनिफर्ममा इस्त्री लगाउन आउँथ्यो । फलामको इस्त्री ऊ ज्यादै बल गरी उचाल्थ्यो । आइरनको तुलनामा आइरनम्यानचाहिँ निकै हलुको लाग्थ्यो । यति हलुको कि ठूलो बतास चले ऊ बताससितै उडी साँगाको डाँडामा ठोकिन्थ्यो सायद । ऊ हरेक शनिबार आउँथ्यो ।

आइरनम्यानले हाम्रा निम्ति म्यागजिनहरू ल्याइदिन्थ्यो । एक प्रकारले त्यो तस्करीजस्तै थियो । म्यागजिनको स्मगलिङ । त्यो अवैध काममा ठूलो जोखिम थियो तर ऊ जोखिम मोल्न रुचाउँथ्यो, आइरनम्यान जो थियो । हामी डबल पैसा तिर्थ्यौँ । केटाहरू प्रायः 'स्पोर्टस् वर्ल्ड', 'डेबोनियर'जस्ता म्यागजिनको डिमान्ड गर्थे । 'नीलो चोली' र 'लुकेको समाज' टाइपका किताबहरू होस्टलमा हिट भएका थिए ।

आइरनम्यानले मेरा निम्ति फिल्मी पत्रिकाहरू ल्याइदिन्थ्यो । मायापुरी, फिल्मसिटी, फिल्मफेयर, स्टारडम, सिनेब्लिज इत्यादि । त्यस्तै कुनै पत्रिकामा माधुरी दीक्षितको ठेगाना पाएको थिएँ, पाली हिल बान्द्रा । यस्तै केही । असीको दशकका इन्डियन हिरो/हिरोनी/भिलेनहरू प्रायः त्यतै कतै बस्थे ।

प्रिय डायरी !

म पोस्टकार्ड पुस्ताको मनुवा हुँ । मेरो पुस्ताका फ्यान्सी युवायुवतीहरूले पोस्टकार्ड सङ्ग्रह गर्दै केही आयु अवश्य फ्याँकेका छन् । सिनेमाको ठूलो क्रेज थियो । हामी हिरो/हिरोइनलाई चिठी लेख्थ्यौँ र आफ्ना फ्यानहरूलाई उनीहरू पनि चिठी पठाउँथे ।

र, एक दिन कालिदासको 'मेघदूत' शैलीमा मैले माधुरी दीक्षितलाई चिठी लेखेँ,

लैजा ओ... मेघदूत मेरो चिठी
भारतवर्षमा राज गरेकी माधुरी दीक्षितलाई ।

***

माधुरी दीक्षितको चिठी पाएर म स्कुलमा छोटेमोटे हिरो नै भएँ । स्कुलका साथीहरूमाझ ईर्ष्याको विषय बनें । त्यसो त माधुरीले केही अशुभ सङ्केत पनि लिएर आएकी थिई । लफडादायी घटनाहरू भए । सामाजिक शिक्षा पढाउने गुरुले एक दिन सोधे, "ओई नगरकोटी ! माधुरीको फोटो आ'छ रे तँलाई हो ?"

"यस सर", भनें । "देखा न त ! त्यो मूला माधुरी दीक्षितलाई एकपल्ट हेरुँ ।" मूला भन्ने उनको थेगो स्कुलभरि प्रख्यात थियो । दोस्रो विश्वयुद्धको पाठ पढाउने बेला यसो भन्ने गर्थे, "त्यो मूला हिटलर फासिस्टहरूको बाउ हो । अर्को मूला एउटा फासिस्ट छ नि ! नाम भुलें । कुन चैं मूला हो रे त्यो ?"

"इटालीको त्यो मूला मुसोलोनी ?", हामीमध्ये कसैले भन्थ्यो ।

"हो त्यही मूला मुसा-मुसोलोनी ।"

गुरुलाई मैले फोटो देखाएँ । उनले दाह्री कन्याउँदै भने, "फिल्ममा एक, दो, तीन भनी डान्स गर्ने मूला माधुरी यही हो ? आर यु स्योर ?"

"अफकोर्स यस सर ! देअर इज हर सिग्नेचर, यु क्यान सी इट ।"

माधुरीको 'ग्रेटेस्ट दिवाना' निस्क्यो एउटा साथी । मेरो पछि लागेको लाग्यै छ । मेरो निम्ति ऊ जुकाजस्तै भइदियो जो खुट्टाको औंलाको कापमा मात्रै रगत चुस्ने थिएन/बरू मेरो घाँटीमा प्रायः झुन्डिने टाईको गाँठोसम्म आइपुग्यो : रगत चुस्न, ड्राकुलाझैं । ड्राकुला मलाई फकाउँथ्यो, "तँलाई एक हप्ताभरिको ब्रेकफास्टको अण्डा, पाउरोटी, बटर, कफी सप्पै दिउँला, माधुरी दे न यार ।", दिन्नँ भनें । ड्राकुला यसै हार मान्नेवाला थिएन । अझै फकाउँथ्यो, "हप्ताभरिको चिकन करी (डिनरको) तँलाई नै भयो । मलाई माधुरी दे न । आखिर तँ मेरो बेस्ट फ्रेन्ड होइनस् ?" जवाफमा बेस्टफ्रेन्ड त हुँ तर तँलाई माधुरी दिन्नँ भन्थें ।

फ्याङ्कली स्पिकिङ, म माधुरीको डाइहार्ड फ्यान थिइनँ र अहिले पनि होइन । माधुरीको अद्‌भुत फ्यान त ड्राकुला नै थियो । स्वर्गीय भारतीय पेन्टर मकबुल फिदा हुसैनझैं ड्राकुला माधुरीको प्रेममा 'फिदा' थियो । माधुरी अभिनीत 'हम आपके है कौन'जस्तो फ्यामिली मेलोड्रामा मैले रुचाउने कुरै आएन । उनीद्वारा अभिनीत हिट फिल्महरू प्रेम प्रतिज्ञा, बेटा, दिल पनि साधारण लागेका हुन् । 'वजुद' फिल्मचाहिँ नाना पाटेकर भएकैले चारपटक मनकामना हलमा हेरेको हुँ ।

ड्राकुलाले 'माधुरी दे कि दे' भनी मरिहत्ते गर्दा पनि मैले दिइनँ । आजकल सोच्दा लाग्छ, मैले दिन नमान्नुमा एउटै प्राथमिक कारण रहेछ । त्यो हो, 'पोजेजन' । माधुरीको फोटो मेरो पोजेजन थियो, जसलाई म कुनै पनि हालतमा गुमाउन चाहदिनथें । जीवनमा यस्ता कुरा हुँदा रैछन् । कांग्रेसको पोजेजन विश्वेश्वरप्रसाद कोइराला, कम्युनिस्टको पोजेजन कार्ल-मार्क्सहरू यसैगरी निर्मित हुँदा हुन् ।

माधुरी दीक्षितलाई मैले खाममा डायरीभित्र जतनका साथ राखेको थिएँ तर एउटा दुर्भाग्यपूर्ण दिनमा ऊ हराई, बेपत्ता भई । सिरानीमुनि लुकाइराखेको मेरो 'गाडधन' हरायो । चोरी भयो । कुन लुटेराले मेरो सम्पत्ति, पोजेजन लुट्यो ? डर्मिटरीको आफ्नो ओछ्यानमा एकाबिहानै म अलपत्र अवस्थामा थिएँ । विद्यार्थीहरू सबै बिहानको कवाज (पीटी) खेल्न गइसकेका थिए । होस्टल वार्डेन मेरो कराँते गुरुले मलाई ग्लुमी मुडमा देखेर भने, "ओई नगरकोटी ! के भो, उदास छस् ?" मैले कमजोर आवाजमा भनें, "गुरु, मेरो माधुरी दीक्षितको चिठी हरायो । कसैले चोर्दियो ।"

कराँते गुरुको म असल चेलो थिएँ । उहाँले सान्त्वना दिँदै भन्नुभयो, "चिन्ता नले । फेला परिहाल्छ । बरु भन् तँलाई कोमाथि शङ्का छ ?" मनोज तिवारी, विनोद सिंह, किरण श्रेष्ठ । मैले नाम लिएँ । यसरी मैले आँतका साथीहरूलाई शत्रु बनाएँ । विभिन्न सजायका कुरा यहाँ नगर्नु नै बेस् । अन्ततः ड्राकुलाले गल्ती स्विकार्‍यो । हामी सबै डिनर खाँदै गर्दा ऊ सुटुक्क मेरो ओछ्यानमा पुगेछ । सिरानीमुनिबाट माधुरी दीक्षितको फोटो लिएछ । गुरुसमक्ष उसले कान समाउँदै भन्यो, "गुरु ! आइन्दा यस्तो चोरीको काम कहिल्यै गर्दिनँ ।" गुरुले भन्नुभयो, "लौ त अब ठीक छ । जा कुमारसित माफी माग ।"

आफ्नो कान उसले अझै समातिराखेकै थियो । गालामा औँलाका डाम रातै थिए । आँखा पिलपिल गर्दै मसित भन्यो, "आई एम रियली सरी, कुमार !" ड्राकुलाको मलाई धेरै माया लागेर आयो । ऊसितै रुन सकिनँ । मन अमिलो भएर आयो । माधुरी दीक्षितलाई धिक्कारेँ । केही समयअघिको अङ्ग्रेजी क्लासको सम्झना झलझली आँखामा आयो । गुरुले हामी सबैलाई 'तिमीहरू भविष्यमा के बन्न चाहन्छौ' भनी पालैपालो सोध्नुभएको थियो । प्रायः सबैले पाइलट, डाक्टर, इन्जिनियर टाइपका उत्तर दिएका थियौं । ड्राकुलाले भनेको थियो, "सर, माई एम इन लाइफ इज टु बी अ गुडम्यान इन द फ्युचर !"

अङ्ग्रेजी गुरुले उसलाई धाप मार्दै भन्नुभएको थियो, "द्याट वज अ रियल्ली बेस्ट आन्सर ।" तर, यस बेला त्यो गुडम्यान कान समाई, रुँदै मसित माफी मागिरहेथ्यो । यो सबको जड माधुरी दीक्षितको चिठी थियो । ड्राकुला मेरो बेस्ट फ्रेन्ड थियो । एक मनले त भनें पनि, "यार, नचोरेको भए हुन्थ्यो ।" त्यसपछि ड्राकुला र मेरो दोस्ती कट्टी भयो । सदासदाका निम्ति टुङ्गियो । त्यस बेला खिन्न भएको म आजसम्म जब-जब त्यो घटना सम्झन्छु, खिन्न हुन्छ । ड्राकुलाले माधुरी दीक्षितको फोटो फिर्ता गर्‍यो ।

प्रिय ड्राकुला !

तैँले यदि यो 'क्याजुअल-लेख' कतै पढिछस् भने, मलाई माफ गरिदे यार !

स्थान : राँझा/नेपालगन्ज

काल : २०४७ साल

घरेलु या घरायसी वातावरणदेखि सदा सदूर प्रदेश (होस्टल) मा बसेका कारण हुनुपर्छ म जीवनमा कहिल्यै घरेलु या डोमेस्टिक जीव बन्न सकिनँ। वार्षिक बिदामा घर गइन्थ्यो। घर पनि कहिले कता कहिले कता। आफ्नो २७ वर्षको प्रहरी सेवाबाट अवकाश लिएपछि बुबाले नेपालगन्जको राँझा एयरपोर्टमा एउटा होटल किन्नुभयो। स्कुलको छुट्टीमा घर जान्थेँ। घरमा प्रायः कमै बस्थेँ। टाँगा चढी फिल्म हेर्न निस्किहाल्थेँ।

एक दिन बुबाले मेरो डायरीमा माधुरी दीक्षितको तस्वीर फेला पार्नुभएछ। साँझ फोटो देखाउँदै भन्नुभयो, "यो कुन केटीको फोटो हो ?", भनेँ, "माधुरी दीक्षितको।"

"तेरो डायरीमा चाहिँ कसरी आई ?", बुबाको प्रश्न। मैले सम्पूर्ण बेलिविस्तार गरेँ। माधुरीलाई चिठी पठाएको कुरा गरेँ। "तँलाई बोर्डिङ स्कुलमा पठाएको हिरोनीलाई चिठी लेख्नका लागि हो ?", बुबाको प्रश्न। "होइन, बुबा", मेरो उत्तर। यस्तो लाग्थ्यो (बुबासित कुरा गर्दा) म कुनै प्रहरी अधिकृतसामु उभिएको कुनै निरीह कन्स्टेबल हुँ। इन्टरोगेसन जारी थियो, म दिक्क मान्दै गएँ। माधुरीलाई धिक्कारेँ।

***

एकबारको जुनीमा आउने बैंसले मलाई पनि के बाँकी राख्थ्यो र ! प्रेमको मायानगरीमा पर्यटक बन्नु त थियो नै। प्रेमको परीक्षामा म उत्तीर्ण त हुनैपर्थ्यो नि ! एक दिन बुबालाई भनेँ, "मलाई हिरो साइकल चाहियो।"

"कुनचाहिँ हिरोनीलाई लिफ्ट दिनुपर्‍यो र ?", बुबाको प्रश्न। मेरी 'हिरोनी' थिई चौलागाईं थरकी एक युवती : निर्मला। ऊ साइकल चलाउँथी। नेपालगन्जका युवती/किशोरीहरू प्रायः साइकल चलाउँथे। टाँगामा चढी फिल्म हर्ने जाँदा मलाई अप्ठ्यारो लाग्न थालेको थियो। आफ्नै 'हिरो' साइकल चढी म राज कपुरको 'मेरा नाम जोकर' अनि दिलीप कुमारको 'मुगल-ए-आजम' हेर्न चाहन्थेँ।

"नाथे कुमार ! वर्षमा एकपल्ट घरमा छुट्टी मनाउन आउने तँलाई किन चाहियो साइकल ! फेरि तँलाई साइकल चलाउन पनि आउँदैन", बुबाले भन्नुभयो। "साइकल चलाउन सिक्छु", भनेँ।

"साँच्चि सिक्छस् त ?"

"सिक्छु ।"

अर्को दिन बुबाले साइकल किनिदिनुभयो । साइकल किन्न बाउछोरा बजार गयौं टाँगा चढी । फर्कंदा नयाँ साइकलमा आयौं । म पछिल्लो सिटमा बुबालाई च्याप्प कम्मरमा समाती नेपालगन्जका सडकहरूमा गुडें । पछि मिस चौलागाईंले मलाई साइकल चलाउन सिकाई । उसको पनि पारिवारिक होटल थियो । हाम्रो होटलसितै जोडिएको । आठ छोरीमध्ये ऊ साहिँली थिई । साइकल-ट्रेनिङकालमा मैले उसलाई मन पराएँ, स्लो मोसनमा । हप्ता दिनभित्रै उसले मलाई 'पर्फेक्ट' बनाई ।

त्यसपछि उसलाई साइकलमा लिफ्ट दिई फिल्म हेर्न जान सक्ने भएँ । नेपालगन्जमा दुइटा फिल्महल थिए । दुईबीच दह्रो 'कम्पिटिसन' चल्थ्यो । एउटा हलमा 'मुझे जिने दो' चल्दा अर्कोमा 'जिने नही दुंगा' चल्थ्यो ।

(नेपालगन्ज नगएको धेरै भयो । ती दुई हलका नाम पनि बिर्सिसकें । कथाकार नयनराज पाण्डेलाई सोधुँला भनी सम्झन्छु तर नयनराजसित प्रायः भेट हुँदैन ।)

मिस चौलागाईंले एक दिन 'अनएक्स्पेक्टेड' लभलेटर मेरो हातमा थमाइदिई । हामी रूपैडिहाबाट साइकलको पछाडि चिनीका झोलाहरू बोकी फर्कंदै थियौं । राँझा चोकको प्रख्यात आलु पराठा पसलमा उसले मलाई त्यो प्रीतिपत्र दिएकी थिई । साँझको बेला थियो । सूर्य पश्चिमको आकाशमा मलीन हुँदै थियो । उसले यत्ति मात्र भनी, "कुमार, यो चिठीलाई घरमा गई पढ्नु ।"

त्यो प्रेमील आदेशलाई मैले नस्विकार्ने कुरै थिएन । साँझ आफ्नो कोठामा पत्र खोलें । त्यस पत्रमा उसको एउटा तस्वीर थियो । राम्रो लाग्यो । त्यो फोटो सायद उसले कुनै स्टुडियोमा खिचेकी थिई । चिठीमा चाहिं उसले के लेखेकी थिई बिर्सें ।

जीवनको पहिलो प्रेमको जवाफमा मैले सायद कुनै कविता पो लेख्नुपर्थ्यो ! तर, त्यस्तो 'पवित्र' कर्म गर्नेतर्फ मेरो ध्यान गएन । बरु देवनागरी लिपिमा चिठी लेखें । नयाँ खाममा त्यसलाई घुसारें । उसले फोटो पठाएकी थिई तर मसित आफ्नो कुनै फोटो थिएन ।

त्यसैबखत 'देउता खोज्दा ढुङ्गा' मिलेजस्तो भयो । नेपाली उखान उल्टियो । डायरीमा, माधुरी दीक्षितको चिठी थियो । त्यसलाई आफ्नो लभलेटरमा प्याक गरें । भोलिपल्ट उसलाई त्यो चिठी दिएँ । चिठीमा मैले लेखेको थिएँ :

प्रिय... !

तिम्रो चिठी दामी लाग्यो । तिमी मलाई प्रेम गर्दिरैछौ । थाहा पाउँदा खुशी लाग्यो । मेरो जाडोको छुट्टी क्रमशः समाप्त हुँदै छ । म पुनः बोर्डिङ स्कुलमा कैदी बन्न जानुपर्नेछ । तिमीले मलाई साइकल चलाउनका साथै प्रेम गर्न सिकायौ । धन्य भएँ । तिम्रो माया म कसोरी बिर्सुला ! मसित आफ्नो 'फोटो' छैन । मलाई एक वर्षअघि भारतीय हिरोइन माधुरी दीक्षितले चिठी पठाएकी थिइन् । त्यो 'माधुरी दीक्षितको चिठी' तिमीलाई प्रेम-भेट चढाउँछु ।

प्रिय डायरी !

त्यसरी अन्ततः माधुरी दीक्षितको चिठीबाट मैले छुट्कारा पाएँ । यस्तै थियो माधुरीसित सम्बन्धित मेरो कथा । आज पनि केश कर्तनालयमा गएँ : दाह्रीजुँगा मुन्डन गर्न । भित्ताको पोस्टरमा माधुरी दीक्षित उसैगरी मुस्कुराइरहेकी थिई । उही अनुहार, उही केशराशि, बायाँ गालाको उही प्रख्यात डिम्पल... ।

आज सन् २०१२ को प्रथम दिन । ह्यापी न्यु इयर ! दिनभर घाम लागेन । दिनले पुरानो/दिवङ्गत वर्षको शोक मनाएझैं लाग्यो । खैर, नयाँ वर्षको शुभकामना दिन चाहन्छु पोस्टम्यानलाई, आइरनम्यानलाई, ड्राकुलालाई, गुरुहरूलाई, 'मिस चौलागाईं'लाई, अनि अन्ततः धैर्यधारण गरी यसलाई पढिरहेका पाठकलाई ।

भन्नेलाई फूलको माला
सुन्नेलाई सुनको माला
यो 'क्याजुअल-लेख' वैकुण्ठ जाला
भन्ने बेला मुखमा टुप्लुक्क आइजाला !

शून्यता

द लास्ट स्टेसन

अनि, आर्यघाटको चितामा वर्तमान क्रमशः जलिरह्यो...

आफ्नो लामो सेतो दाह्री मुसार्दै लियो टोल्सटोयले भन्यो, “यसरी चितामा वर्तमान या भूत या भविष्य जल्नु दुःखदायी हो ।”

चुप रहन्छु । मौनम् शरणम् गच्छामी ! केही बोल्ने मुड छैन । चितामाथिको आकाशमा उडिरहेका नीला प्लस खैरा खरानी रङका धुवाँका झुप्पालाई हेरिबस्छु । अरुणा लामाको भाकामा मलाई धुवाँझैं आकाशमा उडी जाने मन हुन्छ ।

ऽऽऽउडी जाऊँ भने म पन्छी होइन,
बस्ने यहाँ मन छैनऽऽऽ

कमसेकम आर्यघाटमा त बस्ने मन छैन । मेरो मलामी-मन व्यथित छ । फन्टुस समय यतै कतै स्थगित छ । मलामीहरू क्रमशः जम्मा हुँदै छन् । टोल्स्टोय भन्छ, “सबैभन्दा ठूलो कम्युनिस्ट भनेको मृत्यु रहेछ ! मृत्यु ठूलो साम्यवादी हो । संसारमा मृत्युकै साम्यवादी शासन छ ।”

मृत्युको साम्यवादी शासन ! क्यास्त्रो, चाभेज, भट्टराईहरूलाई सम्झन्छु ।

बेला कुबेला लियो यस्तै गरी बर्बराउने गर्छ । मृत्युको आलाप/विलाप गरिरहन्छ । हामी एउटा लेखकको अन्तिम संस्कारका निम्ति भेला भएका छौं । अस्तित्वको सिनारियोबाट ‘फेज-आउट’ भएको एउटा स्रष्टाको डेड-बडी हेरी बस्नु पीडादायी कुरा हो । मनको नेपथ्यबाट कसैले भन्छ, “डेथ इज अ टोटल वेस्ट अफ टाइम । मृत्यु भनेको समयको बर्बादी हो ।”

गोविन्द वर्तमान हामीमाझ ज्यूँदा थिए । उनीसित संलग्न स्मृतिका केही ‘ग्लिम्सेस’ मसित छन् ।

एक दिन कमलादीको गणेशथान मन्दिर छेवैको चियालयमा बुद्धिसागरले भनेका थिए, “एक साँझ जापानिज कुकुर ‘हाचिको’को फिल्म हेरें । फिल्म हेरेर भावुक भएँ । मन कसो कसो दुखी भयो । कोठाबाट बाहिर निस्कें । संसारका सबै कुकुरहरू हाचिकोझैं लाग्न थाल्यो । माया लागेर आयो । एउटा सानु ‘पप्पी’

ल्याएर पालुँझैं लाग्यो । यस्तै सोचिरा थें । पछाडिबाट आएर एउटा कुकुरले क्याप्प टोकिदियो । रिस पो उठेर आयो । त्यसपछि मेरो हृदय परिवर्तन भयो । सबै कुकुरलाई माया गर्न सकिने रहेनछ । सबै कुकुर हाचिको हुँदा रहेनछन् ।"

सिग्रेटको ठुटा निभाउँदै वर्तमानले भने, "त्यसैले अब कुकुर होइन, हामीले बिरालोलाई माया गर्न सिक्नुपर्छ ।"

"बिरालो ?", म अचम्म परें ।

"कुरा यसो हो !", बुद्धिले रहस्य खोले, "कुरा कसो हो भने कुरा यसो हो... !"

"कसो हो ?", सोधें ।

"वर्तमान दाइलाई 'काफ्का अन द सोर' पढ्न द्याथें । उहाँ अझै पनि त्यसैको ह्याङओभरमा हुनुहुन्छ ।"

वर्तमानले मलाई सुनाउँदै भने, "कुमारजी ! तपाईंले त्यो उपन्यास अझै नपढ्नु भएकोमा म दुखी छु । उपन्यासका बिरालाहरू तपाईंलाई अवश्य मन पर्नेछन् ।" बुद्धिसागरले अर्को सिगरेट सल्काउँदै यस्तो भने, "यो मूला मुराकामी बिरालोको क्रेजी फ्यान रैछ । उसको उपन्यासमा बिरालोहरू म्याउँ म्याउँ गरी हैरानै पार्छन् ।"

वर्तमान र बुद्धिसागरको बिरालो-चर्चा सही हो । त्यो उपन्यास भर्खरै केही दिनअघि पढेको हुँ । नकाटा भन्ने क्याट हन्टरको कथा विचित्रको छ । ऊ मानिसभन्दा बढी बिरालोसित कुरा गर्ने रुचि राख्छ । बिरालोहरू पनि ऊसित कुरा गर्छन् । बडो अजीवोगरिब चरित्र !

'त्यस्तो विचित्र टाइपको कथा नेपाली साहित्यमा किन लेखिएन ?", वर्तमानले सोधे ।

वर्तमानको प्रश्न मुखबाट झरेर चिया गिलास/टेबल/एस्ट्रेमा ठोक्किनुअघि बुद्धिले भने, "ऊ उहाँले लेख्नुभएकै छ नि (मलाई देखाउँदै) नगरकोटी जिन्दावाद ! कसो कुमारजी ?"

"कुन कथा ?", वर्तमान उत्सुक भए ।

"फोसिल । वर्तमान दाइले पढ्न भ्याउनुभा'छैन जस्तो छ ।"

"अहँ, भ्याएको रहेनछु । त्यसलाई आज राति नै भ्याउँछु", वर्तमान हौसिए ।

"हो, हो, भ्याइहाल्नुस् । 'फोसिल' मा म्युजियमको कुकुरको कथा रोचक छ", बुद्धिले होमा हस्टे गरे ।

नेपथ्यबाट कसैले भन्यो, "डेथ इज अ टोटल वेस्ट अफ टाइम । मृत्यु केवल समयको बर्बादी हो ।"

प्रिय पाठक !

कुकुर र बिरालोको प्रसङ्ग यत्ति नै ।

***

वर्तमानको फाइनल फेयरवेल गर्न हामी जम्मा भएका हौं ? यस अफकोर्स । अन्तिम अलबिदा ! हामी शोकमग्न मलामीहरू एउटा लेखकको महायात्रा प्रस्थान -एन एपिक जर्नी- का निम्ति कामना गर्न भेला भएका छौं ।

नारायण प्लस सुरेश ढकाल 'वर्तमान : केही नोस्टाल्जिया' शीर्षकअन्तर्गत मसिनु स्वरमा कुरा गर्दा छन् । खगेन्द्र सङ्ग्रौला टुलुटुलु चिताग्निमा हेर्दा छन् । विमल निभा, अविनाश श्रेष्ठ, नयनराज पाण्डेका आँखामा शोकको तुँवालो लागिपर्दो छ । पुरुषोत्तम सुवेदी/अमर गिरीको हृदयमा शोक धुन बज्दो छ । लौ ! नारायण वाग्ले पनि आए ।

'पल्पसा क्याफे'मा एकाबिहानै ब्ल्याक कफी पिउँदै गर्दा, वर्तमानको 'सोह्र साँझहरू' पढ्दै गर्दा कसैले मिस्टर वाग्लेलाई फोन गरेको हुनुपर्छ, "नारायणजी ! गोविन्द वर्तमान नो मोर विथ अस । प्लिज कम टु आर्यघाट ।"

हात मिलाउँदै मिस्टर वाग्लेले भने, "ट्रेकिङबाट कहिले फर्कनुभो' कुमारजी ?"

साँच्चि, चिसापानीको पदयात्राबाट म कहिले काठमान्डु फर्केको थिएँ ? रोशन शेरचन र भाइ दुतेन्द्र चामलिङलाई 'सोधीखोजी' गर्नुपर्ला ।

दीपक सापकोटा/अभय श्रेष्ठ/अनमोलमणि/चन्द्रवीर/राजन मुकारुङका उदास, उजाड अनुहारमा पनि मृत्युको क्रूर कर्फ्यु छाएको छ । देख्छु । विनोदविक्रम केसी खिन्न हुँदै हातमा रजिस्ट्रर बोकी चिता वरपर ओहोरदोहोर गरिरहेछन् । हामीले त्यो रजिस्ट्ररमा आ-आफ्नो नाम लेख्नु छ । आ-आफ्नो सेलफोन नम्बर लेख्नु छ । के थाहा, हाम्रो मोबाइलमा कुनै दिन वर्तमानले फोन गर्ने पो हुन् कि ! "हेलो नगरकोटी ! डेथ इज अ टोटल वेस्ट अफ टाइम । मृत्यु केवल समयको बर्बादी मात्र हो ।"

रजिस्ट्ररमा आफ्नो नाम लेख्छु । आफ्नो नम्बर प्रायः बिर्सिरहन्छु । त्यसैले सेटमा आफ्नै नम्बर सेभ गरेको छु । चेक गर्छु । नम्बर ठीक रैं'छ । गल्ती नम्बर पर्‍यो भने त झुरै पो हुन्छ । वर्तमानले साँझपख मलाई फोन गर्दा कुनै कल-गर्लकहाँ गयो भने त बर्बादै हुन्छ । युवतीले वर्तमानलाई भन्ली, "सरी, रङ नम्बर ! म बिजी छु ।"

"तिमी केमा बिजी ?", वर्तमानले सोध्लान् ।

"कल-गर्ल केमा बिजी हुन्छे, थाहा छैन ?"

"थाहा नभएर नै त सोधेको नि मैयाँ ! नरिसाऊ न भन्या !" वर्तमानले ब्लफ देलान् ? कविको मन न हो ! ठट्टा/हँसी मजाक गर्न मन होला । यो कुरा शार्दुल भट्टराईलाई सायद था' होला ? लियो टोल्स्टोयले विनोदविक्रम केसीसित रजिस्ट्रर माग्यो । "तपाईंलाई मैले चिनिनँ नि !", विनोदको उत्सुकता बोल्यो । रजिस्ट्रमा आफ्नो नाम लेख्दै बूढाले भन्यो, "मानिसहरू मलाई टोल्स्टोय भन्छन् । लियो टोल्स्टोय ।"

विनोदले मसित कानेखुशी गरे, "कुमार दाइ ! कस्तो ठिस रै'छ ! बूढा खुस्केछ ।" विनोदलाई मैले सम्झाउनुपऱ्यो, "ऊ ठिस होइन विनोद ! बूढा वास्तवमा लियो टोल्स्टोय नै हो ।"

'भोकको क्षेत्रफल' कवितासङ्ग्रहका यी कविलाई मेरो कुरा रिप्लेको 'विलिभ इन अर नट'जस्तो पजलिङ लाग्यो सायद । पत्याऊँ/नपत्याऊँको दुबिधामा भने, "अब कुमार दाइ, तपाईंले नै भनेपछि पत्याउनैपऱ्यो ।

***

मैले भनें, "प्रिय टोल्स्टोय ! तिम्रो पश्चिममा त मृत्यु बुर्जुवा हुन्छ । तिमी मान या नमान । मृत्यु बुर्जुवा जिनिस हुन्छ ।"

"बुर्जुवा ?", हडबडाउँदै लियोले भन्यो, "बुर्जुवा मृत्यु ? ह्वाट ननसेन्स !'

मैले उसलाई उसैको प्रख्यात कथाको हवाला दिँदै भन्नुपर्ने भयो, "तिमीले एउटा सुन्दर कथा लेखेका थियौ । याद छ के ? हाउ मच ल्यान्ड इज अ म्यान निड ?"

बडो अतीतमुखी हुँदै लियोले अन्ततः भन्यो, "हाउ मच ल्यान्ड डज अ म्यान निड ? हो कुमार, त्यो मलाई मन पर्ने कथाहरूमध्येको एक हो । कहिलेकाहीँ, कता कता मलाई मेरा आफ्नै कृतिहरू 'वार एन्ड पिस' अनी 'अन्ना कारेनिना'भन्दा बढी माया लागेर आउँछ त्यो कथाको । कथामा प्रमुख पात्र आफ्नो होटल स्वास्नीको जिम्मामा छाडी परदेश जान्छ । परदेशमा उसलाई जग्गा/जमिन जोड्नु छ । त्यो परदेश दन्त्यकथाको स्वर्गद्वीप समान थियो । उसलाई त्यहाँ भव्य स्वागत गरिन्छ । जग्गा/जमिन पाउनका निम्ति उसले एकल-दौड गर्नुपर्ने थियो । दिनभर उसले जति दौडिन सक्छ, त्यति जमिन उसको हुनेछ । केवल एउटा सर्त छ । सूर्योदयबाट शुरु हुने उसको दौड ठीक सूर्यास्तमा गएर टुङ्गिनेछ ।"

लियो टोल्सटोय श्वास फेर्न रोकियो । मैले भनें, “कथालाई म कन्टिन्यु गरूँ ? कथाको ब्रेक-थ्रु म गरूँ ?”

“अफकोर्स यस म्यान”, बूढाले भन्यो, “गो अहेड ।”

कथाको ब्रेक-थ्रु यसरी गरें :

“लोऽऽऽ एन्ड देअर राइजेज द सन इन द रसियन स्काई । रसियन आकाशमा नवजात सूर्यले नर्सरी राइम गाउन थाल्यो । अनि परदेशीको घले दौड शुरु भयो । बडो उत्साहका साथ/सुर्ती नै नखाई/बडो फुर्तीका साथ ऊ दौडन थाल्यो । बेतोड दौडियो, दौडियो, दौडियो । लिगलिगकोटमा द्रव्य शाह पनि त्यसरी के दौडियो होला र ? ‘फरेस्ट गम्प’ भन्ने फिल्ममा टम ह्याङ्क्स दौडिएझैं ऊ दौडियो, दौडियो, दौडियो । अलेक्जन्डर, द ग्रेटको घोडा ब्युसिफालस पनि त्यसरी के दौडियो होला र ? भारतीय सेलिब्रेटेड डाँकु पानसिं तोमारझैं ऊ दौडियो, दौडियो, दौडियो... ।”

मैले पनि श्वास फेर्नुपर्ने भयो । श्वास फेर्ने यो इन्टर्भलमा युग पाठक देखा परे । वर्तमानको मृत्युलाई सेलिब्रेट गर्न भनी उनी उर्गेनको घोडा चढी आर्यघाट आएका रै'चन् । म अलेक्जन्डरको घोडा ब्युसिफालसको कुरा गरिरा'थे । आर्यघाटमा आएको छ, उर्गेनको घोडा ! जीवनमा संयोगले कहिलेकाहीं महत्त्वपूर्ण भूमिका खेल्दा रै'चन ओ गाँठेऽऽऽ !

घोडाबाट ओर्लंदै युगले भने, “दाइ ! के सुनाउँदै हुनुहुन्छ ?”

“कथा सुनाउँदै छु”, भनें ।

“तपाईं त कथा लेख्नु पो हुन्छ ! कहिलेदेखि कथा सुनाउने व्यवसाय/धन्दामा लाग्नुभो ?”, उनको जोड मेरो कथा-लेखनमा थियो । थिएछ, भनूँ । कथा सुनाउन थालेर मैले छोटेमोटे ‘क्राइम’ नै पो गरेछु कि जस्तो लाग्यो । मैले कथा जारी राखें...

‘त्यो परदेशी, वास्तवमा मनुष्यको मनझैं स्वाभाविक रूपमा लोभी थियो । थिएछ- भनूँ । दौडिंदा, दौडिंदा, दौडिंदा, नयाँ भूमि, जमिन, जग्गा देख्दा, देख्दा, देख्दा उसको अदृश्य त्रिनेत्र खुल्यो र शिवजीले आफ्नो प्रख्यात गर्लफ्रेन्ड सतीदेवीको डेड बडी काँधमा बोकी दौडिएझैं ऊ दौडिन्थ्यो, दौडिन्थ्यो, दौडिन्थ्यो... । उसलाई भोक/तिर्खा केही लागेन । आफ्नो आङबाट उसले सम्पूर्ण वस्त्रहरू उतारेर मिल्काइदियो । अन्तर्वस्त्र अर्थात् अन्डरवेयर पनि उतारेर उसले फ्याँक्यो या फ्याँकेन, कथामा कतै उल्लेख छैन । लौ हेर, सूर्य त अब पश्चिमी आकाशमा पुगिसक्यो !

ऊ फर्कँदै थियो । दिनभरको दौडमा उसले प्रशस्त जग्गा/जमिन आफ्नो भागमा पारेको थियो । फिनिसिङ-लाइनमा ऊ डङ्रङ्ग ढल्यो । त्यो परदेशी मऱ्यो । कि कसो लियो ? हेलो टोल्स्टोय, केही त बोल !

टोल्स्टोयले भन्यो, “मनुष्यलाई आखिर कति जमिन चाहिँदो रहेछ ? हाउ मच ल्यान्ड इज अ म्यान निड ? परदेशीलाई अन्ततः छ फिट जमिनमा गाडियो ।”

“त्यसैले मिस्टर लियो ।”, मैले भनेँ, “तिम्रो पश्चिममा मृत्यु बुर्जुवा हुन्छ ।”

“बुर्जुवा ?”, युग पाठक हडबडाउँदै आत्तिन्छन्, “बुर्जुवा मृत्यु ?”

“यस माई फ्रेन्ड ! द्याट वज अ बुर्जुवा-डेथ ! आफ्नो मृत्युपश्चात् पनि जमिनको डिमान्ड गर्ने मृत्यु केवल बुर्जुवा हुन सक्छ । मरेपछि पनि गाडिनका निम्ति जमिन चाहिने ?”, मैले अझ अगाडि थपेँ ।

“एक टुक्रा जग्गा चाहिने ? जब कि उसलाई/मृतकलाई थाहा छ ऊ सडिनु छ ! गलिनु छ । कस्तो महँगो सोख ! गोविन्द वर्तमानको यो अगाडिको चिता हेर्नुस् । उनलाई जमिन चाहिएन आफ्नो अन्त्येष्टिका निम्ति ।”

टोल्स्टोय केही बेर टोलायो । “तिम्रो कुरा”, उसले भन्यो, “मैले बुझेँ कुमार । मृत्युपछि पनि एक टुक्रा जमिनको माग गर्ने मृत्यु सम्भवतः बुर्जुवा नै हुनुपर्छ ।” युग पाठकले सोधे, “मैले एउटा कुरा बुझिनँ । हाम्रै आँखा अघि चितामा जलिरहेका वर्तमान दाइको मृत्युचाहिँ कुन वर्गको पऱ्यो ?”

त्यसपछि कुमारजी उवाच, “यो सर्वहारा मृत्यु हो । अ प्रोलेटेरियट-डेथ । जमिन बुर्जुवा हो/धुवाँ सर्वहारा हो ।”

प्रिय पाठक !

मलाई कहिलेकाहीँ अचम्म लाग्ने गर्छ । यो सत्य थाहा पाउँदा पाउँदै कि ऊ अन्ततः धुवाँ बनी आकाशमा, शून्यमा शून्यसरी बिलाउनु छ । अस्तु, खरानी बनी बाग्मती या कुनै पनि ढलमतीजस्ता ढलमा बग्नु नै छ भने मनुष्य किन लाज पचाएर जमिन, धर्ती, जग्गा आफ्नो नाममा नामसारी गरी दर्ता गर्दै हिँड्छ ? किन मनुष्य सरम नै नमानी लालपुर्जा बनाई हिँड्छ ? जमिन पनि प्राइभेट ! ह्वाट ननसेन्स ? यस्ता टाइपका विचार यदाकदा मेरो खप्परमा आउँछन् । जमिन कसैको पैतृक सम्पत्ति कसरी हुन सक्छ ? जमिन कसैको बाउको प्राइभेट सम्पत्ति कसरी हुन सक्छ ?

म चाहन्छु- लियो टोल्स्टोयले अर्को एउटा कथा लेखोस्, “हाउ मच स्काई इज अ म्यान निड ?”

नेपथ्यमा कोही बोलिरहेछ, “डेथ इज अ टोटल वेस्ट अफ टाइम । मृत्यु त केवल समयको बर्बादी हो ।”

***

स्थान : मोक्ष, झम्सिखेल

काल : ७ अक्टोबर, २०१२

बेला : झम्के साँझ

खगेन्द्र सङ्ग्रौलाले भने, “मिस्टर बिरलाकोटी ! के हुँदै छ नयाँ ?”

“नथिङ स्पेसल दाइ”, भनें “आजकल लिट्रेरी हाइबर्नेसनमा छु ।” मोक्षको बगैंचामा हामी ‘चियर्स’ चिम्याउँदै थियौं । एक पेग घुटुक्क गरेपछि गोविन्द वर्तमानले सङ्ग्रौलालाई सोधे, “क्या हो खगेन्दाइ । नपिउँदै झ्याप भइयो कि क्या हो ? नगरकोटीलाई बिरलाकोटी भन्ने ?”

‘अब भन्नु नै पर्ने भयो । उहाँ (मलाई देखाउँदै) बिरला बिरला चीज लेख्नुहुन्छ’, खगेन्द्रले भने ।

चौरमा एक राउन्ड कोरस-खित्का खितखित गरी हाँस्यो ।

अविनाश श्रेष्ठले भने, “गोविन्दजी ! गरिमाका निम्ति चारवटा कविता पठाउनुस् न । छाप्छु । अनि एउटा लामो कथा पनि लेख्नुस् । छापौंला ।” वर्तमानले भने, “लामो कथा लेखिरा’छु अविनाशजी ! यो जाडो महिनासम्ममा सिध्याउनेछु । गरिमालाई नै दिउँला । कविताचाहिं पठाइहाल्छु । कतिवटा चाहियो रे ?”

“चारवटा ।”

***

वर्तमान : कुमारजी ! तपाईंको ‘मोक्षान्त : काठमान्डु फिभर’ पढें । अलि ढिलो गरी । धेरै समय तपाईंको लेखनलाई मैले इग्नोर गरें ।

म : आई लभ्ड योर इग्नोरेन्स सर ।

वर्तमान : मृत्यु तपाईंको राइटिङमा आइरहने ‘रिकरिङ सब्जेक्ट’ रै’छ, होइन ?

म : अफकोर्स यस् । इनफ्याक्ट, आई एम फन्ड अफ डेथ ।

वर्तमान : यो डरलाग्दो फन्डा हो ।

***

वर्तमानसित त्यो नै मेरो अन्तिम भेटघाट थियो । एनसेल नेपाल लिट्रेचर फेस्टिभलका फेस्टिभल डिरेक्टर अजित बरालको आयोजनामा भएको रात्रिभोजमा हामी के-टाउनका लेखक-फ्रेटर्निटीहरू मोक्षमा जम्मा भएका थियौं ।

मोक्षमा मेरो मोक्षान्त भएको कुरा साँचो हो । त्यो जाम-ए-महफिलमा कति 'जाम' ईश्वर, काव्य, इतिहास, संस्कृतिको नाममा चढाइयो हिसाबकिताब गर्ने मौसमी-फुर्सद कसलाई ? तसर्थ, मोक्षको बगैंचामा मेरो मोक्षान्त भएको कुरा साँचो हो । यसैलाई भनिंदो हो सायद, मोक्षान्त : काठमान्डु फिभर... ।

बिजुली-पानीको मादकतामा कुन बेला 'कोमा'मा गइयो, बिर्सियो । त्यो रात मलाई कसले 'होम डेलिभरी' गरिदियो, बिर्सें । केवल नेपथ्यबाट कोही गुनगुन गरिरह्यो, "मृत्यु समयको बर्बादी हो । डेथ इज अ टोटल वेस्ट अफ टाइम ।"

***

फोनमा रोशन शेरचनले भनेका थिए, "कुमारजी ! वर्तमान त जानुभयो ।"

सधैं ट्रेकिङ/भ्रमणमा गइरहनुपर्ने मान्छे ! गए होलान् दशैंको सिजनमा लाङटाङ या अन्नपूर्ण आधार शिविरतिर भन्ने ठानें । सोचें, एक्लै गए होलान् कि नारायण ढकालसित घुम्न गए होलान् ? सोधें, "रोशनजी ! यसपटक बूढा काँ घुम्न गएछन् ?"

"घुम्न गा'होइन । कहिल्यै नआउने गरी गए । म आर्यघाट जाँदै छु । आउनुहुन्छ ?"

मृत्युको बेसक्याम्पतिर वर्तमान एक्लै निस्केछन् । खिन्न भएँ । आर्यघाट जान ट्याक्सी चढ्दा टोल्सटोयले भन्यो, "म पनि जान्छु तिमीसितै कुमार । मलाई पनि आर्यघाट लैजाऊ । एउटा लेखक चितामा कसरी जल्छ, म हेर्न चाहन्छु ।" ट्याक्सीको ढोका खोलिदिंदै बूढालाई भने, "ओके लियो ! गेट इन्साइड ।"

टोल्सटोय विगत केही दिनदेखि मसितै थियो । उसैको जीवनीमा आधारित फिल्म 'द लास्ट स्टेसन'को डीभीडी किनेको थिएँ । बूढासितै बसी हेर्नुपर्ला भनी उसलाई फोन गरेको थिएँ :

"हेलो ओल्ड म्यान ! फिल्म हेर्ने हो ?"

"हेर्ने हेर्ने । बरू कुन फिल्म ?", फोनमा भनेको थियो ।

"यु विल सी फर योरसेल्फ । ह्वाई डोन्ट यु जोइन मी ?"

फोन गरेको एक घन्टा सत्र मिनेटमै ऊ मेरो घरको द्वार ढकढकाउन आइपुगेको थियो । मसितै बसी उसले 'द लास्ट स्टेसन' फिल्म हेर्‍यो ।

आफ्नै जीवनको अन्तिम कालखण्डबारे कथानक भएको उक्त फिल्म उसलाई औधी मन पऱ्यो । दुई, तीन, चार, पाँचपटक हेऱ्यो ।

ट्याक्सी ड्राइभर सोध्छ, "काँ लैजाऊँ तपाईंहरूलाई ? काँसम्म ?"

लियोले भन्यो, "द लास्ट स्टेसन ।" ड्राइभर रनभुल्लमा पऱ्यो, "लास्ट स्टेसन ? कहाँ गोङ्गबु बसपार्क कि/रत्नपार्क ?"

मैले भनेँ, "हामीलाई आर्यघाट लैजानुस् ।"

***

गोविन्द वर्तमानका पिताले आफ्नो साहित्यकार छोराको मुखमा दागबत्ती दिए । आँखा रसाएर आए । एउटा पिताका निम्ति योभन्दा ठूलो दुःखान्त/ट्राजेडी के होला ? नारायण ढकाललाई सोधेँ, "वर्तमानका बालबच्चा कति छन् ?"

"एक छोरा, एक छोरी", उनले भने, "नाबालक नै छन् ।" सुरेश ढकाल छेवैमा थिए । वर्तमानका नाबालकहरूलाई टाढैबाट देखेँ । सुरेशले भने, "कुमारजी ! हामी सबैलाई रुवाएर गयो वर्तमान ।" वर्तमान कसरी क्रमशः भूत भन्छ भन्ने कुरा सुरेश ढकालको दसी-प्रमाण थियो सायद उनको भावोद्‌गार ।

ती नाबालक छोरा/छोरीप्रति करुणा जागेर आयो । आफ्नै छोराछोरीझैं लागेर आयो । लङ्गौटीमात्र लगाएका दुब्ला, वृद्ध पितालाई हेर्छु । आफ्नै पिताझैं लागेर आयो । दुःखको समाजशास्त्र सायद यस्तै समानुभूतिमा मनुष्यले महसुस गर्दो हो !

स-साना कलिला छोराछोरीलाई एक्लै छाडी 'प्रिय ड्याडी' एक्लै, एक्लै, फगत एक्लै कसरी मृत्युको बेस-क्याम्पतिर जान सक्छ ? ती नानी बाबुहरूलाई सायद पत्याउनै गाह्रो भएको होला । ती अझै ठान्दा हुन्- ड्याडी ट्रेकिङ जानुभएको छ । साँझपख अवश्य फोन गर्नेछन् र भन्नेछन् :

"छोरा, राम्रोसित होमवर्क गर्नू । होमवर्क गर्ने मान्छे असल मान्छे हो । छोरी, आमालाई मद्दत गर्नू । आमालाई हेल्प गर्ने छोरी असल मान्छे हो । मुस्ताङबाट फर्कंदा नानू/बाबुहरूलाई स्याउ ल्याइदिन्छु, ल !"

***

विदेशी पर्यटकहरू घाटपारिबाट फोटो खिच्दै थिए । वर्तमानको चितामाथि धुवाँका केही 'फुटेज' थिए । पोर्ट्रेट थिए । धुवाँका केही झुप्पा थिए । फोटोग्राफरहरू फोटो खिच्दै थिए- क्लिक क्लिक क्लिक...

लियो टोल्स्टोयलाई लिएर म हिँडें । घाटमा अरू लासहरू पनि जलिरहेका थिए । विरूपाक्षको मूर्तिले सोध्यो, "ओई नगरकोटी ! समय के भयो ?"

भनें, "समयको हिसाबकिताब गर्न मैले छाडिदिएँ ।"

एउटा ट्याक्सी छेवैमा आई रोकियो । ढोका खोली चढ्यौं । ड्राइभरले सोध्यो, "तपाईंहरूको यात्रा काँसम्म ?"

"द लास्ट स्टेसन", टोल्सटोयले ढोका बन्द गर्दै भन्यो ।

तर, मनको नेपथ्यमा अझै को जोडजोडले चिच्याइरहेछ :

मृत्यु समयको बर्बादी हो । डेथ इज अ टोटल वेस्ट अफ टाइम...

रिलिज नभएको एउटा फिल्म

तिम्रो सुनसान आँखामा
मेरो उदास जीवन झल्केको थियो
तिमी मुस्कुराइरह्यौ
जब मेरो लासमा धुवाँ सल्केको थियो
(डायरी : सन् १९९०)

त्यो साँझ दीपेन्द्र प्रहरी विद्यालय साँगाको डर्मिटरीको आफ्नो ओछ्यानमा आराम गर्दै कुमार नगरकोटी अमेरिकी उपन्यासकार जोन स्टिनबेकको 'ग्रेप्स अफ न्याथ' नामक उपन्यास पढिरहेको थियो । उपन्यासको जोड नामक पात्र क्यालिफोर्नियाको अङ्गुर बगैंचामा आफ्ना युवाकालका दिनहरू सम्झँदै थियो । नगरकोटीले उपन्यास बन्द गऱ्यो । सिरानीमुनिबाट डायरी निकाल्यो । अनि, एउटा गजल लेख्यो जसलाई माथि उद्धरण गरिसकिएको छ ।

त्यो दिन केही खास थियो भन्ने कुरा आज नगरकोटीलाई लागिरहेछ । आज उसले आफ्नो पुरानो ट्याङ्काको पींधमा उक्त डायरी फेला पारेको छ । 'खास' कुन अर्थमा भने त्यस दिन नगरकोटीले आफ्नो गड्-ड्याम-जिन्दगीमा पहिलोपल्ट कुनै साहित्यकारलाई भेटेको थियो । वास्तवमा, लेखकहरूलाई ऊ किताबमा भेट्थ्यो जो शब्दहरूको मौन गल्लीमा पाठकलाई पटकपटक रुवाउँदै हँसाउँदै हिंड्ने गर्थे । त्यस दिन नगरकोटीले एउटा लेखकलाई ज्यूँदो जाग्दो अवस्थामा सशरीर देखेको थियो ।

ती विनम्र, भलाद्मी साहित्यकार थिए, डा. तारानाथ शर्मा ।

विद्यालयको सभाकक्षमा नगरकोटी प्लस अरू विद्यार्थी हरू उहाँलाई सुन्न भेला भएका थिए । वास्तवमा, प्रहरी पाठशालाबाट उसको गुरु जर्ज जोनले बिदा लिएदेखि नगरकोटी खिन्न रहन्थ्यो र फुर्सदका अधिकांश समय पुस्तकालयमा देखापर्थ्यो तर त्यो दिन ऊ खुशी थियो । विशाल हल 'पिन

ड्रप साइलेन्स'को तपस्वी मुडमा थियो । डा. तारानाथ शर्माको आवाज कुनै नाटकको 'सलिलकी'झैं गुन्जिरहेथ्यो । त्यो काव्यमय आवाज कुनै 'कमा' या 'फुलस्टप' बिना निरन्तर नदीझैं श्रोताहरूको मरुस्थल हृदयलाई शीतल बनाउँदै बगिरह्यो/बगिरह्यो ।

नगरकोटीले त्यसपछि 'बेलायततिर बरालिँदा'का यी लेखकलाई भेटेको छैन ।

भैगो । अब त्यो साँझको प्रसङ्गतिर यसो नियालियोस् । डायरीमा गजल लेखेपछि नगरकोटीको ओछ्यान वरपर केही मित्रहरू देखा परे । मित्रहरूलाई उसले आफ्नो नवीनतम् रचना सुनाउने न्यूनतम रुचि पनि देखाएन तर उनीहरूले चाहिँ एउटा उदेकलाग्दो अफर गरे ।

उनीहरू एउटा फिल्म बनाउने महत्त्वाकांक्षी योजनामा थिए । भिडियो फिल्म । उनीहरूको मण्डलीलाई स्कुलमा 'डोभ-ग्रुप' भनी चिनिन्थ्यो । फिल्मको ब्यानर पनि न्वारन भइसकेको रहेछ । उही 'डोभ-ग्रुप' । असलमा, बिदाका दिनमा गुलेली लिई ढुकुरको सिकार गर्ने भएकाले त्यो मण्डलीलाई डोभ-ग्रुप या कहिलेकाहीं ग्याङ भनिन्थ्यो । विज्ञान कार्की, जो फिल्मको नायक थियो, ले नगरकोटीलाई भन्यो, "यार कुमार ! तिमीले फिल्ममा निर्देशन गर्नुपर्‍यो । फिल्मको मेन गायक पनि तिमी नै बन ।"

विद्यालयमा फिल्म हेर्ने कुरामा नगरकोटी ज्यादै बदनाम थियो । त्यही वर्षको चैतेदशैंमा (पाँच दिनको बिदा) उसले निरन्तर ३६ वटा फिल्म हेरेर अरूलाई जिल्लाएको थियो । अभिभावक दिवसमा उसले निर्देशन गरेको नाटक 'क्यानभासमा कोरिएको युगको अन्तिम चित्र'लाई धेरैले रुचाएका पनि थिए । विभिन्न कार्यक्रममा ऊ स्टेजमा गाउँथ्यो पनि तर फिल्म ?

१५/१६ वर्षे अल्लारेहरूको त्यो आँट देखेर नगरकोटी आजकल पनि जिल्ल पर्छ । सन् १९९० को दुईमहिने जाडोको छुट्टीमा फिल्मको छायाङ्कन गर्ने योजना भयो । फिल्ममा दुइटा गीत राखिने भए । रश्मिशेखर सुवेदी (गुरु) ले पटकथा तयार पारे । एउटा रोमान्टिक युगल गीत नगरकोटीले लेख्यो ।

त्यसपछि शुरू भयो रिहर्सल । स्कुलको हेलिप्याडमा पात्रहरू चलमलाउन थाले । स्कुलमा गाइँगुइँ हल्ला चल्न थाल्यो, 'डोभ-ग्रुप'ले त फिल्म बनाउने रे ! स्कुल प्रशासनमा कुरा पुग्यो । नगरकोटीलाई थर्काइयो, "फिल्म सिल्म सब बन्द । एसएलसी आउँदै छ खुरुखुरु पढ्ने ।"

***

विद्यालय प्रशासनले के रोक्न सक्थ्यो र ! अब, युवा जोशलाई हेरियोस् । दुई महिना लामो जाडोको बिदा दैलोमा आई पो गयो । घट्टेकुलोको सिम्फोनी स्टुडियोमा नगरकोटीको पहिलो गीत रेकर्ड भयो । सङ्गीतकार थिए, दाङतिरका तुलसीप्रसाद शर्मा । नगरकोटीलाई गायनमा साथ दिएकी थिइन्, सङ्गीता रानाले ।

फिल्मको छायाङ्कन गर्न नगरकोटी एन्ड कम्पनी लामोसाँघुतिर लागे । नायिकाहरू थिए, बिन्दु अधिकारी र चन्दा केसी । बिन्दुलाई बागबजारस्थित कला केन्द्रबाट लिइएको थियो र चन्दा होटल अन्नपूर्णकी नृत्याङ्गना थिइन् । दुवैले राम्रो अभिनय गरे । नगरकोटीका दिनहरू बाह्रबिसे, दोलालघाट, लामोसाँघु, खरिढुङ्गाका भेकहरूमा 'एक्सन/कट' गर्दै बित्यो । दुई महिना कुनै रमाइलो वनभोजमा गएझैं चाँडै बित्यो ।

नायक र नायिका फिल्ममा गीत गाउँदै नाच्छन् :

नायक : तिमी चन्द्रमा हौ, म धर्तीको फूलबारी

नायिका : तिमी आकाश हौ, म गङ्गाको पानी

आफ्नो गीतमा नायकनायिका पर्दामा नाचेको देख्दा नगरकोटी दङदास भयो । सम्पादन नगरिएका केही अंशलाई स्कुलको भिडियोमा देखाइयो । शिक्षकहरूले भने, "नगरकोटी, राम्रै गीत गाइएछ । एसएलसी आउँदै छ । अब खुरुखुरु पढ्ने ।" तर, पढ्ने के ! नगरकोटीलाई समस्या थियो । पाठ्यपुस्तकमा उसको मन कहिल्यै गएन । उसलाई त त्यही 'ग्रेप्स अफ न्याथ' वा पर्ल एस बकको 'द गुड अर्थ' रुचिकर थिए । जे होस्, एसएलसी आयो/गयो । फिल्मको रमाइलो पक्षचाहिँ के भने त्यो कहिल्यै रिलिज भएन । डिब्बा बन्द ।

फिल्म युनिटका साथीहरू उच्च अध्ययनका लागि युरोप/अमेरिकातिर लागे । नगरकोटी एक दिन कुपण्डोल ओरालोमा अवस्थित सङ्गीत पाठशालामा देखा पऱ्यो । उसलाई सिक्नु थियो शास्त्रीय गायन । नाम लेखायो तर उसमा सायद धैर्यको कमी थियो । दुई महिना सारेगमको रियाज गऱ्यो ।

एक दिन रियाज सिध्याएर बाहिरिँदा अर्को कक्षामा नगरकोटीको नजर पऱ्यो । त्यहाँ पाँच-छ जना साधकहरू भजन गाउनमा चुर्लुम्म डुबिरहेको देख्दा नजिकै उभिएको रिसेप्ससिस्ट केटालाई उसले सोध्यो :

- कति भयो यिनीहरूले यस्तो गर्न थालेको ?
- पाँच वर्ष ।
- पाँच वर्ष ? - नगरकोटी आश्चर्यमा पऱ्यो ।

उसले मनमनै सोच्यो- पाँच वर्षपछि मेरो हालत पनि यस्तै हुनेछ । भजनमण्डलीको एउटा सदस्य । टु हेल विथ दिस भजनमण्डली भन्दै ऊ त्यहाँबाट टाप ठोक्यो ।

क्लोज अप

त्यो रिलिज नभएको फिल्मको नाम 'आँसु' थियो र त्यो आँसुकालीन फिल्मी दिनहरू सलमा आगाको गीतजस्तै थियो : *दिल के अरमा आँसुओं मे बहे गए ।*

सुनिन्छ, आजकल नगरकोटी कथा लेख्छ रे !

फकिर : एक फिक्सन डिजाइनर

हो चि मिन्ह काँटको अनुहार भएको डाक्टरले निधार छाम्दै भन्यो, "के काम गर्नुहुन्छ ?"

- डिजाइन गर्छु । फिक्सनहरूको डिजाइन गर्छु । - हाँस्दै भनें ।

मेरो मुखबाट उसले थर्मोमिटर थुतिसकेको थियो । त्यसमा होचो हो चि मिन्हले ज्वरांशको तापक्रम फेला पार्ने कोसिस गर्दै चिम्से आँखा 'चिमचिम' गर्दै भन्यो, "ज्वरो त छैन रै'छ । ए, अँ तपाईं फिक्सन राइटर पो हो ?"

- होइन । - मैले भनें मुस्कुराउँदै - फिक्सन डिजाइनर हुँ ।

हो चि मिन्ह ट्वाँ परिगो । त्यसपछि ब्लड प्रेसर जाँच्न थाल्यो । माथि २३० प्लस मुनि १६० देखा परेपछि पुनः ट्वाँ पऱ्यो । फेरि जाँच्यो । मेसिनले फेरि उही परिणाम देखायो । मलाई सचेत हुन आग्रह गर्दै 'नर्भस' त हुनुभा'छैन भनी भन्यो । जवाफमा फिस्स गरें ।

'प्लिज नर्भस नहुनुस् । नत्र नर्भस ब्रेक-डाउन हुने अवस्था पो छ त ! खै म फेरि जाँच्छु' तेस्रोपल्ट पनि उही । त्यसपछि मलाई त्यो रात पाटन अस्पतालको इमर्जेन्सी वार्डमा बेड नं. १३ मा थन्काउनुपर्ने भयो ।

सशुल्क थन्कनु मेरो बाध्यता थियो । हो चि मिन्हले केही पुराना रोचक कुरा सोच्नुस् भन्यो । रोचक कुरा सोच्ने/सम्झने 'पासवर्ड' धुइँपत्ताल खोज्न थालें । औषधि गन्हाउने वार्डमा मैले त्यो 'पासवर्ड' फेला पारें ढोरपाटन...

***

ढोरपाटन

एकादेशमा, धेरै वर्षअघि एउटा हिमाद्री प्रदेश थियो ।

यो संस्मरण एउटा रहस्यमय रातबाट शुरु हुन्छ । वास्तवमा, ढोरपाटनको त्यो रात बर्फिलो थियो । सानु एकतले घरको छानामा रातभर हिउँ फुस्फुसायो । चिसो

स्याँठले दैलोलाई क्रमशः प्रहार गरी नै रह्यो । यस्तो लाग्थ्यो, बाटो भुलेको कुनै पदयात्रीले ढोका ढकढकाइरहेथ्यो । त्यो होर्खे लुइ बोर्हेस थियो या मोर्जाट/वाग्नरको फ्यान्सी आत्मा ! या कुनै झिल्के मृत्युले दैलोमा आफ्नो बुट बजार्दै थियो ?

रात बित्यो । प्रातःकालमा गुरुङ युवतीको निद्रा भङ्ग भयो । ऊ केवल १७/१८ वर्षकी मात्र त थिई ! आफ्नो छेवैमा निदाएको शिशुलाई यसो दूध चुसाइदिने विचार गरी । बच्चालाई यसो सरक्क आफ्नो छातीतिर (ओ) सार्दा युवती निकै तर्सी । त्यसपछि, बच्चालाई छातीमा च्यापेर बारम्बार हल्लाउँदै ऊ डाँको छाडी रुन/चिच्याउन थाली ।

युवतीको रोदन नेवार युवकको कानको पर्दामा बेस्सरी ठोक्किएपछि लोग्नेचाहिँ पनि उठिहाल्यो आँखा मिच्दै । गुरुङसेनीको काख/कोखबाट नेवारले बच्चा उठायो । उफ् ! बच्चा थियो बरफको टुक्राझैं । त्यसपछि पालैपालो ती युवा दम्पती शोक-मुद्रामा विवर्ण भए ।

बाहिर आँगनमा घाम झुल्कियो । यसो हेर्नुस्, वरपर चारैतर्फ हिउँ जमेको छ । लोग्नेचाहिँ मलामीको जुगाड गर्न तल्लो गाउँ झर्‍यो । स्वास्नी भने फुच्चे लासलाई रुँगेर बसी । दिउँसोपख प्रहरी चौकीबाट केही जवान आइपुगे । क्रमशः गाउँमा भद्रभलाद्मी जम्मा हुँदा भए ।

फुच्चे लास श्वेत वस्त्रमा बेरिएको थियो । बाउचाहिँले त्यस नवजात-शवलाई दुवै हातले उठायो अनि कुनै फूलको थुँगा समाएझैं गरी चुपचाप/मौन चिहान डाँडातर्फ लाग्यो । त्यही डाँडामा, त्यस साढे तीनमहिने मृत बालकलाई सदासदाका निम्ति चिहानमा पुरियो ।

साँझपख लोग्नेले स्वास्नीलाई सम्झाउँदै सान्त्वना दियो, "अब रोएर के गर्नु ! छोरोको छैँठीमा भावीले उसको निधारमा (खप्परमा ?) यस्तै लेखिदिएछ ! नरो धैर्य गर् सरिता ।" तर, सरिता गुरुङ रातभर उदास/उजाड भई । घरको छानामा फुस्फुसाउँदै हिउँहरू क्रमशः आइसक्रिमझैं ढिक्का हुँदै गए । जम्दै गए ।

***

हो चि मिन्हले सोध्यो, "उसो भए डिजाइनर ! दारु/चुरुट पनि खाइँदो रैँछ होइन ?", जवाफमा फिस्स गरेँ । उसले ईसीजीको रिपोर्ट देखायो । आफ्नो शरीरको अन्तरङ्ग भाग डिजिटल शैलीमा रहेछ । दङ्ग परेँ । आफ्नो मुटुको डिजिटल अवस्था के रैँछ भनी रिपोर्टमा हेरेँ । त्यहाँ एक्सरे टिप्पणीको मुनितिर लेखिएको थियो, 'अब्नर्मल ।' झनै फिस्स पो भएँ ।

नर्मल कहिले नै पो थिएँ र ? त्यसपछि नर्सहरूले नशाबाट रगतहरू निकाले । स्लाइन-जल जडान गरे । मूत्र-परीक्षण गरे । यस्तो सोचें, सबै अब्नर्मल निस्कनेछ । बेड नं. १३ मा ढल्कँदै यसो सोचें, नर्मल त कहिले नै पो थिएँ र ? हो चि मिन्हलाई हाँस्दै भनें, "डाक्टर साब ! मेरो मुटु, कलेजो, फोक्सो, आन्द्राहरूको पनि परीक्षण गर्नुस् । डायबिटिज, युरिक एसिडको पनि जाँच गर्नुस् । पछि अस्पताल आउन पाइने हो कि होइन !"

हो चि मिन्हले थर्कायो, "यस्तो नकारात्मक सोच राखेर हुन्छ ? कर्ण शाक्यको किताब पढ्नुभा'छैन ? डेल कार्नेजीको पोस्तक पढ्नुभा'छैन ? सकारात्मक सोच राख्नुस्, डिजाइनर !'

ऊ भर्खरै आएको पेसेन्टतर्फ जाँदै थियो घाँटीमा नसुहाउने सर्पजस्तो स्टेथेस्कोप झुन्डाउँदै । ऊ झर्किएको देखेर मैले भनें, "त्यस्तो होइन डाक्टर साब, म त केवल सेन्स अफ ह्युमरको कुरा गरिरा'थें । तपाईंले अङ्ग्रेजी फिल्म 'गड मस्ट वी क्रेजी' हेर्नुभा'छ ?"

हो चि मिन्हले त्यो फिल्म हेरेको रहेनछ । विनम्रतापूर्वक सल्लाह दियो, "तपाईं आराम गर्नुस् । बरु सक्नुहुन्छ भने अतीतको याद गर्नुस् । आफ्नो अतीतमा मान्छे स्वच्छ/स्वस्थ हुने गर्छ ।"

अतीतको पासवर्ड खोइ त ?

***

काठमान्डु

सन् १९७४ डिसेम्बर २ । महाराजगन्जको एउटा भाडावाला घरको ग्राउन्ड फ्लोरमा एक बिहान एउटा बच्चा चुपचाप कुनै होहल्ला नगरीकनै आफ्नी आमाको न्यानो पाठेघरबाट बसाइँ सर्दै यस धर्तीमा ओर्लियो तर गुरुङसेनी मैयालाई आफूले मृत शिशुलाई पो जन्म दिएँ कि भन्ने भयानक त्रास भयो ।

सालनालमा लपेटिएर गजमजिएको मूर्ख नवजात शिशु चलमलाउँदैन/चिच्याउँदैन । सुँडेनीले शिशुलाई कन्याककुरुक पारी । बच्चालाई चिमोटचामोट गरी । अनि पो, बल्लबल्ल त्यो नवजात फकिर च्याँहाच्याँहा गरी चिच्याउन थाल्यो । सरिताका आँखाबाट त्यसपछि दुई दाना आँसु तरक्क चुहिए र मङ्गोल गाला, चिउँडो भिजाउँदै मुनि कतै बिलाए ।

अनि त त्यसपछि हर्खबढाइँ भइगयो । मिस्टर नेवारले भोड्काको बोत्तल च्याप्दै चियर्स चिच्यायो र उसलाई साथ दिए अरू भद्रजनहरूले तर त्यो खुशी धेरै बेर के टिक्थ्यो र !

ठूलाबडा/बुज्रुकहरूले सांस्कृतिक कुरामा अड्को थापे । निर्णय सुनाइयो, "पहिलो सन्तान खेर गएकाले यो नवजात शिशुलाई आफ्नी आमाको प्रथम स्तनपानबाट टाढै राख्नुपर्छ । नत्र यो शिशु पनि खेर जानेछ ।"

"तब म के गरूँ त ?", नवपिता रनभुल्लमा पऱ्यो । प्रशस्त गाइँगुइँ चल्यो । एउटा संस्कार प्लस संस्कृतिको ठेक्का लिएको बुज्रुकले भनी टोपल्यो, "यस बच्चोलाई तल्लो जातकी महिलाबाट दुग्धपान गराउन मनासिब हुन्छ । त्यसो गर्नाले शिशुको ग्रहदशा नष्ट हुन्छ । यो बाँच्छ ।"

तथाकथित तल्लो जातकी 'आमा'लाई अब खोज्ने कहाँ ? नवजात फकिरका आमा/बा चिन्तित भए ।

***

हो चि मिन्हले पुनः ब्लड प्रेसर जाँच्यो । माथिल्लो १७० मा झरेको थियो । मुनि कति थियो, अहिले याद भएन । अब तपाईंको मूत्र परीक्षण गर्नुपर्छ । पिसाब गर्न उता, यो बट्टा लिएर जानुस् भन्यो । गएँ । बेकारमा अस्पताल आइएछ जस्तो लाग्यो । छट्पटाएँ । जाबो एउटा सानो घाउ (खुट्टाको औंलाको कापमा) भा'थ्यो । सङ्क्रमण भएछ आफ्नो जन्ड लापरबाहीले । मलाई छट्पटाउँदै गरेको देखेर हो चि मिन्हले भन्यो, "यसअघि अस्पताल भर्ना भइएको थिएन कि क्या हो ?"

'इट्स माई ब्लडी फस्ट टाइम', झर्किंदै भनें । हो चि मिन्ह हाँस्यो । दुईथरीका रङ्गीचङ्गी ट्याब्लेट दियो । घुटुक्कै निलें । अर्को पेसेन्टलाई हेर्न जानुअघि भन्यो, "अस्पतालमा पहिलोपटक भन्नुभयो । यसो याद गर्नुस् त तपाईं कुन अस्पतालको मेटर्निटी वार्डमा जन्मनुभएको थियो ?"

प्रसूति-कक्षमा नभई आफू एउटा घरको ग्राउन्ड फ्लोरमा जन्मेको उसलाई बताएँ । हो चि मिन्ह एक क्षण वाल्ल पऱ्यो । एक पेग मिनरल-जल घुट्क्याएँ । केही अद्‌भुत कुरा सोचेझैं उसले भन्यो, "वास्तवमा म पनि घरमै जन्मेको हुँ । आमा स्वर्गवास भएपछि मलाई मेरी धाईआमाले हुर्काउनुभएको हो ।"

हो चि मिन्हले एउटा पासवर्ड दिएर गएको थियो, धाईआमा ।

***

धाईआमा

जीवन संयोगहरूको लीला पनि हो सायद ।

फुच्चे फकिरलाई स्तनपान गराउनका निम्ति एउटी 'आमा' महाराजगन्जको छिँडीमा हाजिर भइन् । उनलाई हाम्रो समाजले तथाकथित दलित भन्ने लाजमर्दो विशेषणद्वारा सम्बोधन गर्थ्यो । ती आमाले नवजात शिशुलाई आफ्नो छातीमा लपक्कै टाँसिन् । बच्चाको थोते मुख आफ्नो भर्भराउँदो दूधको मुन्टामा राखिदिइन् । फुच्चे फकिरले दमिनी-आमाको दूध मस्तसित चुस्यो । धर्तीको पहिलो तिर्खा उसले मेटायो ।

सामाजिक रुढग्रस्ततामा अभ्यस्त कथित बूढापाकाका सांस्कृतिक सोचअनुसार अब फुच्चे फकिर जीवनभर, बाँचुन्जेल ज्यूँदो हुने भयो किनभने धाईआमाले फुच्चेका सम्पूर्ण ग्रहदशाहरू आफूभित्रै समेटिदिएकी थिइन् । फकिरको ग्रहदशा नष्ट भएको थियो ।

फकिर बाँच्यो तर चरिकोटकी ती धाईआमाको दूधको काव्यधारा ऊ जीवनपर्यन्त स्निग्ध-स्नान गर्नबाट वञ्चित नै रह्यो । तसर्थ, त्यो फकिर आजसम्म पनि घाटवरपर कुन्नि के के खोज्दै डुलिरहन्छ । अस्तित्वको बक्ररेखा यस्तै कल्पनातीत/शब्दातीत हुँदो हो सायद...

घाँटीमा स्टेथेस्कोपको सर्पिलो माला झुन्ड्याउँदै हिंडेको हो चि मिन्ह कता गायब भो ? मैले ठम्याउने प्रयास गरिनँ । इमर्जेन्सी-कक्षमा ऊ कतै देखा परेन । एक मनले ठानेँ, भियतनामतिरै पो गयो कि !

त्यसपछि, बरू छेवैको पेसेन्टले मलाई हात हल्लाउँदै सङ्क्षिप्त (हाई/हलो) पो गऱ्यो । थाहा पाएँ, ऊ डायबिटिजको क्रूर अपहरणमा परेको रै'छ । डाक्टरहरूले बेड नं. १५ मा थन्काइदिएछन् । आफ्नो सम्पूर्ण 'हिस्ट्री' बताइसकेपछि मलाई सोधिटोपल्यो, "तपाईंलाई चाहिं के भएको ?"

"इन्फेक्सन...", फिस्स भएँ ।

"यो देश नै इन्फेक्सनद्वारा ग्रस्त छ", लौ, ऊ त विम्बमा पो ओर्लियो गाँठे ! लाग्यो, कुनै राजनीतिक दलको कार्यकर्ता हुनुपर्छ तर म गलत साबित भई गएँ, जब उसले मसामु ससानो भाषण नै गऱ्यो :

"यहाँ राजनीतिमा इन्फेक्सन छ । अर्थतन्त्रमा इन्फेक्सन छ । समाज इन्फेक्सनद्वारा ग्रस्त भएको धेरै भइसक्यो । संविधानसभामा इन्फेक्सन छ । त्यसैले सभासदहरू इन्फेक्टेड हुने भइगए", सोमले क्या डाइलग माऱ्यो यार !

आफ्नो खुट्टाको इन्फेक्सनलाई मैले बिर्सें । जब देश नै इन्फेक्सनद्वारा ग्रस्त छ भने जाबो मेरो खुट्टाको के कुरा ! पर्खनुस् है ! सङ्क्रमणपीडाको यसरी विम्बमा व्याख्या गर्ने यो पेसेन्टचाहिँ मलाई भारतीय अभिनेता नाना पाटेकरझैं पो लाग्यो ।

नाना पाटेकरले भन्यो अन्त्यमा, "हाम्रो चरिकोटमा मैले थाहा पाएअनुसार यस्तो इन्फेक्सन कहिल्यै भएको थिएन ।"

***

चरिकोट

प्रिय पाठक !

नाना पाटेकरले भर्खरै चरिकोटको कुरा गऱ्यो क्यारे, होइन ? यही पासवर्डको साथ हामी केही बेर अतीतको अनलाइनमा बसौं ।

धेरै पहिले रेडियो नेपालबाट एउटा चर्चित लोकगीत बज्ने गर्थ्यो, 'चरिकोटमा क्या राम्रो फूलको बोट... ।' किन हो कुन्नि त्यो आजकल बज्दैन । कुनै डिजेले त्यसको रिमिक्स गरेको पनि सुन्नमा आएको छैन ।

वास्तवमा मेरी धाईआमा चरिकोटकी राम्रो फूलको बोट थिइन् । मेरी गुरुङसेनी आमा त्यस्तै भन्ने गर्नुहुन्छ । ती धाईआमाले फकिरका सप्पै ग्रहदशाहरू नष्ट गरेकी थिइन् । यो प्रसङ्ग कतै दोहोरिए माफी पाऊँ ।

ती धाईआमा चरिकोटमा, एक दिन घाँस दाउरा गर्न भीरपाखा गएकी थिइन् । अनि भीरपाखाबाट कहिल्यै फर्किइनन् । केही दिनपछि उनको लास एउटा खोंचमा गाउँलेहरूले फेला पारे ।

कहिलेकाहीँ यस्तो लाग्छ, फकिरलाई फिक्सन डिजाइनर बनाउनका निम्ति उनी मेरा सप्पै ग्रहदशा नष्ट गरी ईश्वरको दरबारमा गएकी हुन् ।

कहिलेकाहीँ यस्तो लाग्छ, मलाई जन्म दिने गुरुङसेनी आमाको कोख एवम् पाठेघर मेरो मुलायम ओछ्यान थियो, जहाँ आधुनिक फकिर मस्तसित निदाउँथ्यो । अनि मेरी दमिनी धाईआमाको कोख मेरो डायरी थियो, जहाँ एउटा फिक्सन डिजाइनरका अक्षरहरू मौन निदाउँछन् । फकिरको नेवार पिता लगभग दुई वर्षअघि मेरो छोराको आत्म-रूपमा मेरो घरमा जन्मिसकेको छ । जसलाई म गुरु रिम्पोचे भनी सम्बोधन गर्छु ।

क्लोज अप

अर्को बिहान पाटन अस्पतालको इमर्जेन्सी-वार्डबाट डिस्चार्ज भएँ । नाना पाटेकरसित न्यानो अङ्कमाल गर्दै चाँडो निको हुनुस् भनें । हो चि मिन्हले औषधिको झोला नै हातमा थमाइदियो । जन्मदिनको उपहारझैं पो लाग्यो । भन्यो, "डियर डिजाइनर ! टेक केयर अफ योर 'ब्लडी' हेल्थ । कहिलेकाहीं आफ्नो स्वास्थ्यको पनि 'ख्याल' गर्नुपर्छ ।"

गुडबाई हो चि मिन्ह !

काफ्काको कोलाज काठमान्डु

काठमान्डु मेरो निम्ति एक तान्त्रिक शहर थियो । आजकल भने एउटा यान्त्रिक नगर भा'छ । यो आजको मायावी साँझमा एउटा क्याजुअल-लेख लेखियोस् भन्ने मेरो नन-भेज-आत्माको तामसिक इच्छा छ ।

धेरै वर्षअघिको त्यो किंवदन्तीय साँझतर्फ जाऔँ । त्यो साँझ मैले आफूलाई कुनै मुगल सम्राट्झैं ठानिदिएको थिएँ किनभने ब्लु जिन्सको खल्तीमा रु. १००० को देवनागरी-नोट थियो । मेरो एक बारको जुनीको पहिलो तलब । तत्कालीन राजा वीरेन्द्रको नाममा जारी भएको त्यो कागजको आकर्षक खोस्टामा यस्तो उर्दी टङ्कण गरिएको थियो :

श्री ५ को सरकारको जमानत प्राप्त यसको रुपैयाँ भुक्तानी माग्न आएमा नेपाल राष्ट्रबैंकबाट रु. १००० तुरुन्त पाइनेछ ।

त्यो मायावी कागजमा एउटा हात्ती सुँड हल्लाउँदै कुन्नि कता जाँदै थियो । म चाहिने कता जाँदै थिएँ ! बागबजारस्थित हिमालयन बुक सेन्टरमा कसैलाई नभनी छिरें, जहाँ शिवजी सनातन शैलीमा चुरोटको धुवाँ उडाउँदै बसेका थिए । बूढाको सिग्रेट्यौली ध्यान मुद्रालाई बिथोल्दै मेरो आवाज गुन्जियो :

"साहुबा ! म लियो टोल्सटोयको 'वार एन्ड पिस' किन्न चाहन्छु ।"

(त्यसरी जीवनको पहिलो 'तनखा'बाट मुगल सम्राट्ले 'वार एन्ड पिस' किन्यो।)

बाँकी खुद्रा पैसाले चाहिं मलाई सशुल्क टेन्सन पो दिन थाल्यो ए गाँठे... । नयाँ सडकको पुष्टकारी प्लस भ्यानिला आइसक्रिम खाने मौसमी इच्छा भएपछि टोल्सटोय बूढालाई कालो प्लास्टिक झोलामा हल्लाउँदै म फुटपाथ मिनिस्टर बन्ने मुडमा देखा परें ।

वीर अस्पतालअगाडिको फुटपाथमा हिंडिरहेथें कल्याङमल्याङ भीडसितै तर अल अफ् अ सडन कसैले पछाडिबाट कुममा प्याट्ट औंला बजाऱ्यो । फर्केर पछाडि हेर्छु/कोही छैन तर अगाडि ठिङ्ग उभिएको ख्याउटे मनुवाले मेरो दाहिने हात समातेर 'ह्यान्ड सेक' गऱ्यो लगभग झट्कार्दै । भन्यो :

- चिनिनस् ? ओई नगरकोटी, मलाई चिनिनस् ?

परे म एकतमासले ट्वाँ । एउटा ख्याउटे मनुवा उभिएको छ सामु । चिनिनस् भनी आफ्नो परिचय मसित खोजिरहेछ । बिस्तारै/बिस्तारै सर्ट ह्यान्ड शैलीमा मैले उसलाई चिनें । ऊ त मेरो बाल्यकालदेखिको साथी । अब, ऊसित दह्रो हस्तमिलान गर्ने पालो मेरो । मेरो अधीर आवाज मैलाई छक्याउँदै गुन्जियो :

- ओई, काफ्का ! तँ काठमान्डुमा ? कहिले आइस् यो तान्त्रिक शहरमा ?

काफ्का मन्द मुस्कानसाथ केवल मुस्कुराइरह्यो ।

***

ओभरकोट, गितार अनि घाट (कोलाज-१)

काफ्का त्यो दिन/बिहान चाँडै उठ्यो । निद्राबाट आँखा मिच्दै मलाई उठायो र भन्यो :

- जाऔं हिंड् । आज एउटा ओभरकोट किनौं ।

पाटनको हिउँदे बिहान कुहिरोमा हराएको नेपाली उखानको कागझैं ढोकाबाहिर हामीलाई पर्खिबसेको थियो । बिहानै काफ्काले ओभरकोटको चर्चा किन गऱ्यो भन्ने ज्ञान मलाई बिस्तारै मोन्टाज शैलीमा हुँदै गयो । कृष्णमन्दिरको 'कफी-डिस्ट्रिक्ट' शान्त थियो । ब्ल्याक कफी पियौं । काफ्कासित एउटा पुस्तक थियो । पुस्तकको नाम : 'वर्ल्ड फेमस स्टोरिज ।' त्यो कथासङ्ग्रहमा जेम्स जोयस 'द डेड' सितै मरेको थियो । मोपासा 'डायमन्ड नेक्लेस' खोज्दै थियो । थुप्रै प्रिय लेखकहरूबीच निकोलाई गोग्रोल थियो । प्रिय रसियन कथाकार ! 'ओभरकोट' लेख्ने गोग्रोल ।

गत रात काफ्काले त्यो ग्रन्थ पढिसकेको थियो । अनि त्यो बिहान ऊ गोग्रोलको प्रख्यात 'ओभरकोट' किन्ने मुडमा थियो । गाःबहालको वस्त्रालयमा खैरो ओभरकोट ओल्टाइपल्टाइ गऱ्यो । काफ्काले ओभरकोट प्याक गर्न भन्यो पसलेलाई । काफ्काको जीउमा त्यो जिनिस अलि ठूलै ह्वार्लङ्ग देखिन्थ्यो । उसलाई भनें :

- तेरो शरीरलाई यो ओभरकोट अलि म्याच गर्दैन कि !
- अरे स्वाँठ नगरकोटी ! यो तेरा लागि हो । म ख्याउटेलाई यस्तो चीज कहाँ सुहाउँछ । तँ मोटोघाटो छस् । तँलाई सुहाउँछ । ओभरकोट लगाउने नेपाली लेखकसित मर्निङवाक जाँदा अब मज्जा आउने भो । - काफ्काले लापरबाही तरिकाले भनेपछि मैले भनें :

- म कहाँ लेखक हुँ यार !
- चिन्ता नगर् नगरकोटी। कुनै दिन लेखक बनी पो हाल्छस् कि ! हु नोज ?

काफ्का त्यस्तै लापरबाही 'टाइप'को दोस्त थियो ।

***

काफ्का निदाइरहेथ्यो । नेसनल प्यानासोनिकमा एउटा गीत झर्कोलाग्दो गरी बजिरहेथ्यो । जर्ज ह्यारिसन एकाबिहान रुँदै थियो : ह्वेन माई गिटार सिम्प्ली विप्स... ।

गीत बन्द गरें । काफ्का उठ्यो । भन्यो : "हिंड् नगरकोटी ! गितार किन्न जाऔं ।" तर, गितार किन्ने पैसो थिएन । काफ्काले 'द्रव्यदेवीको म जुगाड् गर्छु, तँ खाना पकाइराख्' भन्यो र कोठाबाट अलप भयो । दिउँसो एक बजेतिर ऊ ढोकामा देखापऱ्यो गितारसितै । भन्यो : "सेकेन्ड ह्यान्ड हो यार !"

कतिमा किनेको ? कहाँ ? कोसित ? किन किनेको ? सोध्न मन लागेन ।

***

त्यसपछि शुरू भयो घाटतर्फको यात्रा । जब काठमान्डु निदाउँथ्यो हामी घाटमा देखापर्थ्यौं । खैरो ओभरकोट/कम्बल र गितारसितै । काफ्का कम्बल ओढ्न रुचाउँथ्यो । शङ्खमूलको मुर्दा जलाउने 'घाट-मण्डप'मा म गितारमा लय खोज्थें, काफ्का सुनी बस्थ्यो । घाटमा म मसानहरूलाई डाक्थें, नारायणगोपालको गीतमा : 'मैले पुण्य मन पराएँ या पाप मन पराएँ...'

जे होस् चुपचाप त्यसपछि हामीले काठमान्डुका तान्त्रिक इलाकाहरू मन परायौं । सामाजिक, नैतिक व्यवस्थाले आदिमकालदेखि निर्देशित गरेको पुण्यभन्दा हामीले सायद पाप मन परायौं । कार्ल मार्क्स प्लस भागवत गीताका पकेट साइज्ड पुस्तिका सँगसँगै पढ्नु पाप हो भने हामी स्वेच्छाले पापी बन्यौं । रोजा लकजम्बर्ग प्लस गौतम बुद्धलाई एकसाथ प्रेम गर्न सकिन्छ भने हामी अवश्य पागल-प्रेमी बन्यौं । यद्यपि, पाप र पुण्यको तराजु हामीसित अवश्य थिएन । जेहोस्, नारायणगोपालले गाएझैं हामीले अस्तित्वलाई चुपचाप मन परायौं ।

काफ्का काठमान्डुका आर्ट ग्यालरी जाऔं भन्थ्यो । आर्ट काउन्सिल प्लस सिर्जना आर्ट ग्यालरीतिर जाऔं भन्थ्यो । मेरो काफ्का अलि कामुक थियो तर उसलाई काठमान्डुमा अभ्यास भइरहने धार्मिक, राजनीतिक, प्रशासनिक,

आर्थिक, सैद्धान्तिक कामुकता कहिल्यै मन परेन । उसलाई त वास्तवमा साहित्य/सङ्गीत/कला/कविता इत्यादिको कामुकता मन पर्थ्यो ।

***

म अप्रकाशित कवि थिएँ । २०/२५ वटा ठूला नोट-कपीहरू कविता/कथा/लेखले भरिँदै थिए । (ती सबलाई मैले 'मोक्षान्त : काठमान्डु फिभर' कथासङ्ग्रह प्रकाशित हुनुअघि जलाइदिएँ ।)

काफ्काचाहिँ अप्रकाशित चित्रकार थियो । कोठाको एउटा कुनामा म कथाहरू लेखी बस्थें । ऊ अर्को कुनामा क्यानभास रङ्गाउँथ्यो । कोठामा किताबहरू/गीति चक्काहरू/बुरुस र रङका पेस्टहरू यत्रतत्र छरिएका हुन्थे । चाकुपाटको त्यो 'हाम्रो' डेरा एउटा कोलाज-कोठा थियो, जहाँ बस्थे अप्रकाशित कवि प्लस चित्रकार । चित्रकारिताबाट मुड बिग्रँदा ऊ यदाकदा भारतीय सम्मोहनशास्त्री डा. श्रीमालीको 'प्राक्टिकल हिप्नोटिज्म'को अभ्यास गर्थ्यो ।

मेरो प्रिय काफ्का एक दिन/एकाबिहानै अलप भयो मेरो जीवनको तान्त्रिक कालखण्डबाट । आफ्नो क्यानभासमा उसले एउटा कागजमा सानो 'चिट' छाडेर गएको थियो, जसको बान्की मुनि :

"नगरकोटी ! तँलाई छाडी जानुपर्ने भयो । अस्तित्वको व्याकरण एवम् सङ्गीत हामीले अनुभव/अनुभूति गरेका सांसारिक पजलहरूमा छैनन् । तँ खोज तेरो संसार । म खोज्छु मेरो संसार । आफ्नै ढङ्गले ।"

***

समयको सर्ट ह्यान्ड भाषा मैले बुझ्न सकिनँ । हामी सँगै बसेको डेरा क्रमशः खण्डहर हुँदै थियो । डायरी नोटहरू लेखिरहन्थें । ओभरकोट र गितारसितै घाटहरूमा डुल्थें । यिनै कालखण्डहरूमा जोगी/योगीहरूको संसारमा पुगें । काफ्का आफ्नै पुर्ख्यौली घर दाङमा कुन्नि के गर्दै थियो ! तर, कालान्तरमा ऊ काठमान्डु आइरह्यो अफ-बिट जिन्दगीको कोलाज-क्यानभास लिई ।

काठमान्डु कुहिरो : कोलाज-२

काफ्काको कुहिरो-प्रेम गजबको थियो । अन्तरिम समयको तत्कालीन पल/क्षणमा ऊ मलाई भेट्न आउँथ्यो । एकादेशको कुनै आदिवासी या दलित भगवान्झैं एक

दिन एकाबिहानै ऊ मेरो ढोकामा 'नक' गर्न आइपुग्यो । स्वागत गरें । साथमा झोली/तुम्बा केही नलिई आएको थियो । किन आइस् भनें । त्यसले भन्यो :

- अरे स्वाँठलाल ! अझै सुतिरा'छस् ? तँसित मर्निङवाक गर्नुपऱ्यो भनी आ'को । ओभरकोट लगा ! जाऔं घुम्न ।

दक्षिणकाली गयौं । त्यसै साँझ रात्रि-बस चढी दाङ गइगयो ऊ । आजकल सम्झँदा बडो उदेक लाग्छ । दाङबाट प्रातःरमण गर्न नाइटकोच चढी काठमान्डुमा मकहाँ आउने काफ्का अजीवोगरिब पात्र थियो, जसलाई यदाकदा मेरा पाठकहरूले दोस्तोयब्स्कीका उपन्यासहरूमा फेला पार्नेछन् ।

उसको काठमान्डु आगमन बडो आकस्मिक एवम् अप्रत्याशित हुन्थ्यो । दोस्रोपटक ऊ किताब किन्न आइपुग्यो टुप्लुक्क मेरो ढोकैमा । १०/१२ हजारका ग्रन्थहरू किन्नमा मैले सहयोग गरें । प्रायः दर्शनशास्त्रका ग्रन्थहरू किन्यो । उसले पेन्टिङ छाडेछ । खिन्न भएँ ।

काफ्का सधैं बिहान आइपुग्थ्यो । तेस्रोपटक ऊ काठमान्डु आएको थियो जुत्ता सिलाउन । उसलाई सोध्ने मेरो सिग्नेचर-प्रश्न नै भइसकेको थियो :

- किन आइस् काठमान्डु ?

"...जुत्ता सिलाउन", घुँडासम्म आउने काउब्वाई बुट देखाउँदै भन्यो, "उता दाङमा जुत्ता सिलाउने मोची नै पाइएन यार !"

जुत्ता सिलाएर त्यही साँझ प्रस्थान गऱ्यो । दङ्गाली नाइट एक्सप्रेसमा । त्यसपछि लामो अन्तरालसम्म काफ्का काठमान्डुमा देखा परेन । यस बेलासम्म उसको गैरहाजिरीमा मैले फ्रान्ज काफ्काको सम्पूर्ण उपन्यासहरू पढिसिध्याएँ : ट्रायल/क्यासल/अमेरिका आदि/इत्यादि...

एक बिहान काफ्का ढोकामा देखापऱ्यो । ऊ उदास थियो । 'मेटामर्फोसिस' कथाको प्रख्यात पात्र ग्रेगर साम्साँझै ऊ कलात्मक रूपमै ध्वस्त थियो । सदाझैं सोधें : किन आइस् काठमान्डु ?

- तँसित दारू पिउन मन लाग्यो । त्यसैले आएँ । - काफ्काले भन्यो ।

नजिकैको जीतेन्द्र महर्जनको दारू पसलबाट मदिरा-सामग्री ल्याएँ । दाङबाट केवल दारू खान काफ्का मलाई भेट्न आएको थियो । कफीका पारखीहरूले एकाबिहानै दारू पो खाने भए !

प्रातःकालीन दारूको नशाले छोप्दै ल्याएपछि काफ्का आफ्नो कथामा यसरी ओर्लियो :

- तँलाई थाहा छँदै छ कुमार । मेरो दाइ पागल भई हिँडेपछि बा/आमालाई हेर्ने कर्तव्य मेरो हुन आयो । बा/आमालाई सम्पत्तिको, सन्तानको, समयको माया लाग्दो रैछ । मेरो चित्रकार बन्ने सपना मर्‍यो । बरू मैले त विवाह पो गर्नुपर्ने भो । हिजो बा र म तुल्सीपुरमा गयौं केटी हेर्न । यस्तो नौटङ्कीमा सहभागी हुनुपर्दा दुखी भएँ । विवाहको डेट पनि बाले पक्का गर्नुभयो । घर फर्कंदा बालाई तपाईं जाँदै गर्नुस् म आउँछु भनें तर मलाई घर जान मन लागेन । घोराही बसपार्क पुगेपछि गाडी चढें र काठमान्डु आएँ । अब तँ नै भन् स्वाँठ म के गरूँ ?

काफ्कालाई त्यसरी कन्फिडेन्स-च्यूत भएको देख्दा मै पो खिन्न भएँ । मलाई सल्लाह दिन आउँदैन/कहिल्यै आएन । तसर्थ मौन भएँ ।

त्यो दिनभर हामी मौन-तपस्वी बन्यौं । साँझ ऊ आफ्नै गुँड फर्कन नाइट कोचको पछिल्लो सिटमा बस्यो ।

***

काठमान्डुमा, त्यसपछि काफ्का अर्थात् चन्द्रबहादुर कुँवर कहिल्यै फर्केर आएन । ओभरकोट प्लस गितार पनि समयको अन्तरालमा कहाँ छुटे मैले हिसाबकिताब गरिनँ । तान्त्रिक काठमान्डु बिस्तारै यान्त्रिक हुँदै गएको साक्षी बनें ।

मेरो काफ्का ज्यूँदै छ या मरिसक्यो ? कसैले इमेल गरिदिए पनि त हुन्थ्यो ! मेरो ढोकामा एकाबिहानै मृत्युले ढक्ढक्याउन छाडेको धेरै भयो ।

अक्षरगन्ज

काठमान्डु कालो/कमसल कात्रो ओढी अझै निदाइरहेको थियो ।

...अनि ब्युँझँदा आफूलाई मैले ड्रेसिङ कक्षमा फेला पारें । सोफामा निदाइरहेको रहेछु । भित्तेघडीमा रातको ४:१७ फ्रिज । क्यालेन्डरमा मङ्सिर १७ । शनिबार...

जहाँसम्म मलाई सम्झना छ : त्यो दिन मेरो जन्म दिन थियो । बाथरुममा गई बर्थडे स्नान गरें । सावरबाट चुहिएको पानीमा बाथरुम भिजेपछि मेरो आत्मा पनि भिज्यो । पछि, ड्रेसिङ टेबलको अण्डाकार ऐनामा आफ्नो अपरिचित अनुहार हेरें । बबाल तर्सिएँ । ब्लु जिन्स लगाएँ । अनि तत्कालै रातो टिसर्ट/कालो हाफ स्वेटर इत्यादि वस्त्र-आभूषणहरूले देहलाई खर्लप्प निले । शयन-रुममा केही बेर वैराग्य- मुडमा विवर्ण भएँ । ओछ्यानमा मस्तसित निदाइरहेका पत्नी प्लस गुरु रिम्पोचेलाई पालैपालो क्रमशः ओठ एवम् गालामा हल्का चुम्बन गरें । त्यो रात वास्तवमा ती घरेलु प्राणीहरूलाई 'घर'मै छाडी म कतै यात्रामा जाँदै थिएँ । सिद्धार्थ गौतम पनि त्यसैगरी हिंडेका थिए कुनै रात पत्नी यशोधरा प्लस राहुललाई छाडी । सिद्धार्थलाई बुद्ध बन्नु थियो तर मेरो त्यस्तो खालको कुनै आदिभौतिक मिसन या योजना थिएन । तसर्थ, ह्याङ्गरमा झुन्डिएको नीलो ओभरकोट लगाएँ/बुटका तुनाहरू बेस्सरी कसें र 'घर' देखि बाहिरिएँ...

पाटनका आदिम गल्लीहरू चुपचाप निद्रामग्न थिए । भुइँ कुहिरोको श्वेत साम्राज्यमा/सुनसान सडकमा बुट बजार्दै म हिंडिरहें । पछिपछि आउने/ओहोरदोहोर गर्ने भुस्याहा कुकुरहरूले मलाई 'गुड मर्निङ, मिस्टर नगरकोटी' भनेनन् । धन्य भएँ ।

कृष्ण मन्दिरको खुला आँगन मौन थियो । हरेक बिहान डालामा मकै/गहुँका दाना बिक्री गर्ने दोलखातिरकी कान्छीमैया तामाङ अझै आइपुगेकी थिइनन् । त्यसो त, परेवाहरू पनि त आइपुगेका थिएनन् । पाटन म्युजियमको छतमा फुच्चे परेवाहरू आफ्ना ड्याडी/ममीसित 'घुर्र घुर्र घुर्र' गर्दै निदाइरहेका थिए हुनन् । ढुङ्गे पिलरमाथि योगनरेन्द्र मल्ल सदाझैं शान्त मुद्रामा थिए । त्यही मूर्तिमुनि एकफेरा सिग्रेट सल्काएँ । धुवाँ उडाएँ । धुवाँ कुहिरोको जङ्गलमा हरायो । यो इन्टर्भलमा मैले जिब्रानलाई सम्झिएँ । जिब्रान अर्थात् खलिल जिब्रान...

केही दिनअघि उसले फोनमा भनेको थियो, "हेलो यार । यसपटक तिम्रो बर्थ डे सेलिब्रेट गर्ने मेरो तामसिक मुड छ । त्यसैले मिस्टर नगरकोटी, हामी भेटौँ न मङ्सिर १७ मा । मङ्गलबजार चोकमा म तिमीलाई लिन आउँला । त्यसपछि हामी कतै जाऔँला यात्रामा, हुन्छ कि हुँदैन ?"

मूला जिब्रानको तामसिक मुड म किन ध्वस्त पार्न चाहन्थेँ र ! मैले हुन्छ भनेको थिएँ र त्यसरी कुहिरिलो मौसममा छाया बद्ध हुँदै मङ्गलबजार आइपुगेको थिएँ ।

चोकमा ठिङ्ग उभिएँ । ठीक समयमा भक्स वागन छेवैमा आई रोकियो । ढोका खोली पछिल्लो सिटमा बसेँ । खलिल पछिल्लोपटक भेटेको भन्दा केही मोटाएछ । सिग्रेट सल्काउँदै उसले सोध्यो, "अनि नगरकोटी, कथित जिन्दगीको हालखबर के छ ?"

"ज्यूँदै छु ।", फिस्स भएँ । उसले हाँस्दै ठट्यौली शैलीमा भन्यो, "ज्यूँदो हुनु/जीवित हुनु वास्तवमा अस्तित्वका लागि प्रेरणादायी कुरा हुन् । एनी वे, अब यात्रा शुरु गरौँ, होइन त ?", मैले "हुन्छ" भनेँ । भक्स वागन बिस्तारै सडकमा चलमलाउन थाल्यो । पछिल्लो सिटमा बसी सडकछेवैबाट गुज्रँदै गरेका जन्डिस रङका ल्याम्प-पोस्टहरूलाई गन्न थालेँ । गाडी घना कुहिरोभित्र क्रमशः कुदिरह्यो ३७ किलोमिटर प्रतिघन्टाको अगतिलो गतिमा । गाडी अन्ततः भुईंकुहिरोमा हराएको कागझैं भएपछि जिब्रानलाई मैले सोधेँ, "प्रिय खलिल, द प्रोफेट ! वास्तवमा आज हामी कता जाँदै छौं ?", उसले निष्फिक्री तालमा भन्यो : "अक्षरगन्ज... ।"

लगत्तै बच्चु कैलाशको माइल्ड आवाज गुन्जियो, 'टाढाटाढा जानु छ साथी...'

***

भ्यानगगको 'नाइट क्याफे'सामु गाडी रोकियो ।

ठूलो डिलक्स हलमा छिर्‍यौं । कफी पिउने ग्राहकहरू कोही आएका थिएनन् । भित्ताका पेन्टिङहरूले मेरो ध्यान खिचे । पहेँलो सूर्यमुखी फूलका सिरिजहरू क्रमशः झुन्डिएका छन् । त्यहीँ छन् गेचेट । सबैभन्दा परको कुनामा भ्यानगगको 'सेल्फ पोर्ट्रेट' थियो । त्यसै बखत हलमा तेस्रो पुरुष देखापर्‍यो । त्यो ख्याउटे पुरुषसामु जिब्रानले मलाई उभ्याउँदै भन्यो, "नगरकोटी, तिम्रो प्रिय पेन्टर तिमीसामु छ ।"

मेरो सामु भ्यानगग थियो । म लगभग थुरथुर काँपेँ । हात मिलाइसकेपछि भ्यानगगले भन्यो, "अक्षरगन्जमा तिमीलाई स्वागत छ नगरकोटी ।" खलिलले तीन मग ब्ल्याक कफी लिई आयो । अलिअलि ह्वीस्की पनि मिसाउने हो कि भन्यो । गगले भो पर्दैन भन्यो । मलाई अद्‌भुत रमाइलो लागिरहेको थियो । गगले

यथार्थवादी शैलीमा भन्यो, “वास्तवमा नगरकोटी, यो नाइट क्याफेमा प्रायः साँझ रमाइलो जमघट हुने गर्छ । पिकासो र ब्राकलाई तिमीले यहाँ साँझ भेट्ने थियौ । मेरो इर्श्या गर्ने साल्भाडोर डाली आजकल कुन्नि किन यहाँ आउन छाडेको छ । जेहोस्, हामी स्वर्गीय स्रष्टाहरू बसोबास गर्ने यो अक्षरगन्ज अद्‌भुत छ । मानिसहरू मरेपछि स्वर्ग या नर्क जाने भ्रम तिम्रो संसारमा अझै होला तर हामी स्रष्टाहरू मरेपछि अक्षरगन्ज आउँछौं । कि कसो जिब्रान भाइ ! मैले गल्ती त भनिनँ ?”

जवाफमा खलिल केवल मुस्कुरायो । भ्यानगगले कफी पिउँदै भन्यो, “यो अक्षरगन्जमा सम्पूर्ण स्रष्टाहरू अझ भनूँ तिम्रो संसारमा दिवङ्गत भइसकेका स्वर्गीय कलाकार, कथाकार, कवि, कल्पनाकारहरू बसोबास गर्छन् । यो यस्तो देश हो जसलाई भूगोल, संस्कृति एवम् विभिन्न ‘स्कुल्स अफ थट’ले विभाजन गरेको छैन । यहाँ को अमेरिकन/को कोलम्बियन/को भारतीय/को मुसलमान/को हिन्दू/को यहुदी/को बुद्धिस्ट ? यहाँ को कम्युनिस्ट/को अध्यात्मवादी ? को अस्तित्ववादी/को मार्क्सवादी/को आस्तिक/को नास्तिक ? कि कसो जिब्रान भाइ ! मैले गल्ती त भनिनँ ?”

जवाफमा खलिल अर्कोपटक ‘फिस्स’ गऱ्यो । त्यसपछि भ्यानगगले म बसोबास गर्ने संसारको समालोचना गरेझैं आफ्नो जीवनको घटना सुनायो, “यु नो नगरकोटी ! वास्तवमा सन् १९८८ को दिसम्बर २३ मा मेरो जीवनमा बडो गज्जबको घटना भयो । रेचेल नाम गरेकी युवती –अरू धेरैले उसलाई बेश्या भन्न रुचाउँछन् तर ऊ मेरो निम्ति एक भव्य स्त्री थिई– लाई मेरो कान मन परेछ । इन फ्याक्ट, जिन्दगीभर मलाई कुनै स्त्रीले मन पराएनन् । मेरो जीवनको ट्राजेडी यही थियो । जीवनमा प्रेम गर्ने स्त्री नहुँदा मान्छे बहुलाउँछ । म बौलाएँ... । चक्कुले आफ्नो दायाँ कान काटेर त्यस भव्य स्त्रीलाई उपहार दिएँ । बाँकी इतिहास त संसारलाई थाहा छँदै छ ।”

भ्यानगगको स्वर्गीय पीडाले म रन्थनिएँ । उसको कुरूप अनुहार हेरेँ । त्यहाँ उसका पेन्टिङका कुनै रङहरू थिएनन् । झुस्स दाह्री/अनुहारमा नसुहाउने नाक/खर्लप्प भित्र गढेका उसका आँखाहरू । उसको व्यक्तित्व यथार्थतः कुनै पनि किसिमले क्लासिक पेन्टिङजस्तो थिएन । धेरै बेरको मौनतापछि उसले भन्यो, “प्रिय नगरकोटी ! तिमीहरूको संसारमा मेरो पेन्टिङको मूल्य के छ ?”, यो प्रश्न उसले मलाई नसोधेको भए हुन्थ्यो । दिक्क लाग्यो । संसारका स्रष्टाहरूको यो साझा ट्राजेडी हुनुपर्छ । मृत्युपछि ऊ सेलिब्रिटी हुन्छ । भ्यानगगलाई भनेँ, “तिम्रा पेन्टिङरू अर्बौं डलरमा बिक्री हुन्छन्... ।”

त्यसपछि ऊ केही उदास भैगो । आफैंलाई सुनाएझैं गरी भन्यो, "मजस्तो रियलिस्ट पेन्टरको रियालिटी यस्तै हुने गर्छ । जीवित हुँदा भोकभोकै थिएँ, अहिले अर्बपति । उफ् !'

खलिल जिब्रानले अर्को एउटा सिग्रेट सल्कायो ।

***

रेनेसाँ रेस्टुराँमा 'एनिग्मा'को मेडिटेटिभ-इन्स्ट्रुमेन्टल म्युजिक क्रमशः गुन्जिरहेको थियो । स्वर्गीय स्रष्टाहरू यताउताका टेबलमा यत्रतत्र छरिएर बसेका थिए । केदारमान व्यथित फ्रेस काँक्रोका पिसहरू चुपचाप चपाइरहेका थिए । बालकृष्ण सम अर्को टेबलमा 'ह्याम्लेट'लाई पुनः भिजिट गरिरहेका थिए । गोपालप्रसाद रिमाल उभिई उभिई क्यालेन्डर अध्ययन गरिरहेथे । उनलाई क्यालेन्डरमा कुनै महत्त्वपूर्ण 'डेट' खोज्नु थियो, सायद ।

बिचरा/बरा ईश्वर वल्लभको तेस्रो आयामिक टेबल रित्तो खाली थियो । उनी एक्लै धुमधुम्ती ऐला एवम् छोयलालाई बाल नदिई मौनावस्थामा थिए । सायद उनलाई आफ्ना मित्रहरू बैरागी काइँला प्लस इन्द्रबहादुर राईको प्रतीक्षा थियो । ईश्वर वल्लभको माया लागेर आयो । वास्तवमा उनी अक्षरगन्जमा एक्ला थिए ।

मोहन कोइरालालाई 'फर्सीको जरा' याद आयो सायद । उनी आफ्नो प्लेटमा फर्सीको सलाद खाऊँ कि नखाऊँ भन्ने मुडमा थिए । अरे यार ! विजय मल्ल त आइसक्रिम पो खाइरहेका छन् । उनकी प्रख्यात 'अनुराधा'ले उनलाई 'डिभोर्स' दिई क्यारे ! 'पल्लो घरको झ्याल'मा ठिङ्ग उभिई 'शारदा' पढ्ने चाहिँ को रै'छ ? 'गोविन्द गोठाले', खलिलले भन्यो ।

त्यसपछि जिब्रानले मलाई बुइँगलमा लग्यो । वासु शशी ढोकैमा देखा परे । उनको कविता सम्झें, 'एउटा वेश्या चाहिने रात...', तालुखुइले वासुले भने, "म टोइलेट जाँदै छु । जिब्रानजी ! तपाईंहरू उता बस्दै गर्नुस् ।"

उता गयौं । शङ्कर लामिछाने कुनाको टेबलमा आँखा चिम्ली दायाँ हातमा अढेस लिई ध्यानमग्न बसेको थियो । कुनै होहल्ला नगरी आ-आफ्नो कुर्सीमा हामीले आफूलाई थन्कायौं । बुइँगलमा मोजार्ट गुन्जिरहेको थियो । शङ्करले सत्र मिनेटपछि आँखा उघार्‍यो । "हेलो नगरकोटी ! के छ हालखबर ?", सिग्रेट सल्काउँदै भन्यो, "पछिल्लोपटक तिमीले ल्याइदिएका किताबहरू पढें । फिल्महरू पनि हेरें । नारायण ढकालको 'प्रेतकल्प' र गोविन्द वर्तमानको 'सोह्र साँझहरू' पुनः पढ्दै छु । यसपटक के ल्याइदिएका छौ त ?", यसपटक खाली हात

आएको छु भन्दा लाज लागेर आयो । भागवत गीताको याद आयो... तिमी खाली हात आएका थियौ/खाली हात जानेछौ । जानेछौ ? तर, कहाँ ? सायद अक्षरगन्जमा ! सायद अक्षरगन्जको रेनेसाँ रेस्टुराँमा... ।

शङ्करले सोध्यो, "अँ त नगरकोटी ! नेपाली साहित्यको वर्तमान अवस्था कस्तो छ ?", जवाफमा मैले काठमान्डुमा भए गरेका दुईवटा अन्तर्राष्ट्रिय साहित्यिक फेस्टिभलको कुरा गरें । दक्षिण एसियामा काठमान्डु वास्तवमै एउटा लिट्ररी उत्सवको गन्तव्य हुन सक्ने सम्भावनाहरूबारे बताएँ । फ्रान्सको पेरिसमा बीसौं शताब्दीमा विभिन्न क्षेत्रका स्रष्टाहरू भेला भएझैं नेपालको काठमान्डुमा ती दिनहरू चाँडै आउने आगतबारे सङ्क्षिप्त चर्चा गरें । नेपालका नयनराज पाण्डे/महेशविक्रम शाह प्लस बुद्धिसागरहरू कुनै दिन मुराकामी या ओरान पामुक या पाउलो कोहेल्लोसित ठमेलको क्याफेमा देखा पर्नेछन् । मिलान कुन्देरा प्लस चङ्की श्रेष्ठ उर्फ अभय श्रेष्ठ/कृष्ण धरावासी/सञ्जीव उप्रेती एवम् नारायण वाग्लेहरू भक्तपुर दरबार स्क्वायरमा फेला पर्नेछन् जुजु द्यौः खाँदै... ।

मेरो नेपाली साहित्यको अप्रसङ्ग व्याख्या सुनी भूपि शेरचन खिन्न भए । बडो नोस्टाल्जिक फ्लेभरमा उनले भने, "यार शङ्कर ! गन आर आवोर डेज् ।" शङ्कर केही बेर मौन रह्यो । तर लगत्तै भन्यो, "यार भूपि तिनै दिवङ्गत दिन सम्झी पुन चियर्स चिच्याऔं, कसो ? ब्रदर ! -छेवैमा उभिएको वेटरलाई सम्बोधन गर्दै- एक राउन्ड अन-द-रक्स जाओस् ।"

सिग्रेटमा दागबत्ती दिएँ । अहिलेसम्म मौन बसेका गोविन्द भट्टले प्रश्न गरे, "हेलो नगरकोटी ! म स्वर्गीय भएपछि काठमान्डुका पत्रिकाहरूमा मेरो समवेदना-टेक्स्टहरू छापिए कि छापिएनन् ?"

मैले सङ्क्षिप्त शैलीमा "छापिए सर...", भनें, "तपाईंका समवेदना लेखहरूसितै छापिएको तपाईंको तस्वीर पनि बडो हिट भयो । सिगार पाइपमा धुवाँ उडाइरहेको त्यो फोटो बडो क्लासिक छ । त्यो फोटोमा तपाईंको पुरुषत्व झल्केको छ ।"

"अरे यार नगरकोटी ! हाम्रा फोटोहरूमा चाहिँ पुरुषत्व झल्कँदैन कि क्या हो ?", शङ्करको अप्रत्याशित प्रश्न । त्यसमा भूपि प्लस वासुले थपे, "कि कसो ?", म केवल मुस्कुराएँ ।

गोविन्द भट्टले श्वेत दाह्री मुसार्दै भने, "खगेन्द्रले मेरोबारे लेख्यो कि लेखेन ? म स्वर्गीय भएकोमा ऊ दुखी भयो कि भएन ?"

"को खगेन्द्र ?", सोध्ने भूपि थिए । मिस्टर भट्टले उदास हुँदै भने, "उसको पूरा नाम खगेन्द्र सङ्ग्रौला हो । नेपालका साहित्यिक अजासुहरू उसलाई

गाली शिरोमणि भनी सम्बोधन गर्छन् ।" यस्तो सुनेर शङ्करको मुड बिग्रियो । भन्यो, "शिरोमणि शब्द बडो व्यङ्ग्यात्मक पो भो यार ! लेखनाथ काकालाई चाहिँ ठीकै हो । अब भन्नेले भन्दै गर्छन् । मलाई पनि लौ त भने निबन्ध शिरोमणि पो भन्दारै'छन् ओ गाँठे ! त्यसो त बालै भएन । कि कसो जिब्रान !"

"हु केयर्स !", जिब्रानले भन्यो ।

***

रेनेसाँ रेस्टुराँको स्टेजमा उभिई खलिलले मुख बिगार्दै भन्यो, "प्रिय मित्रहरू ! हाम्रो यो अक्षरगन्जमा आएको पाहुना नगरकोटीको आज बर्ड डे हो । म चाहन्छु, यहाँ जम्मा भएका सम्पूर्ण स्वर्गीय लेखक/कविहरूले उसलाई जन्मदिनको शुभकामना दिऔं र अर्को हार्दिक कामना पनि गरौं कि ऊ बेलाबखत अक्षरगन्ज आइरहोस् र हामीलाई त्यो संसारको जानकारी दिइरहोस् जसलाई हामीले छाडी आएका छौं/भुलिसकेका छौं ।" हल तालीले गुन्जियो । म धन्य भएँ तर प्रशस्त लाज पनि लाग्यो । शङ्करले बिस्तारै भन्यो, "अक्षरगन्जमा आफ्नो जन्मदिन मनाउन पाएकोमा तिमीलाई कस्तो लागिरा'छ ?"

"अद्भुत !", भनें हिक्क-हिक्क गर्दै ।

त्यसपछि बर्थ डे भोज चलिरह्यो । यो सबको आयोजना खलिल जिब्रानले गरेको थियो र ऊ ज्यादै व्यस्त थियो । भीडमै लक्ष्मीप्रसाद देवकोटालाई देखें । उनी सिग्रेट पिउँदै क्याफेको कुनामा चुपचाप बसेका थिए । महाकविलाई सोधें, "सन्चै हुनुहुन्छ ?", उनले मुन्टो हल्लाएर सन्चै छु भने ।

पछि भूपिको ग्याङमा आई आफूलाई खिन्न लागेको देवकोटा विषयक दरिद्रताको चर्चा गरें । पछिल्लोपटक कान्तिपुर 'कोसेली'मा छापिएको कालीप्रसाद रिजालको लेखबारे उल्लेख गरें । शङ्करले भने, "बनारसमा चाहिँ बूढाले दुःख पाएकै हुन् ।" त्यसपछि भूपि उवाच, "हामी स्वर्गीय लेखकहरूको ट्राजेडी नै यही हो । को गरिब थियो, को धनी थियो भन्ने कुरा बेतुकको हो । प्रमुख कुरा त हाम्रा रचनाहरूले नेपाली साहित्य गरिब/दरिद्र भयो या धनी भयो भन्ने हो । कसो गोविन्दजी !"

गोविन्द भट्ट कतै थिएनन् । मैले उनलाई खोजें । भेटिएनन् तर उनी बुइँगलको सबैभन्दा कर्नरको टेबलमा विराजमान थिए । छेवैमा पारिजात चुरूट पिउँदै थिइन् । विष्णुकुमारी बाइवालाई "हेलो" गरें । उनले "हाई नगरकोटी, बस न" भनिन् । म छेवैमा बसें । भट्टले पारिजातलाई भने, "पारिजात ! मलाई तिम्रो 'शिरीषको फूल' प्रति अझै पनि घृणा छ । आई हेट् द्याट बुक ! त्यो केवल कागजको फूल

मात्र हो !" पारिजात केही बेर चुप लागिन् । प्लेटमा शङ्कर लामिछानेले बाँकी छोडेका अब्स्ट्रयाक्ट प्याजका टुक्राहरू थिए । बाँकी रक्सीलाई सिनित्त पार्दै उनले भनिन्, "गोविन्दजी ! कागजै सही ! आखिर फूल त हो नि !"

एन्ड द्याट वज अ टाइम्ली स्पोकन गुड डायलग ! अफसोस पनि लाग्यो । कारण, पारिजातलाई दिनका निम्ति मसित शिरीषको फूल थिएन । अनि मसित कागजको फूल पनि त थिएन नि !

***

अब त रेनेसाँ रेस्टुराँ पनि बन्द भइसकेको थियो । कालो भक्स वागनको पछिल्लो सिटमा आफूलाई थन्काएँ । खलिलले गाडी स्टार्ट गऱ्यो । अक्षरगन्ज नामक अजीवोगरिब प्रदेशमा दिवङ्गत/स्वर्गीय स्रष्टाहरूसित जन्मदिन मनाइयो । एक प्रकारले सेन्सरी इलुजनको आनन्द महसुस गरेँ । यस्तैमा गाडी गुड्न थाल्यो । बच्चु कैलाशको आवाज गुन्जिरह्यो, 'टाढा टढा जानु छ साथी... ।'

क्लोज अप

भोलिपल्ट घरको ढोका नक गरेँ । पत्नी प्लस पुत्रले स्वागत गरे । "कस्तो मान्छे तपाईं ! त्यसरी रातमा हामीलाई छाडी कहाँ जानुभा'को ?", पत्नीको प्रश्न ।

"अक्षरगन्ज", मेरो जवाफ । उसले पुनः भनी, "आफ्नो जन्मदिनमा पनि कोही यसरी गायब हुँदो हो ? हामीलाई कस्तो चिन्ता लाग्छ ।" मैले हाँस्दै भनेँ, "मजस्तो फिक्सन डिजाइनरसँग बिहे गरेपछि कहिलेकाहीं यस्तो हुन्छ, मैयाँ ।" त्यसपछि मैयाँ र फुच्चे रिम्पोचे कफी बनाउन गए । केही सम्झेझैं गरी उसले भनी, "तपाईंको ओभरकोट खोइ ? फोहोर भइसकेको थियो । आज धोइदिन्छु ।"

झस्केँ । बेस्सरी झस्केँ । वास्तवमा मैले ओभरकोट भ्यानगगको 'नाइट क्याफे'मै बिर्सेको थिएँ । ओभरकोट लिनकै निम्ति कुनै दिन पुनः अक्षरगन्ज जानुपर्ने भयो ।

किताब

प्रिय जीवन,

यो किताब भोलि लेखिएको थियो ।

हिजो छापिनेछ र तिमी आज पढिरहेका छौ ।

हाउ स्ट्रेन्ज !

तिम्रो उही

मृत्यु

जिन्दगी : एक मिस्टिक जर्नी

कुमारजी आज्ञा गर्नुहुन्छ, हे अगत्स्यमुनि ! तहाँउप्रान्त नेपालको तराई/पहाड/हिमाल खण्डको भ्रमण गर्ने मनसुवाखातिर वि.सं. २०६५ साल आश्विन २६ शुक्लपक्ष त्रयोदशी आइतबार तदनुसार अक्टोबर १२, २००८ को एक साँझ मिस्टर के. नगरकोटी के-टाउनबाट बिदावारी भई, झोलीतुम्बा बोकी नाइट बसद्वारा प्रस्थान गरिलिया । अस्तु :

नेपालगन्ज

फ्योदोर दोस्तोयब्स्कीको 'ब्रदर्स कर्माजोभ' बोकी लागेँ म त यात्रामा !

साथमा एक थान जीवन छ । यात्रामा जीवन कुनै ग्रेभ-यार्डतिर/चिहानतिर छुट्यो भने मज्जा आउँदैन । वास्तवमा यो २१ दिवसीय भ्रमणको अफिसियल स्पोन्सर जीवन नै हो । जीवन श्रेष्ठ ! मिडिया पार्टनर चैं कोही छैन ।

"हेलो फकिर !" मकाउबाट केही समयअघि जीवन श्रेष्ठले फोन गरेको थियो, "तपाईंसित घुम्न जाने इच्छा छ ।"

"यो इन्ट्रेस्टिङ इच्छा हो ब्रदर" भनेको थिएँ, "कति दिनका लागि जाने हो ?" उसले बडो कमर्सियल उत्साहका साथ भन्याथ्यो, "२१ दिन । अफिसबाट चार हप्ताको छुट्टी मिलाइसकेको छु ।" ऊ मसित मानसरोवरतिर बरालिन चाहन्थ्यो । हुँदैन भनेँ । आगरा, दिल्ली, ताजमहल, गोवा, मुम्बई के-के भन्थ्यो । मैले हुँदैन भनेँ । त्यसो भए नर्थ इन्डिया जाऔँ भन्यो । मैले हुँदैन भनेँ । "त्यसो भए मिस्टर फकीर" विरक्तिको भावदशामा उसले भनेको थियो, "काँ जाने, भन्नुस् ?" अनि कुमारजी उवाच : "नेपालकै तराई, पहाड, हिमाल घुम्ने तर योजनाबद्ध रूपमा चाहिँ मरेकाटे होइन नि ! हाम्रो यात्रा केवल न्यान्डम ट्राभलिङ हुनेछ ।"

- ओके फकिर ! तपाईंको जे इच्छा ।

कुन्नि किन हो जीवन मलाई फकिर भन्न रुचाउँछ । यसो किन भन्छ मैले उसलाई कहिल्यै सोधेको छैन । मलाई कसैकसैले अज्ञानी, बज्रस्वाँठ, कवि, पागल,

पटमूर्ख पनि भनी टोपल्छन् । किन भन्छन् म कसैलाई सोध्दिनँ । नन अफ माई बिजनेस ! छु मतलब ! बालकुमारीको मेरो ब्याचलर कोठाको सिलिङमा एउटा माउसुली सधैं मेडिटेटिभ मुद्रामा तपस्या गरी बस्छ । त्यसलाई म 'जिन भाल्जियन' भन्ने गर्छु । भिक्टर ह्युगोको 'लेज मिजरेबल्स' उपन्यासको पात्र : मिस्टर जिन भाल्जियन । त्यो माउसुलीलाई म कहिले भित्तामा, कहिले झ्यालको सिसामा, कहिले भिडियोकनको स्क्रिनमा देख्छु । त्यसले मलाई सोध्दैन : "ओई नगरकोटी ! तँ मलाई किन जिन भाल्जियन भन्छस् ?"

यसो सोची ल्याउँछु : त्यो माउसुलीलाई मैले आफ्नो ओभरकोटको खल्तीमा राखी ल्याउनुपर्ने ! भूल गरिएछ ! माउसुलीसितै यात्रा गर्नु रमाइलै हुने थियो । भूल गरिएछ ! यस्ता 'भूलचुक-अफेयर्स' जीवनमा हुने गर्छन् ।

हामी अहिले नेपालगन्जमा छौं । वीरेन्द्रचोकछेवैको पन्जाबी ढाबामा जीवनलाई लगेर गएँ । त्यहाँको छोला-समोसा मलाई खुब मन पर्थ्यो । बाक्लो दूधको कडा स्वादको चिया मलाई खुब मन पर्थ्यो । यो याद वर्षौं पुरानो हो । पहिलो प्रेमको ह्याङओभरमा म यहाँ प्रेमिकासित छोला-समोसा, चिया खान आउने/जाने गर्थें । खैर ! फ्ल्यास-ब्याकतिर जानु व्यर्थ छ ।

साहुजीलाई भनें, "भाइसाब ! बडियासा छोला-समोसा और दो कप चाय हो जाए ।" अनौठो पाराले राहुजी-सरी-साहुजीले मेरो पहिरन हेर्‍यो । ओभरकोट, ब्लु जिन्स र बुट देख्यो । मेरो क्लिन सेभ्ड टाउको हेर्‍यो । भन्यो, "आप हिन्दीमे क्यों बोल्ते हो जी ! नेपालीमे बोलिए न !" म ट्वाँ परिगएँ । जीवनले नेपालीमा भन्यो, "हामीलाई छोइला समोसा दिनुस् ।"

"छोइला ?", अबचाहिँ साहुजी ट्वाँ परिगयो ।

म फिस्स हाँसें । पन्जाबी-ढाबामा छोइला, चिउरा, ऐला पाउने भए त गजबै हुन्थ्यो ! ढावाको भित्ते घडीमा ४:२० बज्यो । मलाई 'पल्प फिक्सन' फिल्मको याद आयो । क्वेन्टिन टरान्टिनोको यो फिल्ममा जब-जब घडीमा 'क्लोज-अप' सट् पर्छ सबैमा ४:२० नै बजेको हुन्छ । मैले जीवनलाई उक्त कुरा बताउँदा उसले भन्यो, "कस्तो अचम्म ! पल्प फिक्सन त हेर्नैपर्ने भयो ।"

त्यसपछि रिक्साले हामीलाई नेपालगन्ज बजार घुमायो । फिल्ममा हिरो स्यामुअल एल ज्याक्सन प्लस जोन ट्राभल्टाझैं हामी शहर घुम्यौं 'पल्प फिक्सन' को खोजीमा तर फिक्सन राइटर नयनराज पाण्डेको सिटीमा 'पल्प फिक्सन' भेटिएन । रिक्साचालकलाई सोधें :

"नयनराज पाण्डेलाई चिन्नुहुन्छ ?"

"को नैनराज ? नेपाली फिलिमको नयाँ हिरो हो ?"

नेपालगन्ज धेरै बदलिसकेको रै'छ ! यो शहरले सायद मलाई पनि चिन्न छाडिसकेको होला ! यो शहर जहाँ मैले आफ्नो जीवनका खुद्रा मसिना यादहरू छोडेको थिएँ । गुलाम अलीले गाउने 'हम तेरे शहर मे आएँ है मुसाफिर कि तरहऽऽऽ'जस्तो भएछु ! यो शहरले मलाई कविता लेख्न सिकाएको थियो । कुनै युवतीसित 'मायाँ पिरेम' लगाउने गुप्त रहस्य सिकाइदिएको थियो ।

टाँगामा चढी रूपैडिहाको ट्रेन स्टेसनसम्म जान्थैं । प्ल्याटफर्ममा बसी घन्टौं म कसैलाई कुरी बस्थैं । वर्षातमा, सर्वाङ्ग रुझ्दै म कसलाई पर्खन्थैं ? मेरो निम्ति ट्रेनमा चढी को नै पो आउँथयो र ? तरै पनि प्रतीक्षा गर्न किन मन पर्थ्यो ? स्यामुअल बेकेटको नाटक 'वेटिङ फर गोदो' को पात्र भ्लादिमिरझैं म सायद कहिल्यै नआउने 'गोदो' को प्रतीक्षा गरी बस्थैं । ट्रेन स्टेसनको प्रतीक्षालयमा सायद म आफ्नो भविष्य कुरी बस्थैं ।

आज दिउँसो जीवनसित रूपैडिहाको त्यही पुरानो ट्रेन स्टेसनको प्रतीक्षालयमा तिनै पुराना दिनका नोस्टाल्जिक कुरा गरें । उसले भनेको थियो :

- फकिर ! भविष्य ट्रेन चढी कहिल्यै आउँदैन ।

***

यादका 'फुटेज' खोतल्छु । मनसमा एउटी वेश्याको धुमिल पोर्ट्रेट जन्मन्छ । रिक्साचालक आफ्नै सुरमा रिक्सा चलाउँदै हामीलाई गगनगन्जको गल्लीतिर लैजान्छ । अहिले यो ठाउँलाई 'रेडलाइट डिस्ट्रिक्ट' भनिँदैन । यसको भग्न इतिहास समयको कुनै कालखण्डमा भास्सिइसकेको छ । यो कथित 'पतित राज्यमा' एक साँझ, धेरै वर्षअघि म लुसुक्क छिरेको थिएँ । जेम्स जोयसको उपन्यास 'अ पोर्ट्रेट अफ द आर्टिस्ट एज अ योङ म्यान' सम्झन्छु । त्यसको पात्र स्टेफन डेडलस जो 'युलिसिस' मा पनि देखा पर्छ, त्यसलाई सम्झन्छु । त्यसको सेक्सुअल ब्याप्टिज्मको कुरा सम्झन्छु । स्टेफन डेडलससितै कुमार नगरकोटीलाई सम्झन्छु जसले आफ्नो कथित 'कुमारत्व' प्रथमपटक भङ्ग गरेको थियो एउटी वेश्यासित ।

ती प्रेमकी देवी आज कहाँ होलिन् ?

"तिमी आजदेखि मर्द भयौ", तिनले मलाई बताएकी थिईन् । आफू कथित मर्द भएको सु-समाचारले मलाई दुखी बनाएको थियो । के साँच्चै मैले आफ्नो निर्दोष बालापन गुमाएको थिएँ ? वन-उपवन जङ्गली च्याउ खोजी हिंड्ने त्यो

फुच्चे, नाथे कुमार कसरी शहर बजारमा आई एउटी वेश्याकी सामू 'मर्द'मा मेटामर्फोसिस भयो ? उफ्ऽऽऽ ज्ञानीहरू भन्छन्, एक बारको जुनीमा मनुष्य शिशु बन्नुपर्छ । जवान बन्नुपर्छ । बूढो बन्नुपर्छ अनि मर्नुपर्छ । अस्तित्व चक्र यही त हो नि ! आफू बूढो भइगएपछि गाब्रियल गार्सिया मार्खेजले झैं मैले पनि 'मेमोरिज अफ माई मेलाङ्कली ह्वोर्स'जस्तो कुनै उपन्यास लेख्नुपर्छ ।

***

प्रिय डायरी !

भित्ते घडीमा रातको ८:५५ भा'छ । जीवन सुतिसक्यो । मृत्युचाहिँ कोठामा ज्युँदै छ । मृत्युको अटोप्सी-रिपोर्ट तयार पार्न बाँकी नै छ । सिग्रेट खै ! धुआँ मात्र उडी रा'छ एस-ट्रे वरपर ।

लुम्बिनी

गोरुसिङ्गेमा गाडी रोकियो । दिवा-भोजनको समय भएछ । ड्राइभरले सुनायो, "गाडी आधा घन्टा मात्रै रोकिन्छ । खानासाना खाइहाल्नुस् ।" बसबाट ओर्लंदा जिन्सको पछिल्लो खल्तीतिर कसैको हात चलमलायो । मैले च्याप्प समातें । एउटा दश, बाह्र वर्षझैं लाग्ने केटोले पर्स चोर्न भ्याइसकेको रै'छ । झम्टें । केटो कालो नीलो भयो । बसबाट घचेट्दै बाहिर ओरालें । फुच्चे रुँला रुँलाझैं पो गर्न थाल्यो ।

- भोक लाग्या छ ? - सोधें ।
- छ । - भन्यो ।

लौ हिंड भनी होटलमा लगें । उसका निम्ति पनि मासु/भात अर्डर गरें । केटोले मज्जासित चुपचाप खायो ।

ड्राइभरले गाडी स्टार्ट गर्दा मैले जीवनलाई भनें, "अनि छ नि ! यतैतिरबाट तिलौराकोट लागौं, कि कसो ?" जीवनले "तपाईंको जे मर्जी" भन्यो । कन्डक्टर ब्रदरलाई भनें, "हाम्रो ब्याग झारिदेऊ भाइ, हामी अब अगाडि नजाने ।" नारायणघाटसम्मको गाडी भाडा बुझाइसकेका थियौं, त्यसरी बीच बाटैमा ओर्लंदा ऊ केही विस्मित देखियो । बाँकी पैसा फिर्ता गर्ने चलन छ कि नाइँ भन्दा कन्डक्टर ब्रोले "छैन दाइ" भन्यो ।

लौ तिम्रो कल्याण होस् !

पर्स चोर्ने केटोले हाम्रा निम्ति एउटा ट्याक्टरको जुगाड गरिदियो । धानको बोरामा हामी बस्यौं । हिंड्ने बेलामा केटोलाई भनें : "चोर्नु राम्रो काम होइन । पर्स चोर्नु त झन् राम्रो हुँदै होइन । पर्सवालाहरू रिसाउँछन् नि त लाटा !"

"अबदेखि चोर्दिनँ दाइ" भन्यो । खुशी हुँदै मैले भनें, "द्याट्स लाइक अ गुड बोय !"

थोत्रो ट्याक्टरले हामीलाई गौतम बुद्धको गाउँ तिलौराकोटमा ल्याई धानका बोराहरूसितै मिल्काइदियो । आङबाट धुलो झार्दै पुरातात्विक इलाकाको फन्को मा-यौं । म्युजियमभित्र छि-यौं । बुद्धकालीन 'जिनिस' हरू हे-यौं । केही बेर मन दङदास बन्यो । भरे फेरि एकान्तमा देवदास हुनु त छँदै छ ।

तिलौराकोटदेखि तौलिहवासम्म रिक्सा यात्रा ग-यौं । यो 'ट्रिप' मलाई सुखद लाग्यो । धेरै वर्षअघि यसैगरी 'रिक्सा ट्रिप' गरेको नोस्टाल्जियाले मनलाई कोत-यो । त्यस बेला, मेरो हातमा मिलान कुन्देराको 'लाइफ इज एल्स ह्वेर' नामक उपन्यास थियो । त्यसैको स्मृतिदंशमा मैले आफ्नो कथा 'खप्पर'मा यस्तो लेखेको थिएँ : *तिलौराकोटको फराकिलो बाटामा रिक्साको पछिल्लो सिटमा बसी 'खप्पर'को कथा अब कसले पढ्ला ?*

तौलिहवा मत्स्य शहर हो । यो माछा गनाउने शहरमा तपाईंले स्वादिलो माछा फ्राई या फिस करी खाँदा बडो उत्तम हुनेछ । त्यसपछि लोकल बसले तपाईंलाई दुई घन्टैमा लुम्बिनी पु-याइदिनेछ । तराईको फाँटमा पब्लिक बस कुनै अजिङ्गरझैं घस्रनेछ । खाल्डाखुल्डीमा तपाईंलाई उफार्नेछ । थचार्नेछ तर तपाईंले झिंजो मानिदिनुभएन, बस् ! कुनै यात्रुले तपाईंलाई बिनाकारण डिस्टर्ब गरिदिनेछ, "ओई मूर्ख ! कतातिर बरालिन मुन्टेको छस् ? नाम के हो ? थर गोत्र चैं के नि ! घर काँ हो ? ट्याम के भो ? खैखै मुन्टो हटाउनुस् त ! झ्यालबाट 'अलिकति' बान्ता गर्नुप-यो ।" इत्यादि । यात्राको पहिलो सर्त हो, झिंजो नमान्नु, बस् ।

लुम्बिनीमा झ्याप्प साँझ प-यो । होटल रुममा झिटिझ्याम्टा थन्क्याएर यसो टहलिन निस्क्यौं । खित्रिङमित्रिङ पसलबाट दुइटा रुद्राक्षको माला किनें र घाँटीमा झुन्ड्याएँ । झम्के साँझ क्रमशः झल्ला हुँदै गयो । रिक्साको पछिल्लो सिटमा बसी एक युगल जोडी छेवैबाट गुज्रिए । युवतीको अनुहार कता कता झल्याकझुलुक देखेको झैं लाग्यो । साँच्चि ऽऽऽ त्यो अनुहार मोडल प्लस टीभी पर्सनालिटी शिवानीसिंह थारुको झैं पो लाग्यो ! ए रात्तै ! रौसी नै नखाई 'झ्याप' पो भइयो कि क्यो हो, गाँठे ! गायक योगेश्वर अमात्यको आफ्नो 'मन पसन्द' गीत गुनगुनाउँदै लुम्बिनीको सन्ध्या-सडकमा म कतै बिलाएँ :

जब सन्ध्या हुन्छ दिल मेरो घबराउँछ ।

***

प्रिय डायरी !

अब त, कोठाको भित्ते घडीमा रातको ९:११ भएको छ । एक राउन्ड सिग्रेट सल्काउनुपऱ्यो । स्लिपिङ ट्याब्लेट नै नखाई लुम्बिनी चाँडो निदाउँदो रैछ ! भोलि चक्कर लगाउनुपर्ला सिद्धार्थ गौतमको गाउँ । साँच्चि ! मेरो कोठाको माउसुली खोइ के गर्दै होला ! जिन भाल्जियन सायद भिडियोकनको स्क्रिनमा बेर्टोलुसीको 'लिटिल बुद्ध' हेरिरहेको होला ! 'द लास्ट एम्परर' हेरिरहेको होला ? म पनि आफ्ना यादहरूको साम्राज्यको लास्ट एम्परर नै त हुँ नि ! कि कसो, ए जिन्दगी ? खैर, लुम्बिनी निदाइसकेको छ चुपचाप मेरो ओछ्यानमा । निदाउनुपऱ्यो म पनि । ए सपना ! तिमीहरू कहाँ छौ ?

सौरहा, चितवन

खल्तीबाट नेपाल सरकारले जारी गरेको दुई रुपियाँको 'सिक्का' निकाल्दै जीवनलाई सोधेँ, "हेड कि टेल ?" जीवनले हेड भन्यो र बाजी हाऱ्यो । हामी सौरहा घुम्ने भयौं । उसले जितेको भए हामी यतिखेर जनकपुरको जानकी मन्दिर वरपर भेटिइने थियौं ।

लुम्बिनी, भैरहवा, बुटवलमा दुई दिनको आयु फ्याँकेर हामी चितवन राष्ट्रिय निकुञ्जमा आइपुगेका छौं । निकुञ्जको चारघन्टे जिप-सफारीले हाम्रो जीउ गालिदियो । जङ्गलमा डुली हिंड्दा मलाई आफू सधैं पहिलो जन्ममा राउटे थिएँ भन्ने काल्पनिक भ्रम भइरहन्छ । दाङ, रुकुम, सल्यानतिर मैले आफ्नो बाल्यकाल बिताएको थिएँ राउटेसित । ती मेरा साथी थिए । चौरजहारीका राउटे मलाई प्रिय लाग्थे । थुप्रै रात राउटेहरूसित जङ्गलमा सुत्थैं । बुबा याँमानको टर्च बोकी मलाई खोज्न आउनुहुन्थ्यो । म खद्दरको जाँघे लगाई राउटेहरूसितै घुमी हिंड्थैं जङ्गलमा । उनीहरू चुत्रो, ऐंसलु टिपी मलाई खान दिन्थे । पोलेको चराको अण्डा खान दिंदै ती राउटे मलाई भन्थे :

- यो मान्ठ ! (मान्छे) इस्कुल जाँदा हौ कि नाइँ ?

आज त्यसरी जङ्गलमा हिंड्दा पुरानो नोस्टाल्जियाले छपक्कै छोप्यो । राउटेको याद आयो । आफ्नो जङ्गली बाल्यकाल याद आयो । रोबर्ट फ्रस्टको कविता 'द रोड

नट टेकन'को याद आयो । अनि याद आयो डाइलन थोमसको कवितांश : ट्रेल विथ डेयजिज एन्ड बार्ली, डाउन द रिभर अफ द विन्डफल नाइट... ।

सौरहाको 'एलिफेन्ट-सफारी' उत्साहप्रद रह्यो । जङ्गलमा मयूर, मृग, गैंडा देखिए । कवि द्वारिका श्रेष्ठले हरेक वर्षजसो काठमान्डुका कवि/लेखकहरूलाई सौरहा घुमाउन ल्याउँथे । कुनै कवि यतै कतै छुटेका छन् कि त भनी जङ्गलभर आँखा डुलाएँ । अहँ भेटिन । हामीसित छुटी गएका ईश्वर वल्लभ, मोहन कोइराला, हरिभक्त कटुवाल, वासु शशी कसैलाई पनि भेटिनँ ।

***

प्रिय डायरी !

ह्याङ्गरमा एउटा कालो कोट तुर्लुङ्ग झुन्डिएको छ । कसले बिर्सेर-छाडेर गएछ त्यो कोट ! त्यो भुलक्कड मान्छे को होला ? त्यो यात्री कहाँ पो पुग्यो होला ? कुनै होटलको कोठामा यसरी आफ्नो कोट छाडी कोही जाँदो हो बिनासित्तै ? मलाई आफ्नो दिवङ्गत बाको कालो कोटको याद आयो ।

आफू जाँदा बाले आफ्नो कालो कोट यसैगरी छाडी जानुभएको थियो । त्यो कोटको खल्तीमा सदा पाइनएप्पलको बिस्कुट/कोकोनट बिस्कुट/सोल्टी बिस्कुट/चक्लेट या मेरा निम्ति भनी किनिएिका 'फुल्टिङ' पेनहरू हुने गर्थे । कुनै जादुगरले झैं बाले ती खल्तीबाट ए फर एप्पल, बी फर बल, सी फर चक्लेट निकाल्नुहुन्थ्यो । म फुच्चे दङ्ग परी बस्थें । खुशीले ताली बजाउँथें । कहिलेकाहीं बी फर बनाना पनि हुन्थ्यो । खल्तीबाट ओ फर अरेन्ज निकाल्दै, हातमा खेलाउँदै, मलाई लोभ्याउँदै बा भन्नुहुन्थ्यो :

- नाथे कुमार ! खान्छस् ?

साँच्चि ह्याङ्गरमा झुन्डिएको यो कालो कोट कसको पो होला ?

देवघाट

स्पिकरको चर्को भोल्युममा प्रभातकालीन भजन वातावरणमा एकतमासले गुन्जिरहेछ :

जग ये पराया ये मै जानुँ । तुझको अपना मानुँ

प्रेमसे बढकर कुछ भी न जानुँ । प्रेमको ईश्वर मानुँ

यो क्षेत्रमा केही आध्यात्मिक-फ्लेभर छ । मिस्टिक रिभरहरू (कालीगण्डकी/त्रिशूली) सनातन शैलीमा परापूर्वकालदेखि बगिरहेकै छन् । दुई नदीबीचको समागमस्थललाई मैले मृत्युको समाधिस्थल भन्न रुचाएँ । यहाँ आएर मर्दा मनुष्यलाई पुण्य प्राप्त हुन्छ भन्ने दन्तेकथा या पुराणकथामा मेरो उतिसाह्रो चाख नभए पनि यो क्षेत्र मलाई स्पिरिचुअल्ली सुन्दर लाग्यो ।

केही मन्दिरमा 'हिन्दुहरूलाई मात्र प्रवेश' भन्ने सूचना बोर्ड देखेरचाहिँ भित्र जान मन लागेन । यस्तो देख्दा दिक्क लागेर आउँछ । पशुपतिनाथको मन्दिरमा पनि त्यस्तै 'निषेधाज्ञा' जारी गरिएको थियो । जान छाडिदिएँ । आजकल के छ थाहा छैन तर मलाई यस्ता सूचना पाटीले डिस्टर्ब गरिदिन्छन् । अरे यार ! ईश्वर पनि हिन्दु/मुसलमान/क्रिस्चियन ! ह्वाट ननसेन्स ? तर, यहाँको वृद्धाश्रममा 'बसोबास' गर्ने वृद्ध ईश्वरहरू (बूढाबूढीहरू) सित जीवनमा छुटी गएका कालखण्डबारे कुरा गर्दा रमाइलो नै हुँदो हो !

नदी किनार आफ्नो कुटीमा सूर्यस्थान गरिरहेको यो बाबासित कुरा गर्छु, "जय शम्भो ! आपका घर किधर हे बाबा ?", बब मार्ली शैलीको जगल्टा समाउँदै बाबा भन्छन्, "जोगीका कोई घर नहीं होता । घर संसार तो मिथ्या है । माया है ।"

"माया प्रेमकी बाते हम पर छोडदिजिए बाबाजी !", हौसिँदै भन्छु : "वो हम कर लेङ्गे । चलिए, एक डोज शिवजीकी 'प्रसाद' चखाइए ।"

चिलिममा उसले शिवजीको प्रसाद अर्थात् 'बुटी' तयार पार्न थाल्यो । यता एउटी भद्र महिला हामीलाई 'जय शम्भो' भन्दै छेवैमा टक्क उभिन आइपुगी । मेरो चिन्डे टाउको र गलामा झुन्डिएको रुद्राक्षको माला देखेर उसले मनमनै भनेजस्तो छ : "कस्तो बेग्लै काँटको मङ्गोलियन बाबा रै'छ !" ओर्जिनल बाबा भने 'प्रसाद' बनाउनमै व्यस्त छ । मैले बायाँ हात उठाउँदै 'लाल सलाम'को शैलीमा मुट्ठी कस्दै -अन बिहाफ अफ बाबा- भद्र महिलालाई भनेँ, "खुस रहो !"

वीरगन्ज

मोबाइलको रिङटोन बज्यो- 'तुझ से नाराज नहीं जिन्दगी, हैरान हुँ ।' उठाएँ ।

"ओ अलमुस्तफा ! कता हो ?", कवयित्री एवम् निबन्धवती मोमिलाको आवाज गुन्जियो । आफू वीरगन्जको घडीहरवा पोखरी आसपासको रेस्टुराँमा बसी ब्ल्याक कफी पिउँदै गरेको, अलिकति जिउँदै गरेको कुरा सुनाएँ । यहाँको गीता मन्दिर,

मस्जिदहरूतिर लुसुक्क टहलिएको कुरा गरें । चोकको घन्टाघरको 'समय' बिग्रेको कुरा गरें । तराई, पहाड, हिमालतिर घुम्न निस्केको 'फिरन्ता' कुरा सुनाएँ ।

'एउटा कथा दिनुस्, छापौंला भनी फोन गरेको ! नत्र तीनवटा कविता भए पनि हुन्थ्यो', उसले भनी । "फ्याक्ट्री त बन्द छ त ! के पो गर्ने होला ?", भनें । नेपालका कवि/लेखकहरूले आफ्नो कारखाना बन्द गरी कहिलेकाहीं यसो भ्रमण स्रमण गरिदिए नेपाली साहित्यको केही कल्याण हुने थियो । क्यार्नु ! साहित्यको स्वास्थ्यकै चिन्ता लाग्छ ।

"वीरगन्जबाट चैं कतातिर नि !" सोधी ।

"गड नोज !"

"कस्तो अनौठो मान्छे !" भनी ।

यहाँसम्म आइसकेपछि रक्सौल पनि एक राउन्ड मार्नैपर्ने भयो । यहाँको टाँगाको यात्रा त्यति प्रीतिकर लागेन । प्रिय लेखकहरू विमल निभा प्लस ध्रुवचन्द्र गौतमको शहर पो हो त यार ! सम्झनलायकको केही उट्पट्याङ काम गर्नुपरेन !

गालाभरि जथाभावी झारपात उम्रिएका थिए । घाँस फडानी गर्नु आवश्यक थियो । दाह्री जुँगा मुण्डन गर्ने केश विन्यास केन्द्र अर्थात् शैलुन छिर्‍यौं । बार्बर ब्रदरलाई यसो सोधी हेरें, "आप विमल निभा और ध्रुवचन्द्र गौतमको पहेचानते है जनाब ?", जनाबले मेरो मुन्टो बटार्दै भन्यो : "कौन चिडियाका नाम है ?"

ताज्जुब लाग्यो । उता जीवन खित्का छाडी हाँस्न पो थाल्यो । आफ्ना प्रिय लेखकहरूलाई मूला बार्बरले 'चिडिया' भनेकोमा मेरो चित्त दुख्यो । सम्झाएँ :

"चिडिया नहीं भाइसा'ब ! ये लोग पहुँचेहुए लेखक है । राइटर है राइटर ! नहीं जानते ?"

मेरो गालामा छुरा चलाउँदै त्यसले भन्यो, "तब् तो मालुम नहीं साब ।" जीवन अझ जोडले खित्का छाडी हाँस्न थाल्यो ।

पोखरा

नाइट कोचले हामीलाई कोचकाच पारेर बिहानै ५:३५ मा पोखराको बसपार्कमा फ्याँकिदियो । पोखराबाट कता लाग्ने ? जीवन बिन्दास शैलीमा भन्छ :

"अन्नपूर्ण बेसक्याम्पतिर जानुपर्छ कुमारजी !"

आधार शिविरतिर जाने मेरो इच्छा छैन । पदयात्रा नगरूँ भन्छु । जोमसोम जाऔं ! कुरा बाझियो । खल्तीबाट नेपाल सरकारले जारी गरेको उही रु. २ को सिक्का निकालें ।

"हेड कि टेल ?", सोधें । जीवनले 'हेड' भन्यो र बाजी हार्‍यो । जोमसोम जाने भयौं तर कुनै पनि एयरलाइन्स हामीलाई लान तयार भएनन् । पर्यटकीय सिजन परेछ । सबै बुक । एयरलाइन्सका दैलो/दैलो चहार्‍यौं । अन्नपूर्ण आधार शिविरतिर लागिन्छ कि क्या हो ? बल्ल सीता एयरलाइन्सको 'चिलगाडी'ले हामीलाई जोमसोम लैजाने भयो, त्यो पनि भोलि बिहानको ठीक साढे आठ बजे ।

***

"ह्वीच इज फिसटेल माउन्टेन ?", कालो चस्मा लगाएकी एउटी इन्डियन मोटी महिलाले मेरो आङमै ढेस्सिउँलाझैं गरी सोधी । ती महिला मलाई समरसेट ममको कथाकी थुसुल्ली आइमाईझैं लाग्यो । क्याफेको झ्यालबाट बाहिर हेरें । खोजे माछाको पुच्छरलाई । एकताका रेडियो नेपालको फर्माइसी कार्यक्रममा प्रकाश श्रेष्ठको सदाबहार गीत बज्थ्यो : ऽऽऽ फेवातालको आँगनमा लै-लै माछापुच्छ्रे छाया । जीवन मेरो सेती बगर बिनातिम्रो मायाँ ऽऽऽ ।

लेकसाइडको क्याफेमा छु । फेवा छेवैमा छ । तालको आँगनमै छु त ! माछापुच्छ्रेको छाया चैं खै ? उत्तरतिर हेरें । देख्छु : सिरिज अफ ह्वाइट माउन्टेन । हिउँको सेतो पस्मिना पछ्यौरी ओढी लम्पसार मस्तसित चिर निद्रामा सुतेकी 'स्लिपिङ ब्युटी' तर्फ आफ्नो सिग्रेट्यौली इन्डेक्स फिङ्गरले औंल्याउँदै ती इन्डियन महिलालाई भनें, "देअर सी इज, मदाम ।" तर, मोटी मदाम त मैले इसारा गरेतर्फ नहेरी फेवातालतिर हेर्न पो थाली !

कुरा के हो भन्ने मैले पछि मात्रै बुझें । ऊ आफ्नो ग्रुपबाट छुट्टिएर मकहाँ आएकी रै'छ । उसको पुरुष साथी आएर मदामलाई समायो र सेतो छडी हातमा थमाइदियो । उसले मलाई भन्यो :

"सी इज ब्लाइन्ड !"

***

प्याराग्लाइडिङ कि पोखरा सर्फिङ ? कुरा बाझ्यो । जीवन भन्छ : प्यारा ग्लाइडिङको मज्जा लिउँ न ! म भन्छु : नाथे ग्लाइडिङ के गराइ भो ! हावामै उड्नु छ भने भोलि अलिक आरामसाथ उडौं न ! पोखरा-सर्फिङ गरौं । 'टस' गर्नुपर्ने भो । खल्तीबाट निकालें उही ढ्याक । हेड कि टेल ? जीवनले यसपालि टेल रोज्यो । त्यसैले, बजियाले बाजी हार्‍यो । त्यसपछि, दिनभर हामी

सरुभक्तको शहर चहाऱ्यौं । पोयट्री लभरहरू तीर्थ श्रेष्ठ, रमेश श्रेष्ठ एवम् अनुप बरालको शहरले हाम्रो पोखरा सर्फिङलाई 'चार चाँद' लगाइदियो ।

कुइरेहरूलाई टिपिकल ढेँडो फ्यान्सी भोजन लाग्दो रैछ ! हेर्नुस्न ! पल्लो टेबलमा बसेको ख्याउटे खैरे कोदोको ढिंडो खाने प्रयास गरिरा'छ चम्चा/काँटाले ! यता जीवन प्लस म बारमा बसी 'टकिला' सट लिँदै छौं । टकिलाको कुरा गर्दा मलाई 'फ्रिदा' फिल्मको याद आउँछ । फ्रिदाको जीवन्त अभिनय गर्ने सलमा हायकको जीवन्त याद आउँछ । यता जीवन मदिराको मातमा मकाउको क्यासिनो स्ट्रिटमा पाइने 'वान नाइट स्ट्यान्ड गर्ल फ्रेन्ड' को कुरा गर्छ ।

वान नाइट स्ट्यान्ड गर्ल फ्रेन्डको कुरा नगर्नुस् यार, मलाई दिक्क लाग्छ भनी जीवनलाई झपार्छु : "बरू पोयटिक प्रेयसी/प्रेमिकाका कुरा गर्नुस् ।"

जीवनको अनुसार म पुरानो टाइपको मान्छे परेँ । भन्छ, "तपाईं कुरै बुझ्नुहुन्न ! यो जमानामा 'चाँदनी' या 'आँधी' टाइपकी प्रेयसी खोजेर पाइन्छ ? नारानगोपालको गीतमा डुल्ने प्रेमिका खोजेर काँ पाइन्छ ? संसार काँ पुगिसक्यो, तपाईं भने... ।"

साँच्चि, संसार काँ पुगेछ भनी आँखा उघारी हेर्छु । झ्यालतिर बरन्डाको गमलामा एउटा काग बसेको थियो । साँझको बेला बथानबाट छुट्टिएछ कि क्या हो ! होइन । त्यो मूला काग पक्कै पनि आर्टिस्ट दुर्गा बराल अर्थात् वात्स्यायनको स्टुडियोबाट भागी आएको हुनुपर्छ !

जोमसोम

"आच्या ! राक्षसको माला लगाई च्याङ्ग्राको सुकुटी पो खाँदो रै'छ ! कास्तो मुन्छे हो ?", शेर्पिनी साहुनीले एक डोज गिल्ला गरी, "पाप लाग्ला ?"

मोरी साहुनी ! रुद्राक्षको मालालाई राक्षसको माला पो भन्दी रै'छे ! दोलखातिरको फुर्वा तामाङ (गाइड) लाई मार्फा लागिसक्या छ । पोल्यान्डको खैरेलाई छाडी हामीसितै रसिक गफ गरिरा'छ । नीलगिरि हिमालले माकलटोपी लगाको कुरा गर्छ । भन्छ, "बैंसमा हामी पनि नीलगिरि हिमालझैं जवान थियौं । हामी पनि कम्निस्ट थियौं । अहिले पो बूढो भइयो । रातो राम्रो गुलियो मीठो कम्निस्ट छँदाखेरी ! के गर्नु सर बूढो भइयो । डाक्टरले गुलियो मीठो तीतो पिरो नखा, मर्लास्, डाइबिटिज भा'छ भन्छ... ।"

मलाई उसको कम्न्युस्ट्यौली उखान मन पऱ्यो : रातो राम्रो गुलियो मीठो कम्निस्ट छँदाखेरी ! मार्फा पिउँदा साहुनीले फेरि 'गिल्ला' गरी, "राक्षसको माला लगा'र रौसी खानुहुन्ना, पाप लाग्छ ।" फिस्स भएँ । ऊ दाँतै देखाएर हाँसी । आम्मै कति सेता दाँत ! मोरी ! चौरीगाईको दूधले दाँत माझ्छे कि क्या हो ?'

मुक्तिनाथ

प्रिय ईश्वर !

यसरी तिमी हिमालको खोँचमा आ'राम गरिरा'छौ । म कुमार अर्थात् बिमार नगरकोटी तिमीसामु ठिङ्ग उभिएको छु । लुगलुग काम्दै । प्रार्थना गर्न । तिम्रै निम्ति कामना गर्न । तिमीले जन्म कैदको सजाय पाएका छौ र त तिमीलाई बन्दी बनाइएको छ संसारका तमाम मन्दिरहरूमा, गिर्जाघरहरूमा, मस्जिदहरूमा, मोनास्ट्रीहरूमा, सिनेगगहरूमा । मनुष्यहरूको आकाङ्क्षा, लोभ, अनि तमाम इच्छाहरूको साङ्लोले तिमीलाई बाँधिएको छ । मनुष्यहरूको पाप पखाल्न तिमी कतिन्जेल अभिशप्त हुनुपर्ने ? मनुष्यहरूको दासत्व तिमीले कतिन्जेल स्विकार्ने ? तिमीले आफ्नो जन्जिर कहिले तोड्ने ?

हे मुक्तिनाथ ! मेरो निम्ति जिन्दगी/अस्तित्व एक मिस्टिक जर्नी हो । मलाई मोक्ष, निर्वाण, स्याल्भेसनको के अर्थ ! तिमीसामु हात फैलाई उभिएको छु । तिमी आफैं बन्दी छौ, मेरो मुक्ति के गर्छौ ? जाऊ आजदेखि तिमीलाई मैले मुक्त गरिदिएँ । हे ईश्वर ! तिमी मुक्त छौ ! तिमीलाई आज मैले आफ्ना सम्पूर्ण पापहरूबाट मुक्त गरिदिएँ ।

लोज-अप

मुक्तिनाथ मन्दिरको अँधेरो कोठाबाट केही पुतलीहरू निस्के र आकाशतिर उडे । मुक्ति क्षेत्रका ती 'कलरफुल' बटरफ्लाइज ! रङ्गीचङ्गी पुतलीहरू ! तपाईंलाई कुन रङ मन पर्छ ? बैजनी, पिङ्क, हरियो छान्नुस् । ती पुतली ईश्वरका रङ्गीन आत्मा हुन् । एज फर मी, मेरा कुरा गर्नुहुन्छ भने म डाँडामा उभिएको छु र हेरिरहेको छु मुक्तिनाथको आकाशमा उडिरहेका मृत ईश्वरका डान्सिङ आत्माहरू ।

प्लिज डु नट डिस्टर्ब ! लेट देम फ्लाई !

ओछ्यान, पुस्तक र सम्भोग

प्रिय इज्मेराल्दा,

वास्तुशास्त्रमा ओछ्यानको सुन्दर चर्चा/परिचर्चा हामी पाउँछौं । उत्तर-दक्षिण दिशा उपयुक्त कोण हो । ओछ्यानमाथि रङको घनीभूत उपस्थितिले पनि अत्यधिक स्थान पाउँछ वास्तुविज्ञान/फेइङ सुई इत्यादिमा ।

इन्टेरियर डिजाइनिङमा पनि शयन कक्ष एवम् ओछ्यानको सौन्दर्य एवम् 'लुक्स'लाई विशेष महत्त्व दिइन्छ । धेरै सुन्दर ओछ्यानहरू मैले/तिमीले देखेका छौं । 'ओछ्यान' शीर्षकमाथि कोरिएका सुन्दर कविता/कला/चित्र/स्केचहरू हेरेका छौं । सङ्ग्रहालयमा राजा/महाराजाका ओछ्यान विशेष महत्त्वका साथ प्रदर्शनीमा राखिएका हुन्छन् ।

एउटा नबिझाउने मुलायम सिरानी/सेतो रङको भुवादार सिरक । नौनीझैं कोमल डस्ना अनि त्यसमाथि सुकिलो तन्ना ओछ्यानका आधारभूत सामग्री हुन् जसले इज्मेराल्दा तिम्रो निद्रा एवम् स्वप्नलाई असीम सम्मान दिन्छन् ।

प्रिय इज्मेराल्दा,

आजको यो डायरी नोट हेर न, तिमीलाई सम्बोधन गरी लेखिरहेछु । आज दिनभर ओछ्यानमा ढली विलियम बोयड्को 'एनी ह्युमन हार्ट' उपन्यास पढें । साँझ यस बखत अनायास तिम्रो अपुरस्कृत याद आइदियो । ओछ्यानमै यो सन्ध्याकालीन डायरी लेख्दै छु । प्रिय इज्मी ! मलाई नयाँ तन्ना किन्नु छ । एउटा कालो रङको साधारण तन्ना सम्भवतः मङ्गलबजारमा किन्नेछु, जसले मेरो सेतो रङको सिरकको खोलसित ट्युनिङ/म्याच गरोस् : श्याम/श्वेत रङ र म सिरानीको खोल पनि नयाँ लिनेछु/पहेंलो रङको । धेरै भयो, आजकाल भोलाजी देखिएका छैनन् । उनी कालिमाटी बस्छन् र दिनभर आफ्नो पुरानो साइकलमा कपडाका चाङ राखी बेच्दै हिंड्छन् । १५ वर्षदेखि वस्त्र बेचिरहेछन् भोलाजी । उधारोमा पनि बेच्छन् । मलाई रवीन्द्रनाथ टैगोरको पात्र 'काबुलीवाला'झैं लाग्छ तर उनी काबुलका होइनन्, बरू हुन् हाम्रै तराई प्रदेशका, जसलाई मैले लु:खुशीको चियालयमा मित्रता गाँसेको थिएँ ।

प्रिय इज्मी,

भोलाजी आजकल देखिँदैनन् । नत्र उनीसितै किन्ने थिएँ, कालो तन्ना र पहेँलो रङको सिरानी खोल ।

प्रिय,

ओछ्यानको चर्चा आज मैले अनायास यसरी गर्नुपर्‍यो । आजको शनिबार मैले ओछ्यानमै बिताएँ । नुहाइनँ । दाह्री काटिनँ । खाना बनाएर खाइनँ । दाँत माझिनँ । कपाल कोरिनँ । कविता नलेखेको युगौं भयो । ओछ्यानमै ढलेर विलियम बोयड्सित बीसौं शताब्दीको फ्रान्स/लन्डन एवम् कला सङ्ग्रहालयतिर डुलेँ । अब, एउटा सिग्रेट सल्काउँछु । पख, हतार नै के छ र ! वस्तुतः ओछ्यान एउटा खतरनाक ठाउँ/प्रदेश हो, जहाँ अधिकांश मानिस मर्छन् ।

मेरो बुबा पनि ओछ्यानमै मर्नुभएको होइन र ? म स्वयम् पनि ओछ्यानमै जन्मेको थिएँ भन्ने कुरा आमाका दन्ते-संस्मरणमा कहिलेकाहीं भेट्ने गर्छु ।

कैयौं प्रिय मानिसहरू बाटोघाटो, पार्क इत्यादि ठाउँमा मर्छन् । कोही जङ्गलमा मर्छन् । कोही मधुशालामा/कोही क्याफेको कर्नर टेबलमा । कोही युद्धभूमिमा मरिदिन्छन् । कोही चर्चमा मर्छन् । कोही गुम्बामा तथा कोही मस्जिदजस्ता धार्मिक इलाकामा मरिदिन्छन् । म सम्भवतः ओछ्यानमा मर्नेछु ।

यहाँ सायद ओछ्यानको शिलालेख कुँदिरहेछु म । परमहंस रामकृष्ण सुत्ने गरेको ओछ्यान प्लस कार्ल मार्क्स प्लस माओवादीका चेयरपर्सन प्रचण्ड सुत्ने गरेको ओछ्यानमा कुनै तात्विक भिन्नता देखिँदिनँ ।

मेरा पिता पुर्खाहरूले ओछ्यानमा सम्भोग गरे र करोडौं सन्तान उत्पादन गरे । तिम्रो यस जन्मको प्रामाणिक अस्तित्वको सुरुवात पनि ओछ्यानमै भएको होइन र ? तिम्रो पिताको शुक्रकिट प्लस आमाको पाठेघरमा तिमी नजानिँदो किसिमले आरोपित भएकी थियौ ।

वास्तवमा प्रिय, संसारको सर्वोत्तम ओछ्यान आमाको मुलायम पाठेघर प्लस काखबाहेक अरू के होला ?

ओछ्यान सर्वोत्कृष्ट मानवीय आविष्कार हो । निजी जीवनको गुप्त इलाका पनि । ओछ्यानमा महात्मा गान्धी हस्तमैथुन गर्छ या दक्षिण अफ्रिकामा उसले गुमाएको युवाकाल सम्झन्छ तर यी कुराहरू सार्वजनिक महत्त्वका होइनन् । आफ्नो प्राइभेट ओछ्यानमा स्पिनोजा/साइबाबा/सलमा हायक/निकोल किडम्यान/स्वामी मुक्तानन्द/युजी कृष्णमूर्ति प्लस जे कृष्णमूर्ति/ओशो अनि महाश्वेतादेवीहरू के गर्छन्, सार्वजनिक विषय होइनन् ।

आफ्नो क्युबिस्ट ओछ्यानमा पिकासोले अनेक चित्रांकित स्वप्नहरू देखेको थियो । स्पिलवर्गले सम्भवतः ओछ्यानमै 'सेभिङ प्राइभेट र्‍यान'को स्वप्नवत् दृश्य देखेको थियो । अलिफा कुटुरे प्लस नवाङ खेचगलाई ओछ्यानमै सङ्गीतहरूले हिप्नोटाइज गरेका थिए । विकलाङ्ग स्टेफेन हकिन्सलाई सायद ओछ्यानले नै पहिलोपटक 'ब्रिफ हिस्ट्री अफ टाइम' नामक लोरी सुम्पिएको थियो ।

प्रिय इज्मेराल्दा,

ओछ्यानमा मैले सुन्दर क्षण/उत्सव पाएको छु । ईश्वरलाई धन्यवाद ! मैले जीवनमा सुन्दर सम्भोगहरू ओछ्यानमै गरेको छु । सोफा, भुईं इत्यादि स्थान अपवाद भइगए । सुन्दर ओठ चुम्बन, काव्य चुम्बन मैले ओछ्यानमै महसुस गर्ने सौभाग्य पाएँ । हजारौं पुस्तक ओछ्यानमै पढें ।

लाइब्रेरी/क्याफे/ट्याक्सी एवम् नगर बसमा पढिएका पुस्तक अपवाद हुन सक्छन् । कविताहरू ओछ्यानमा लेखें । कथाहरू, डायरी नोटहरू ओछ्यानमै लेखिरहेछु ।

दम्पतीहरूको सामूहिक भविष्यको 'ब्यालेन्स सिट' ओछ्यानमै हुन्छ । ससाना छोराछोरी सुतिसकेपछि आफ्नो परिवार/संसार प्लस सन्तानको भविष्यबारे मातापिता लामो घरेलु चर्चा गर्छन् :

आमा : छोराको 'भूगोल' किताब च्यातिएको छ ।

बुबा : अस्ति तिमीलाई 'घर खर्च' चलाउन पैसा दिएको थिएँ । केही पैसा बाँकी होला ?

आमा : किन ?

बुबा : त्यसै, अनायसै । पर्सि छोराको जन्मदिन होइन ?

आमा : हो त ! कस्तो बिर्सेको मैले ! घरको काम, धन्दा गर्दागर्दै म सखाप हुने भएँ । पर्सि हाम्रो छोराको जन्मदिन ! कस्तो भुलेकी मैले ?

बुबा : घर खर्चबाट अलिकति पैसा दिन सक्छौ कि मलाई ? उसलाई एउटा सुन्दर 'पुस्तक' उपहार दिऊँ कि भनेर !

आमा : मलाई पनि उसलाई एउटा 'फूल' उपहार दिनु थियो ।

बुबा : हाम्रो सन्तानलाई 'पुस्तक' र 'फूल' सुन्दर उपहार हुनेछ । खै, पैसा देऊ । भोलि नै म पुस्तक र फूलहरू किन्नेछु । विवाह भएको यत्रो वर्ष भयो, तिमीलाई एउटा सुन्दर सारी पनि किन्न सकिनँ ।

आमा : तपाईंको कोट पनि त पुरानो भइसक्यो ।

प्रिय इज्मेराल्दा,

त्यसपछि आमाबुबा अङ्कमाल गरी सुत्छन् । छोराले उसको आगामी जन्मदिनको उपहारमा पुस्तक र फूल पाउने भयो भनी आमा प्लस बुबा 'ओछ्यान'मा कोल्टे फेरी निदाउँछन् ।

ओछ्यान सम्भोगको क्रीडास्थल मात्र होइन । जन्म एवम् जीवनको क्रीडास्थल पनि हो । ओछ्यान एउटा मरुद्यान हो, पार्क हो र हरेक मानिसको जन्मको कारण पनि ।

ओछ्यान सायद एउटा आरामगृह हो, जहाँ मानिसहरू जन्म लिन्छन्, मृत्यु मर्छन् ।

प्रिय इज्मेराल्दा,

त्यहाँ मैले/तिमीले हजारौं दुःख/कष्टहरू बिसाएका छौं । लाखौं सपनाहरू देखेका छौं । करोडौं सम्भोग गरेका छौं । अर्बौं पुस्तक पढेका छौं । ओछ्यानमा तिमी साल/नालसितै जन्मेकी थियौ । त्यहीं सुतेकी थियौ । त्यहीं विद्यालयको गृहकार्य गरेकी थियौ । जवानीमा अनेक अद्भुत सपनाहरू देखेकी थियौ । त्यहीं ओछ्यानमा तिमीले 'भुँडी' बोकेकी थियौ कुनै फकिरको/वैज्ञानिकको/कविको/सङ्गीतज्ञको/दार्शनिक एवम् बलात्कारीको । ओछ्यानमै तिमीले जीवनका सुन्दर सपना देखेकी छ्यौ । दुःख, असफलता, पीडामा साथ नदिने मित्र, प्रेमी, संसार इत्यादि सबैलाई छाडी तिमीले ओछ्यानमा ढली परमात्मालाई सम्झेकी छौ ।

ओछ्यानमै,

प्रिय इज्मेराल्दा,

तिमीले पुण्य कमाएकी छौ ।

प्रिय-

ओछ्यान सर्वोत्कृष्ट स्थान हो जन्मनका लागि । मर्नका लागि ।

आज शनिबार, यसै बित्यो ।

लेख्न, अब बोर लाग्दै छ ।

पर्ख, एउटा अर्को सिग्रेट सल्काउँछु ।

साँझको बेला छ । केही समय सायद बिताउनेछु, बालकुमारी मन्दिर परिसरमा । त्यहाँ जम्मा भइसकेका होलान् भजनमण्डली । त्यहाँ जानेछु । पहिले त ज्ञानीको पसलबाट एक क्वार्टर घरेलु मदिरा ल्याउनेछु । यो ओछ्यानमा आज निद्रा नपर्न सक्छ । विलियम बोयड् कहाँ छस् ? भोक लागेकै छ । आज काउली, आलु प्लस रातो मुलाको तरकारी बनाउनुपर्ला । भोलि आइतबार सिसिफसको

क्रमबद्धता जारी गर्नु नै छ । यो उत्तर आध्यात्मिक शहर काठमान्डुमा दैनिक ओहोरदोहोर गर्नु नै छ । कोठापारिचाहिँ 'लोडसेडिङ' छ । अन्धकार ।

माथ्लो तलाबाट एउटा धुन आइरहेछ । ग्यास सिलिन्डर बेचबाच गर्न गोरखातिरको 'गुरुङ' भाइले बाँसुरी बजाइरहेछ । खुला झ्यालबाट त्यो सङ्गीत बारम्बार मेरो सुख्खा आत्मालाई निमन्त्रणा गर्दो छ ! मेरो आत्मा छुट्टी मनाउन गएको छ । केवल म छु यो ओछ्यानमा : यो डायरी लेखिरहेको ।

मलाई 'बाँसुरी'को धुन 'मुरली'को भन्दा प्रिय लाग्छ । मुरली चिच्याउँछ । बाँसुरी सुसाउँछ ।

प्रिय इज्मेराल्दा,

वस्तुतः ओछ्यान एक खतरनाक ठाउँ/प्रदेश हो, जहाँ अधिकांश मान्छे मर्दै आएका छन् ।

जबरा : 2069

काँचको गिलासमा मदिरा भर्दै बुचरले भन्यो, "मासुचाहिँ कुन आइटमको पो खाने होला ? (वेटरलाई बोलाउँदै) यहाँ पोर्क/सोर्क पाइँदैन, ब्रो ?"

वेटर बोल्न नपाउँदै बार्बरले बीचैमा प्वाक्क बोल्यो, "पाइन्छ, पाइन्छ । मैले यहाँ धेरैपटक खाइसकेको छु । पोर्क नै अर्डर गरौं ।"

बुचरलाई दारूमहलमा पनि मांस-आइटमकै चिन्ता ! सोची हाँस्छु तर उसलाई केही भनिहाल्ने मुड छैन । उसैको ३८ औं 'ह्याप्पी-बर्थ-डे' मनाउन हामी दारूमहलमा यसरी तीन भाइ जम्मा भएका थियौं । जेठ १३, २०६९ शनिबारको एक सेक्सी-साँझ ।

भोलि अर्थात् जेठ १४ गते ६०१ थान दिव्य पुरुष/स्त्रीहरूले देशको संविधान बनाउलान् नबनाउलान् ! नबाउने छाँटकाँट बढी थियो । म भने मेरा प्रिय मित्रद्वय बार्बर प्लस बुचरसित अघिल्लो साँझ 'बर्थ-डे' उत्सव मनाइरहेको थिएँ ।

चियर्स ! गिलासमा दिव्य झोल चलमलाउन थाल्यो । पाठशालाका विद्यार्थीहरूले झैं 'ह्याप्पी बर्थ-डे टु यु' भनी कोरस गाना बजाना केही गरेनौं । हात मिलाउँदै बुचरलाई भनें, "मिस्टर बुचर ! जन्मदिनको बधाई छ !"

ङिच्च दाँत देखाउँदै ऊ हाँस्यो र भुइँमा पिच्च थुक्दै भन्यो, "थ्याङ्क्स नगरकोटी !"

उसलाई म सदा मिस्टर बुचर भनेर सम्बोधन गर्छु । यो सम्बोधन उसलाई प्रिय लाग्छ रे ! आफूलाई मिस्टर थ्याचर भनेझैं लाग्छ रे ! उसको ठूलो धोको छ जीवनमा : एउटा उपन्यास लेख्ने । ग्वार्कोको मासु पसलमा म प्रायः देखा पर्छु । उसको नजरमा म कुनै 'ऐरे गैरे नथ्थु खैरे टाइपको लेखक' हुँ । मलाई उसको यो उक्ति प्रिय लाग्छ । प्रायः भन्छ, "मिस्टर नगरकोटी ! म एउटा उपन्यास लेख्ने सोचमा छु । जीवनमा एउटा उपन्यास नै नलेखी त के मर्नु र ? मृत्युकै अपमान !"

राम्रो कुरा हो, उपन्यास लख्ने ! आजकल शहरमा जो कोही उपन्यास लेख्ने मुद्रामा भेटिन्छन् । उपन्यास-मुद्रा भनुँ क्यारे ! गैर उपन्यास विधामा सिद्धहस्त महानुभावहरू पनि आजकल किन हो कुन्नि उपन्यासको फराकिलो गल्ली, चोक, उपत्यकाहरूतिर भेटिने गर्छन् ।

अँ त, कस्तो बिर्सेको ! भुसुक्कै ? हामी त अहिले दारुमहलमा पो छौं त ! बुचरले उही आफ्नो समकालीन-इच्छा व्यक्त गऱ्यो, "मेरो उपन्यासमा तपाईंले छोटो/मिठो भूमिका लेख्नुपर्नेछ ।"

म : पहिले उपन्यास लेख्नुस् न ! त्यसपछि देखा जाला !

बुचर : बुचरले उपन्यास लेख्नु हुँदैन र ?

म : जरूर हुन्छ साथी । (पेग घुट्क्याउँदै, एक टुक्रा बङ्गुर चपाउँदै) बरू उपन्यासको नाम जेसुकै होस् । हु केयर्स ! तर, त्यो पुस्तकको कभर ज्याकेटमा बुचरचाहिं लेखिनैपर्छ । टु हेल विथ योर ओरिजिनल, रियल नाम ।

बुचर : मेरो ओरिजिनल नाम त पुष्पकाजी महर्जन हो ।

बार्बर : पुष्पकमलजस्तो सुनियो । नाम चेन्ज गर्नुस् । तपाईंको साहित्यिक नाम 'बुचर' राखौं । कसो मिस्टर नगरकोटी !

बुचर : उपन्यासको शीर्षक/नाम नै 'बुचर' राख्दा कसो होला ?

म : गज्जब, बडो गज्जब होला । चियर्स इन द नेम अफ बुचर ।

पुनः चियर्स ! बार्बरले ठट्टा गर्दै भन्यो, "चियर्स त गऱ्यौं तर खै यसले (बुचरतिर चुरोटसितैको औंलाले इसारा गर्दै) के उपन्यास लेख्ला र ! मासु काट्नमै फुर्सद छैन । बरू यसकी श्रीमती प्रिगनेन्ट छे । छोरा जन्मिनेछ सायद र छोराको नामचाहिं यसले 'उपन्यास' राख्नेछ । कसो मिस्टर बुचर ?"

मिस्टर बुचर खिन्न भयो । एक 'पेग' धुवाँ उडायो । भन्यो, "छोरा नै हुन्छ भन्ने के ग्यारेन्टी छ र ? दुई छोरा छँदै छन् । खोइ, मैले उनीहरूको नाम 'उपन्यास' राखिनँ त ! लौ, यसपालि छोरी भई रे !"

अर्को एक 'पेग' धुवाँ उडाउने पालो अब मिस्टर बार्बरको । भन्यो, "लौ जा ! छोरी नै भई रे ! यसले (बुचरतिर अघिकै सिग्रेट्यौली औंलाले इसारा गर्दै) छोरीको नाम 'उपन्यासिका' राख्नेछ, बाजी मार्नुहुन्छ मिस्टर नगरकोटी ?"

"आजसम्म कहिल्यै बाजी लगाइएन । उपन्यास प्लस उपन्यासिकामा के बाजी लगाई भो र !", सोचें, बरू साँच्चि के सोचें ?

कुनै दिन बुचरको उपन्यास, उपन्यासिका प्रकाशित हुनेछ । प्रकाशकहरू बल्छी थापेर बसेकै छन् । बुचरको उपन्यासको अंश भनी कुनै शनिबारीय-अङ्कमा 'उपन्यासांश' छापिने नै छ । त्यसलाई म जतनका साथ पढ्नेछु । आजकल 'आगामी कृति'का अंशहरू पत्रिकामा पढ्ने बानी या भनुँ आदत लाग्दै छ । कृति निस्कने कहिले हो कहिले तर त्यसका अंश पत्रिकाहरूमा श्रद्धेय पाठकहरूका निम्ति एड्भान्स रूपमै छापिन्छन् । उपन्यासांश, कथांश, निबन्धांश कहिलेसम्म छापिंदै जाने हुन्, रनभुल्लमा छु । कुनै दिन लघुकथाको 'अंश' पनि पत्रिकामा पढ्न पाइएला ! आई एम फेड अफ विथ दिस सोकल्ड सारांश । आफ्नै जीवनको सारांश अब कुन पत्रिकामा छाप्ने होला ? यस्तो केही सोचिरहेथे आफ्नो मनोदशाको सारांश-सूत्रमा...

वेटरले मेरो सारांश-सूत्र भङ्ग गरिदियो । भन्यो :

- नगरकोटी सर ! तपाईंलाई कोही भेट्न आउनु भा'छ ।
- को हो त्यो, मलाई दारूमहलमा भेटघाट गर्न आउने ?
- कुन्नि को हो ! तपाईंसित भेट्नैपर्छ रे ?
- त्यसो भए वेटर ब्रो, त्यो 'कुन्नि को'लाई यहीं पठाइदेऊ ।

त्यसपछि 'कुन्नि को' हामीमाझ आयो । झोलालाई टेबलमै थन्क्यायो । खाली मेचमा 'थपक्क' राख्यो आफ्नो प्राचीन-शैलीको शरीरलाई । यताउति हेऱ्यो । वास्तवमा यता बार्बर थियो, उता बुचर थियो । मचाहिं कता थिएँ ?

वेटर ब्रोले 'कुन्नि को'का निम्ति पनि काँचको गिलासमा मदिरा भरिदियो । 'कुन्नि को'ले गिलास उठायो । नाकैमा लगी सुँघ्यो, सायद गन्हायो । गिलासलाई टेबलमै राख्यो । आँखा चिम्ल्यो । आँखा उघाऱ्यो । बार्बरको औंलाबीच बिनासित्तै सल्किरहेको अर्धसिग्रेटलाई थुत्यो र आफैंले क्रमशः एक पेग/दुई पेग/तीन पेग धुवाँ उडायो । काँचको गिलास उठायो र एक घुँटमै दारू घुट्क्यायो । एक टुक्रा बङ्गुरलाई काँटाले घोप्यो, मुखमा हाल्यो र चबाउन थाल्यो । त्यसपछि आफ्नो प्राइभेट नाक कोट्याउँदै हामी तीन भाइमाझ 'कुन्नि को'ले आफ्नो परिचय दियो,

- म जबरा ।

हामी अन्योलमा पऱ्यौं । को जबरा ? त्यसपछि 'कुन्नि को'ले नाक कोट्याउँदै भन्यो, "जङ्गबहादुर राणा ।"

***

जबराले हामी सबैको सितन एक्लै खाइदियो । साह्है भोकाएको रै'छ । हामी सबैको मदिरा पनि 'स्वाट्ट' पारिदियो । बिचरो जबरा ! साह्है तिर्खाएको रै'छ । बर्थडे म्यान अर्थात् बुचरले वेटरलाई बोलाई भन्यो :

"ब्रो ! एक लार्ज बोतल ल्याइयोस् ।"

लार्ज बोतल आयो । जबराले त्यसलाई ठाडै घाँटी लगायो । हामी तीन भाइ 'ट्वाँ' पऱ्यौं, पऱ्यौं र पऱ्यौं । बोतल हातैमा समातेर जबराले सोध्यो, "तिमीहरूमध्ये नगरकोटी चैं कुन ?" स्वभावतः मैले कान्छी औंला उठाएँ । पिसाब फेर्न मन लागेर आयो । जबराले मलाई एकोहोरो, करिब साँढे एक मिनेट हेऱ्यो । त्यसपछि भन्यो :

"अँ त नगरकोटी ! म अक्षरगन्जबाट आएको हुँ । काठमान्डुको ट्राफिक जाममा फसेर केही ढिलो भएँ । तिमीलाई एउटा चिठी छ । पढ ।"

जबराले, टेबलको ब्यागबाट एउटा चिठी निकाल्यो । मलाई दियो । बुचरले "खोइ ! म पढ्छु" भन्यो र जोडजोडले पढ्न थाल्यो :

प्रिय नगरकोटी !

अक्षरगन्जमा हामी सम्पूर्ण दिवङ्गत आत्माहरू सकुशल छौं । तिमी त्यहाँ सन्चै हौला । वास्तवमा, पत्रबाहकको नाम जङ्गबहादुर राणा हो । नेपाल देशको कुनै कालखण्डको श्री ३ महाराज । त्यहाँ नेपालमा संविधान बन्दै छ भन्ने कुरा जबराले कुन्नि काँबाट थाहा पाएछ । काठमान्डु जान्छु कि जान्छु भनी ढिपी पो गर्न थाल्यो बा !

जबरालाई त्यसैले काठमान्डु पठाइदिएको छु । यसो घुमोस्, त्यो शहरमा । नेपालमा संविधान बनोस् । हामी दिवङ्गत नेपालीहरूलाई यहाँ अक्षरगन्जमा आजकल केही गाह्है छ । दिवङ्गत विदेशी स्रष्टाहरूले हामीलाई 'हँसी मजाक, ठट्टामा' उडाउन थालेका छन् । भन्छन्, "एउटा संविधान बनाउन नसक्ने देशका तिमी स्रष्टाहरू नालायक हौ ।"

देवकोटा, सम, रिमाल, शेरचन र हालसालै अक्षरगन्ज आएका गोविन्द भट्टलगायत पारिजात, वासु शशी इत्यादिले यहाँ विदेशी स्रष्टाहरूसामु शिर निहुराउनुपरेको छ । नेपाल देशमा संविधान नआएकाले हामी यहाँ अक्षरगन्जमा असंवैधानिक जन्तु हुन पुगेका छौं ।

जेठ १४ मा संविधान त बन्ला नि, हगि !

अरू यस्तै हो ! जबराले सबै भन्ला नै ! संविधानको नयाँ ड्राफ्ट जबरासित पठाइदिनु । काठमान्डुमा के कस्ता साहित्यिक जमर्काहरू भएका छन् ? नयाँनयाँ किताबहरू अवश्य प्रकाशित भएका होलान्, पठाइदिनू ।

तिमी अक्षरगन्ज कहिले आउने ?

तिम्रो उही

शङ्कर लामिछाने ।

अक्षरगन्जबाट आएको चिठी पढेर बुचर भावुक भयो । बार्बर निःशब्द भइगो । म उदास/उजाड भएँ । जबरालाई मौन हेरें । जबराले मलाई मौन हेर्‍यो । बोतल दियो । घुट्क्याउने मुड भएन ।

समय क्रमशः एक मिनेट/दुई मिनेट, आधा घन्टा हुँदै बितिरह्यो । सिग्रेट सल्काएँ । जबराले मेरो ओठैबाट सिग्रेट थुत्यो र आफैं धुवाँ उडाउन थाल्यो । बुचरले चिठी आफ्नो गोजीभित्र कोच्दै भन्यो, "प्रिय जबरा ! आज मेरो बर्थडे हो । तिमीलाई यहाँ यो उत्सवमा स्वागत छ ।"

- तिम्रो नाम चैं के ? - सोध्यो जबराले ।

- म बुचर हुँ । एउटा उपन्यास लेख्दै छु । - बुचरले जवाफ दियो ।

जबराले पुनः आफ्नो नाक कोट्याउन थाल्यो । बार्बरले बिस्तारै भन्यो, "अब जङ्गेलाई दारू लागिसकेछ । बर्थडे उत्सव सिध्याऔं क्यारे !" जबराले भन्यो, "मलाई जङ्गे होइन । श्री ३ महाराज जङ्गबहादुर राणा भनी सम्बोधन गरियोस् ।"

बुचरले भन्यो, "रिसानी माफ होस्, हजुर तर श्री ३ को धाक चैं नलाउनुस् । श्री ५ लाई त फ्याँकियो भने जाबो श्री ३ त भुत्रैसरि !"

आफूलाई गाली गरेकोमा जबरा केवल हाँसिरह्यो । आफ्नो गालीको अपमान भएको ठानेरै होला, बुचरले भन्यो, "अझै के हाँसी रा' ? टाइम/टाइममा त्यो नाक चैं किन कोट्याइरा' ?"

जबराले नाक कोट्याउन छाडी, एक टुक्रा बङ्गुर चबाउँदै भन्यो, "नाक कोट्याउन छाडी अब कुनै चैं मूलाको चाक कोट्याउन जाउँ त ?"

बुचर त्यसपछि ट्वाँ पर्‍यो ।

***

त्यो साँझ जबरालाई आफ्नो घर लिएर आएँ । पत्नीले नवागन्तुकलाई सहर्ष स्वागत गरी । जबरालाई आफ्नै सम्मुख सशरीर उभिएको देखी सावित्री तीनछक मात्रै होइन, १०, १२ राउन्ड छक्क परी । स्वागतार्थ जबरालाई भनी :

- चिया, ब्ल्याक-कफी, चिसो के लिइसिन्छ हजुर ?
- प्लिज, मसित दरबारिया लबजमा कुरा नगर्नुस् । म त अहिले तपाईंहरूझैं (मलाई पनि इसारा गर्दै) साधारण/कमन मान्छे हुँ ।
- तैपनि !
- दारु खुवाउनुस् । - जबरा बोल्यो ।

जङ्गे बोल्यो त बोल्यो भन्छन् मानिसहरू । नेपाली उखान पनि यसो भन्छ, "साँझको अतिथि देवतातुल्य हुन्छन् ।" दारुको बन्दोबस्त गर्नैपर्‍यो । देउतालाई दारु खुवाउनुपर्ने भयो !

आफूलाई नुहाई पखाली गर्न जबरा बाथरुम गयो । 'रोयल स्ट्याग' लिन म नजिकैको माइलाको पसलमा गएँ । माइलाले सोध्यो, "कुमार दाइ ! आज फेरि कोही पाहुना आएजस्तो छ । नत्र तपाईं 'सिल-प्याक' दारु लिन कहिल्यै आउनु हुन्न ।"

- जबरा आएको छ, आज । - भनें रु. ५०० तिर्दै ।
- को जबरा ?
- जङ्गबहादुर राणा ।
- तपाईंकहाँ अजीव पाहुनाहरू आउँछन् । स्न्याक्स पनि दिऊँ ?
- भो, पर्दैन । - भनें - जबरा स्न्याक्स खाँदैन ।

जबरा बैठक कक्षमा रै'छ । भोलि जेठ १४ बारे टीभीमा ब्रेकिङ समाचार हेर्दै रै'छ । भोलि संविधान बन्ने/नबन्नेबारे टीभीको पर्दामा विभिन्न दलका कथित नेताहरू असिनपसिनका साथ प्रायोजित अन्तर्वार्तामा जुटिरहेका थिए ।

सिल्भरक स्क्रिनमा आउने/जाने विभिन्न दलका नेताहरूबारे जबरालाई मैले लघु जानकारी दिंदै गएँ- यिनी हुन् पुकदा । एनेकपा (माओवादी) का सुप्रिमो । यिनको ब्रान्डेड कुमलगायत भुँडीमा दुई हात यताउति चलाउने बडिल्याङ्ग्वेज बडो अद्भुत छ । उनी छेवै बसेका बाबुचाहिं हालका प्रधानमन्त्री हुन् । यिनी पीएचडी डाक्टर पनि हुन् । यिनैले भोलि जेठ १४ मा संविधान जारी गर्ने हुन् । उनी छेवैमा मौन बसेका चाहिं मोहन वैद्य हुन् । धामी झाँक्रीचाहिं होइनन् नि ! कम्युनिस्ट पार्टीमा डाक्टर प्लस वैद्य ! तिमीलाई अचम्म लाग्ला । यो गजबको संयोग पो हो त ! ऐतिहासिक द्वन्द्वात्मक भौतिकवाद यस्तै हुन्छ ।

- यिनी हुन् सुको अर्थात् सुशील कोइराला (विरोधी दलका नेता/कार्यकर्ताहरूले यिनलाई भन्न त झुसिल कोइराला पनि भन्छन्) । नेपाली कांग्रेसका जेठा बा ! अनि सुको छेवै मोटो फ्रेमवाला चस्मा लगाएका चाहिँ शेबदे हुन् । शेबदे अर्थात् शेरबहादुर देउवा । शेर : द लायन ! यिनी कांग्रेसका माइला बा हुन् । यिनी कहिले जीपी कहिले सुकोसित कांग्रेसीय हँसी मजाक गरिरहन्छन् । छेवैका चाहिँ आरसीपी हुन् अर्थात् रामचन्द्र पौडेल । यिनीचाहिँ कांग्रेस पार्टीका कान्छा बा हुन् । मिडियामा के-के बोलिरहन्छन् ।

जबराले भन्यो, "अच्छा ! गजब नेतागणहरू रैछन् ।" टीभीको रिमोट कन्ट्रोल थिच्यो । अर्कै च्यानलमा अर्कै खालका नेतागणहरू देखा परे । ती नेतागणबारे जबरालाई बताउनुपर्ने भयो ।

- खाइलाग्दो गाला प्लस सुकिलो जुहारी कोटमा सजिएका यिनीचाहिँ झनाख हुन् । यिनी मीठो बोल्छन् । उनका छेवैमा बसी सेलफोनमा टाउको हल्लाउँदै कुरा गर्नेचाहिँ माकुने हुन् । संविधानसभाको निर्वाचन हारेर पनि यिनी नेपाल देशको प्रधानमन्त्री बनेका थिए, इतिहासको कुनै कालखण्डमा । अनि उता, रातो कमिजमा सजिएका नेताचाहिँ राजनीतिका 'उखान-टुक्का-शिरोमणि' मिस्टर केपी ओली हुन् ।

जबराले च्यानल चेन्ज गऱ्यो । दारू (एक पेग) सिनित्त पाऱ्यो । मैले थपिदिएँ । उसले सोध्यो, "ढाका टोपीमा सजिएका ती राजनीतिक मनुवा चैं को हुन् ?", मैले परिचय गराइदिएँ :

- यी मनुवा हुन् कथा । एकादेशको किंवदन्तीय कथा । सायद दन्त्यकथा अर्थात् कमल थापा । कथित राजतन्त्र चाहियो/चाहियो, होइन भने हिन्दु राज्य चाहियो कि चाहियो भनी यी कथा टाइम टाइममा पोलिटिकल प्रहसन गरिहन्छन् । अनि ती अर्काचाहिँ चित्र हुन् । शशि शाह या रागिनीले झैं चित्र कोर्न आउँछ, आउँदैन थाहा छैन तर यी चित्रचाहिँ मान्छे विचित्रका हुन् । सङ्घीयता नेपाल देशमा चाहिँदैन, चाहिँदैन, फगत चाहिँदैन भनी विचित्रका कुरा गर्छन् ।

जबरा अझै जिज्ञासु बन्यो । भन्यो, "राजा, सभामुख र राष्ट्रपति यो भाँडोमा (टीभी) देखिएनन् नि !" झ्याप्प बत्ती निभी पो गो । कोठाबाहिर हेरेँ लोडसेडिङ रैछ । श्वेत मैनबत्तीमा दागबत्ती चढाउँदै झलकमान गन्धर्वको लोक भाकामा भनेँ,

जनताले सोध्लान् नि खै राजा भन्लान्/नागार्जुन वन गए भन्दिनु ।
जनताले सोध्लान् नि खै सभामुख भन्लान्/संविधान खोज्न गए भन्दिनु ।
जनताले सोध्लान् नि खै राष्ट्रपति भन्लान्/राष्ट्र खोज्न गए भन्दिनु ।

***

जेठ १४ को डायरी

प्रिय डायरी !

आज दिनभर कोठामै बित्यो । बिहानै, कसैलाई केही नभनी हिँडेको जबरा कोठामा अझैसम्म फर्केर आएको छैन । टीभीकै अगाडि दिनभर बसेँ । संविधानसभा विषयक प्रत्यक्ष प्रसारण कार्यक्रम हेर्दै दिन बित्यो । एक दिनको आयु घट्यो । अघि भर्खरै टीभीमा प्रम बाबुले संविधानसभा विघटन भएको सार्वजनिक घोषणा गरे । मङ्सिर ७ मा अर्को संविधानसभाको चुनाव हुने रे !

राजनीतिक दलहरूको भिसियस सर्कल (दुष्चक्र) मा हामी आम नागरिकहरू अझै कति समय फस्ने हो ? अक्षरगन्जका निवासीहरूको इच्छा कोल्याप्स भइसकेको छ । शङ्कर, देवकोटा, भूपि, समहरूलाई पुनः पीडा थपिने भयो । संविधानको फोटोकपी लिन आएको जबरा पनि रित्तो हात जानुपर्ने भयो । सब झुर भो' यार । टोटल्ली डिस्गास्टिङ ! राजनीतिको 'ब्ल्याक-होल'मा कतिन्जेल कुँजिएर बस्नुपर्ने होला हामी अर्थात् बार्बर, बुचर, मजस्ता सोकल्ड आम नागरिक ! ओके संविधानसभा ! गुड बाई । ओके ६०१ सभासद्हरू, फेयरवेल टु यु गायज् । सी यु सम अदर डेज !

***

जबराको उप-आख्यान

जेठ १५, २०६९ ।

गणतन्त्र दिवसमा पहिलेझैं उल्लासमय वातावरण भएन । टुँडिखेलमा औपचारिकता मात्रै पूरा गरेझैं नेतागणहरू भेला भए । सेनाको टुकडीले परेड खेल्यो । घोडसवारी भए । विगुल फुकियो । मञ्चमा आसीन गन्यमान्यहरूले आँखामा दुरबिन लगाए ।

अश्व जात्रा जारी थियो । घोडाहरू यताउति यत्रतत्र जम्प दिइरहेका थिए । यहींनेर प्रिय पाठक ! परिदृश्यमा केही आकस्मिक परिवर्तन भयो । ती घोडाहरूबीच एउटा फुर्तिलो कालो घोडा हिनहिनाउँदै टुँडिखेलको पश्चिम कोणबाट मिसिन आइपुग्यो । सबैको ध्यान त्यो कालो घोडा प्लस त्यसमा शानसित चढेको 'कुन्नि को'ले खिच्यो । प्रधानसेनापतिले नजिकैका एक भूतपूर्व सभासद्‌लाई सोधे, "यो कालो घोडा कहाँबाट आयो ? यो त सेनाको घोडा होइन ।" भूपूले खै कुन्नि भन्यो ।

राष्ट्रपतिले दुरबिनको लेन्स मिलाउँदै सँगैका प्रधानमन्त्रीलाई भने, "मिस्टर प्राइम मिनिस्टर ! यो त जङ्गबहादुरको घोडाजस्तो छ ।" प्रमले सोधे, "को जङ्गबहादुर ?"

- श्री ३ जङ्गबहादुर राणा । घोडा कुदाउने पनि जबराजस्तै छ ।

केही बेरमै गाइँगुइँ हल्ला चल्न थाल्यो । टेलिभिजनका क्यामेराहरू जबरातिर सोझिए । ब्रेकिङ समाचार तयार भयो : **गणतन्त्र दिवस मनाउन श्री ३ जङ्गबहादुर राणा आफ्नो कालो घोडासहित टुँडिखेलमा उपस्थित... ।**

टुँडिखेलको पश्चिम कुनामा जङ्गबहादुर राणाको सालिक रहेको ठाउँ अब त रित्तो, रित्तो फगत रित्तो थियो । जबरा घोडा कुँदाउदै टुँडिखेलको गेटबाट बाहिरियो र रानीपोखरीतर्फ लाग्यो । जमलको ट्राफिक-महिलाले सिटी बजाउँदै जबरालाई रोक्न खोजी तर जबराको घोडा हिनहिनाउँदै तीव्र वेगमा आँधीझैं कुद्‌यो । आँधीले शिरीषका नीला फूलहरूलाई वृक्षबाट झारी फुटपाथमा फ्याँकिदियो ।

जबराको अक्षरगन्जको यात्रा सुखद रहोस् ।

फिक्सन फिभर

- साहुनी कडा मिजासको चिया पिलाउनुस् न ।

सुनसान चिया-गृहको टेबल ओगटिसकेको थिएँ । साहुनी स्टोभमा 'दम मारो दमऽऽ' गरिरहेकी थिई, आफ्नै तालमा । मलाई पुलुक्क हेर्दै सोधी, "कडा मिजासको चियामा चाहिँ चिनी कम होला, होइन ?'

कस्तो झुर प्रश्न ! कडा रङको चिया/कफी पिउने मान्छेहरू प्रायः चिनी कम राख्न रुचाउँदा हुन् । मसित कहिलेकाहीं चिया सेवन गर्ने भद्र महिला एवम् स्वाँठ पुरुषहरू पनि चिनी कम नै रुचाउँछन् । कहिलेकाहीँ त कस्तो लाग्दो रै'छ भने काठमान्डुलाई डाइबिटिजको भाइरसले सङ्क्रमण गरेको छ । साहुनीलाई भन्नैपर्ने भयो :

- के म सुगरको रोगीझैं देखिन्छु ?

उसले मलाई तलदेखि माथि र पुनः नजरले 'भाइसभर्सा' गरेपछि भनी :

- त्यस्तो त लाग्दैन... !
- त्यसो भए चिनी पनि कडै मिजासको राख्नुस् ! - भन्नुपर्‍यो ।

दम मारो दमऽऽ चालू थियो । ह्यान्डसम, टल फिगर/मस्कुलर टाइपको हिमाल-ग्यास सिलिन्डर छेवैमा ठिङ्ग उभिएको छ । साहुनी भने गान्टे/फुच्चे स्टोभसित मायाप्रीति लाइरहेकी छे । किन यस्तो लसपस् ! हजुरऽऽ बजारमा ग्यासको क्राइसिस छ नि त ! ह्यान्डसम भनेर के गर्नु नाइँ ! आत्मा नै नभएपछि ! सिलिन्डरको देहमात्रै त छ नि ! आत्मा (ग्यास) कुन्नि कता फुस्स गरी फुस्किसकेको छ । शास्त्रले ठीकै भन्छ क्यारे ! देह (सिलिन्डर)को के भरोसा ? दुई दिनको चोला, आत्मा (ग्यास) अमर छ.... ।

लौ, चिया आइपुग्नुभयो । साँच्चि ! काठमान्डुमा कति सिलिन्डर होलान् ? मान्छे पनि सिलिन्डरजस्तै त हो नि ! ६०१ थान सिलिन्डर त सिंहदरबार-बानेश्वरमै छन् । चुल्हो नै नबल्ने सिलिन्डर के काम ! म पनि सिलिन्डर नै हुँ क्यारे ! तर, कुन कम्पनीको ? कुन ब्रान्डको ? "तपाईं कुमार नगरकोटी

होइन ?", सिलिन्डर गाथामा (चिन्तनमा) ब्रेक लाग्यो । साहुनी मलाई हेर्दै थिई, म तथाकथित कुमार नगरकोटी हुँ कि होइन ?

आफू उसले नाम काढेको सिलिन्डर हुँ भनी मैले भन्नुपर्‍यो । साहुनीलाई आफू कुमार भएको जवाफ दिएँ । "लौ मलाई चिन्नुभएन ?" पो भन्छे बा !

चिया पिउन छाडी उसको अनुहार हेर्नुपर्ने भयो । आइमाईको अनुहार ट्वाल्ल परी हेर्नुपर्दा मलाई साह्रै दिक्क लाग्छ । लाटोले केरा हेरेझैं । रद्दी काम हो यो । झुर त छँदै छ ।

"अझै चिन्नुभएन ?", उसले आफूलाई पुनः चिनाउन खोज्दै भनी, "एकछिन पर्खनुस् ल ।" दृश्यबाट ऊ केही बेर भूमिगत भई । एकछिन मात्रै होइन । दुई छिन, तीन छिन, पाँच/दश छिन पर्खें । सोचें, कहाँ पो चिनेको/देखेको थिएँ यी नारीलाई मैले ? कुनै आइडिया, फ्ल्यासब्याकले सहयोग गरेनन् । कुनै 'क्लु' नै नदिई लौ मलाई चिनेनौ भन्छे । नारीलाई नचिन्नु भनेको यो जुनीमा मरेको दुःख पाउनु हो भन्छन् ज्ञानीहरू । हो क्यारे !

यसो गम खाँदै थिएँ चियासितै । सायद पन्ध्र छिनपछि हुनुपर्छ ऊ पुनः हाजिर भई । ऊसित हाजिरकापी त होइन बरु 'मोक्षान्त : काठमान्डु फिभर' भनिने किताब थियो । उसैले भनी, "चिन्नुभएन क्यारे ! म सिल्भिया क्या !"

- को सिल्भिया ? - सोधें ।
- झ्यालिन्चा समाउने डोल्पाकी फुच्ची केटी ! - उसले भनी ।

ट्वाँ पर्नुपर्ने थियो, परें । आम्मै ! कस्तो अचम्म ! आहा ! कस्तो फिक्सनजस्तो छ यो जिन्दगी ! डोल्पाकी ती फुच्ची सिल्भियालाई यत्तिका वर्षपछि आज पाटनको एउटा साधारण चिया घरमा फेला पारेको छु । संयोगको यो कस्तो लीला ! एउटी फुच्ची केटीलाई उसको जवानीमा देख्न नपाउनु मेरो निम्ति अभिशाप थिएन र ? ३९ वर्षमै ऊ त बूढी भइछे । समयको यो कस्तो निरङ्कुश ठट्टा !

प्रिय पाठक !

एचजी वेल्सको 'टाइम मसिन' चढी म अब आफ्नो बाल्यकालतिरको यात्रामा लाग्नेछु । अतीतको 'बिब्लियोग्राफी' मुनि आउनेछ :

टाइम मसिन डोल्पामा गई रोकिन्छ । जुफाल एयरपोर्टमा म आइपुगेको छु । समय यन्त्रबाट म अब बाहिरिन्छु । एकाएक मेटामर्फोसिस भएझैं । फ्रान्ज काफ्काको ग्रेगर साम्सा कीरामा परिणत भएझैं (त्यति साह्रो त नभनूँ क्यारे) । म फुच्चे बच्चा भएको छु, करिब छ, सात, आठ वर्षको ।

सिल्भियाको मिड्डीमा गोजी छैनन् । समातेका सप्पै झ्यालिन्चा र फट्याङ्ग्रालाई म आफ्नो हाफ प्यान्टको गोजीभित्र कोचिदिन्छु । चुरोट पिउने बुबाको सलाईको बट्टा चोर्छु । जम्मै काँटीहरू मिल्काइदिन्छु । सिकार गरिएका झ्यालिन्चा, फट्याङ्ग्राहरू बट्टाभित्र अटाउँदैनन् । बुबाको याक चुरोटको बट्टा चोर्छु । सप्पै चुरोटहरू मिल्काइदिन्छु । त्यहाँ कीराहरूलाई कोच्छु । फेरि दुवै बट्टा खोली कीराहरूलाई भुईंमा थुपार्छु । फट्याङ्ग्राहरूलाई सलाईको बट्टाभित्र राख्छु र झ्यालिन्चाहरूलाई याकको बट्टाभित्र ।

- सिल्भिया, तँ के लिन्छेस् ? - सोध्छु ।
- म झ्यालिन्चा लिन्छु । - भन्छे ।

केटीलाई रङ्गीचङ्गी चीजहरू मन पर्ने भइगयो । थुप्रै याक र सलाईका बट्टाहरू थुप्रिँदै जान्छन् । हिउँमा भने जति चिप्लेटी खेल्न नपाउँदै २०३६ साल हवाईजहाज चढी जुफाल एयरपोर्टमा झर्छ । बुबाको सरुवा हुन्छ काठमान्डु । बुबाको प्रहरी जीवनमा यो सरुवा रोगले कहिल्यै छाडेन । हिउँमा लगाउने मेरो एक जोर दोचा -खुट्टामा लगाइने/कपडाले बुनिएको हिउँजुत्ता- र एक जोर बख्खु आमाले सुटकेसको कुनै कुनामा कोचेकी छन् । एकमात्र सुपुत्र या कुपुत्र फुच्चे कुमार नगरकोटीलाई लिई डोल्पा आएकी आमाले मेरो निम्ति डोल्पामै बहिनी जन्माएकी थिइन् ।

अलि उता पर सिल्भियाका बा आमा अरू गाउँलेहरूसितै उभिएका छन्, हामीलाई बिदाइ गर्न । म दौडिएर जान्छु सिल्भियाकहाँ । ऊ त सुक्कसुक्क पो गर्दै छे बा ! म पनि सुक्कसुक्क गरिदिऊँ कि क्या हो ! भन्छु "नरो सिल्भिया ! चुरोटको बट्टा र सलाईको बट्टा सप्पै तँलाई भो ! जम्मै झ्यालिन्चा र फट्याङ्ग्रा तँलाई भो । राखी राख्नु ।"

"म अब कोसित खेल्ने कुमार ?", ऊ त झन् ह्वाँ ह्वाँ नै गरी रुन थाली ।

लौ जा त ! म पनि रोइदिन्छु । बिस्तारै बुबा, आमा र बहिनी पिलेन चढ्छन् । प्रहरीहरूले ज्यान तन्काउँदै बुबालाई सलाम ठोक्छन् । पिलेन नेपालगन्जसम्म मात्रै हो । त्यहाँबाट भारतको बाटो हुँदै काठमान्डु जानु छ । म नाथेचाहिँ किन नेपालगन्ज जाने ?

एचजी वेल्सको टाइम मसिन चढ्छु र इन्जिन स्टार्ट गर्छु । अनि, छत्तीस साललाई, सिल्भियालाई उतै जुफाल एयरपोर्टमा छाडी वि.सं. २०६९ सालको काठमान्डु आउँछु ।

पाटनको यो चियागृहमा भेटिएकी सिल्भिया र जुफालकी सिल्भियामा समयको ठूलो अन्तराल छ । समयको यो लामो अन्तरालमा ऊ चिन्नै नसकिने आइमाई भइछे । खल्तीबाट तीर -सलाई- र खुकुरी चुरोट निकालेर झ्यार्र पार्दै सिग्रेट सल्काउँछु । उसलाई हेर्छु धुवाँ उडाउँदै । कहिलेकाहीं समयको अनुहार बडो अमूर्त चीजजस्तो भइदिन्छ, चिन्नै गाह्रो । चिया पिउँदै भन्छु :

- तिमी त बूढी भइछौ सिल्भिया ।

"स्वास्नी मान्छेलाई बूढी हुन अब केको आइतबार ?", उसले स्वाट्ट भनी । मानौं, जवाफ उसको जिब्रोमै झुन्डिएको छ । उसले सलाईको बट्टा खोली हेरी । सिग्रेटको बट्टा खोली हेरी । त्यहाँ फट्याङ्ग्रा र झ्यालिन्चा हुने कुरा पनि त भएन ! दुवै उदास भयौं ।

उसले यताउतिका कुराहरू गरी । मैले पनि जसोजसो बाहुन, उसैउसै स्वाहा गर्दै रहें । कान्तिपुरको 'कोसेली'मा यदाकदा छापिने मेरा क्याजुअल लेखहरू उसले पढेकी रै'छे । किताब निस्केपछि उसले पाटनकै एउटा पुस्तक दोकानबाट रू. २७५ तिरी 'मोक्षान्त : काठमान्डु फिभर' किनेकी रहिछे । भनी :

- मलाई त पत्याउनै गाह्रो भयो । डोल्पाको त्यो फुच्चे/चकचके केटो किताबको लेखक भएछ । हाहाहाऽऽऽ ।

उसको हाँसो मन पऱ्यो । साँच्चिऽऽऽ आइमाईका हाँसो/खित्काहरू किन यति गजबका हुन्छन् नाइँ । "यसमा अटोग्राफ भर्देऊ न त" भनी उसले 'काठमान्डु फिभर'लाई मतर्फ सारिदिई । किताबको पहिलो खाली पेजमा लेखिदिएँ :

॥ झ्यालिन्चा मन पराउने फुच्ची सिल्भियालाई, स्मृति-स्वरूप ॥

दस्तखत पनि गरिदिएँ । किताब पढ्यौ ? कस्तो लाग्यो ? प्रतिक्रिया पाऊँ न है ? यस्ता टाइपका झुर प्रश्न पाठकहरूलाई सोध्ने कहिल्यै रुचि भएन । सिल्भियालाई त झन् यस्तो झ्याउ प्रश्न सोध्ने कुरै भएन । बरु उसैले भनी कि सङ्ग्रहको 'सिल्भिया' कथा उसलाई मन पऱ्यो अरे !

चकित हुँदै भनें :

- त्यस्तो के छ र त्यो कथामा तिमीलाई मन पर्ने ?
- किनभने त्यो कथाको नाम सिल्भिया हो नि त ! - उसले तत्कालै जवाफ दिई ।

कुरा ठीकै हो सायद । कथाको नाम 'सिल्भिया' भएकोमा मलाई खुशी लाग्यो । अब हिंड्नुपर्छ । चियाको पैसा तिर्न खोज्दा उसले अस्वीकार गरी । मैले

खल्तीबाट निकालेको १० रुपियाँको नोट मैले आफ्नै छातीभित्रबाट निकालेको मुटुको टुक्राझैं पो लाग्यो क्यारे उसलाई। लिनै मानिन।

सिल्भियाको चियागृहबाट बाहिरिएँ। कहिलेकाहीं फिक्सनजस्तो लाग्छ यो जीवन, यो समय, यो जगत् अनि यो सृष्टि। माया, मोह, इच्छा, लीला/भ्रान्ति सबै आख्यानका रूपरेखाहरू। मिलन/संयोग र वियोगहरू सप्पै फिक्सनका 'फुटनोट्स' हुन् सायद।

यस्तो बेला कुन गीत गाउनुपर्थ्यो मैले ? यस्तो मुडलाई म्याच गर्ने गीत कुनै गीतकारले लेखेका छन् कि छैनन् ? सिल्भियाको चिया-दोकान छेलिँदै गयो। अनि त्यसपछि किशोर दा प्लस लता दीको फिल्मी गीत 'कब से बिछडे हुए हम आज कहाँ आ के मिलेऽऽ' गुनगुनाउँदै पाटनका रहस्यमय/तान्त्रिक गल्लीहरूमा म गायब भएँ।

***

जीवित देवी मानिने 'कुमारी' को कथा लेख्न मन लाग्या'थ्यो। एउटा भूतपूर्व देवीको कथा पाठकहरूलाई सुनाउने मन थियो। कथाका कच्चा पदार्थहरू बटुल्न काठमान्डुका सांस्कृतिक इलाकाहरूतिर डुली हिँड्थें।

त्यो साँझ (करिब आधा दर्जन वर्षअघिको हिउँदे साँझ) वसन्तपुरको कुमारी घर वरपर मुन्टिएको थिएँ। यसो यताउति टहलेपछि त्यस इलाकामा पाइने आदिम शैलीको भन्न मिल्ने नेवारी खाजागृहभित्र घुसपैठ गर्न मन लाग्यो। कथाको शीर्षक राखें, 'सिल्भिया !' प्लट दिमागको पाठेघरमा भ्रूण अवस्थामा थियो।

खाजागृहभित्र, त्यो पनि नेवारी दारु-महलमा एक्लै, फगत एक्लै के प्रवेश गराइ भयो र ! सोची केही बेर गुमसुमावस्थामा विवर्ण भएँ। कुनै मनले खाएको हितैषीलाई किन नबोलाइयोस् त ! तर, भुसुक्कै के बिर्सेछु भने यो शहरमा मेरो साथी को-कहाँ छ र ? मान्छे यति एक्लो पनि बाँच्छ ?

एकादेशको राजकुमारलाई सेलफोनमा खोजें। उनी डिजिटल नम्बरमा रै'छन्। डायल गरें। साँझको मायावी मौसम थियो/अभिवादन गरें : "गुड मर्निङ राजकुमारजी !" उताबाट नेटवर्कको भ्यागुते ट्वार्रट्वार्र मात्रै आयो। सबैलाई थाहा भएकै कुरा हो। एनटीसी त्यस्तो प्रेमिका हो जो खालि ट्वार्रट्वार्र गर्छे, घुर्की लाउन सिपालु...।

एक-दुई-तीनछिनपछि उतैबाट फोन आयो । आउनुस् भनें । कहाँ भनी उनले सोधे । आउनुस् न इन्द्रजालको संसारमा भनें । ठेगाना बताएँ । "मसित चङ्की श्रेष्ठ पनि हुनुहुन्छ/तपाईंसित परिचय गर्न आतुर हुनुहुन्छ", उनले भने । मैलेचाहिं भनें, "त्यसो भए उहाँको आतुरतालाई चाँडोभन्दा चाँडो व्यवस्थापन गरौं, कि कसो ?"

दारु-महल अब सही अर्थमा तान्त्रिक हुने भयो । दैलोमै स्वागत गरें कविहरूलाई । साँझको बखत छ, मायावी मौसम छ । तसर्थ हात मिलाउँदै राजकुमारले भने, "गुड मर्निङ... ।"

भित्र छिऱ्यौं/बस्यौं ।

"हिजोआज के लेख्दै हुनुहुन्छ कुमारजी !" चङ्की श्रेष्ठले सोधे । 'सिल्भिया' भन्ने कथा लेख्दै छु भनें । (त्यस बेला उनी अभय श्रेष्ठ भइसकेका थिएनन् । आफूले पहिलोपटक त्यही नामले चिनेको भएर होला सायद, उनलाई चङ्की श्रेष्ठ नै भन्छु ।)

मिलान कुन्देरा/मार्खेज/बार्खेज इत्यादिका कुरा गऱ्यौं । ईश्वर, लेखकजस्ता सत्ताहरूको तथाकथित मृत्यु भएको सन्दर्भलाई चर्चा गरी आनन्दका साथ हाँस्यौं । मैले केही निट-दारुलाई क्रमशः पिउँदै गएँ । राजकुमार नपिउने/चङ्की झन् डबल नपिउने ! दुवैले फ्यान्टा घुट्क्याउने । चङ्की सोच्छन्, "तपाईं किन अफ बिट कथाहरू मात्र लेख्नुहुन्छ कुमारजी !"

राजकुमार एक पेग फ्यान्टा घुट्क्याएपछि भन्छन्, "उहाँको (मलाई देखाउँदै) जीवन नै अफ बिट, त्यसैले होला ।" चङ्की पुनः सोध्छन्, "तपाईं फिक्सन मात्रै किन लेख्नुहुन्छ ?" यसको जवाफ पनि राजकुमारसित तयार रैछ । भन्छन्, "उहाँको (मलाई देखाउँदै) जीवन नै फिक्सन हो, त्यसैले होला ।"

फिक्सन फिभरमै हामी अलमलिरह्यौं । फ्यान्टाहरू आउँदा भए/जाँदा भए । प्रश्नोत्तरको सेसन चली नै रहेको थियो । चङ्कीले सोध्दा भए, "म अलि कन्फ्युज्ड भएँ । मान्छेचाहिं तपाईं अफ बिट वा फिक्सनल ? छुट्याउनै गाह्रो भयो ।"

हाँसो उठ्यो । मानौं, त्यो हाँसो अघिसम्म अँध्यारो मुख लगाई/प्रेमिकाको यादमा झोक्राएर कुनामा कुर्सीमा बसेको थियो । अहिले हाँसो (जुरुक्क) उठ्यो । 'भेजा फ्राई' फिल्ममा विनय पाठकको जुन हाँस्ने शैली छ, त्यसैगरी हाँसे । हाऽऽहाऽऽहाऽऽ ।

"नयाँ कथासङ्ग्रह कहिले निकाल्नुहुन्छ, चङ्कीजी ?", सोध्छु । उनले त मलाई उल्टै हकारे, "तपाईंले चाहिं निकाल्नु पर्दैन ?"

"सिल्भिया कथा त लेख्न सकिरा छैन । सङ्ग्रह अब कताबाट ल्याउने ?", खित्का छाडी भनेपछि एक, दुई, तीन राउन्ड हाँसोको गुन्जन वरपर फैलियो । गब्बर सिंहका ग्याङहरू पनि 'शोले'मा त्यसरी के हाँसेका थिए र ! गुडबाई गर्ने समय दैलोबाट फुत्त भित्र छिरी पो गयो । हामी दैलोबाट बाहिरियौं । राजकुमारसित हात मिलाउँदै पुनः "गुड मर्निङ, सी यु सम अदर डे" भनें । हाम्रा अभिवादनहरू अलि अजीव हुने गर्छन् । मध्यरातमा गुड आफ्टरनुन/बिहान गुड इभिनिङ यस्तै यस्तै... ।

कुमारी घरअगाडि कति बेरसम्म ठिङ्ग उभिएँ, थाहा भएन । दिमागमा भूतपूर्व जीवित देवीले आत्महत्या गर्दै थिई । त्यसपछि केही थाहा भएन । दिमाग ब्ल्याङ्क सिडी चक्काझैं भयो । कति बेला कहाँ ढलें होस भएन ।

अर्को बिहान ब्युझँदा आफूलाई मैले प्रहरीको अतिथि कक्षमा फेला पारें । मलाई जतनका साथ भुईंमा ओछ्यान लगाई सुताइएको रहेछ । घाँटीमा टाई झुन्डिएको थियो । ज्याकेटमा हिलो लागेको थियो । जुत्ताको हालत पनि राम्रो त कहाँ थियो र ? छेवैमा एउटा फुच्चे केटो पनि कम्बल ओढी सुतिरहेको थियो । त्यसलाई कोट्याएर उठाएँ । धारा कहाँ छ भनी सोधें । आँखा मिच्दै उसले आउनुस् भन्यो । उसैको पछि लागें । धारामा आफूलाई धोइपखाली गरें । आँगनमा ओहोरदोहोर गरें । न्युरोड, विशाल बजार प्रहरी बिटको पाहुना भएको रहेछु । कोठाभित्र गएँ । प्रहरी निरीक्षकले "गुड मर्निङ" भन्यो । सेम टु यु सर भनें । उसले भन्यो :

- तपाईंलाई हामीले शोभा भगवतीको गल्लीबाट उठाएका हौं । तपाईं बेहोसी अवस्थामा लर्बराउँदै हिंडिरहनुभएको थियो । कुनै दुर्घटना नहोस् भनी तपाईंलाई भ्यानमा राख्यौं र यहाँ ल्यायौं । यसो त गर्नु भएन नि ! कमसेकम आफ्नो टाईको त इज्जत राखिदिनुपऱ्यो, कसो ?

आफ्नो दुर्दशाप्रति शोक मनाएँ । आफूलाई त्यसरी उठाएकोमा इन्सपेक्टरलाई धन्यवाद दिएँ ।

- तपाईंका सम्पूर्ण सामान त सकुशल छन् ? - उसले केरकार गऱ्यो ।
- मेरो सेलफोन छैन । बाटोमा कतै खस्यो होला । - भनें ।
- राति तपाईं सिल्भिया, सिल्भिया भनी बर्बराइरहनुभयो । को हो सिल्भिया ? - सोध्यो ।
- मेरो कथाकी नायिका । - यति मात्रै भनें ।

शोभा भगवतीको गल्लीमा के गर्दै थिएँ म गत रात ? कुमारी घरबाट त ट्याक्सी चढेर म पाटन लाग्नुपर्ने ! तान्त्रिक इलाकातिर कसरी पुगेछु ! कसो घाटमा गइएनछ ! सायद घाटैतिर जानका निम्ति पो हिँडिरहेको थिएँ कि ! गड नोज ! बीचैमा प्रहरीहरूले पक्रेर सायद ठीकै पो गरेका हुन् कि त !

इन्सपेक्टरले रजिस्ट्ररमा केही लेख्न थाल्यो । मेरो नाम, वतन, पेसा, उमेर सबैको टिपोट गऱ्यो । मोबाइल फोन हराएको टिप्पणी पनि उठायो । अन्तमा, यहाँनिर दस्तखत गर्नुस् भनेपछि दस्तखत पनि गरिदिएँ । हाँस्दै भन्यो, “कथा लेख्नुहुँदो रहेछ । हाम्रै प्रहरी डिपार्टमेन्टका साथी महेशविक्रम शाह पनि राम्रा कथा लेख्नुहुन्छ । तपाईंले पढ्नुभा'छ उहाँका किताबहरू ?” मैले जवाफमा मिस्टर मविशाका केही कथाको आफू फ्यान भएको किटानी जाहेरी दिएँ ।

“तपाईंले लेखिरहेको कथाको प्लट सुनाउन मिल्छ भने सुनाउनुस् न !”, उसले आग्रह गरेपछि मैले उसलाई ‘सिल्भिया’ कथाको मोटामोटी रूप सुनाएँ । अहिले सम्झँदा हाँसो आउँछ । एउटा फिक्सन डिजाइनर एकाबिहानै प्रहरी निरीक्षकलाई आफ्नो आगामी कथाको न्यारेसन गरिरहेछ । त्यो पनि कहाँ भने, पुलिस कस्टडीमा । कस्तो हाँस्नुपर्ने कुरा !

जीवनमा यस्ता घटनाहरू पनि हुँदा रहेछन् । नत्र त जीवनको एड्भेन्चर नै कहाँ खोज्न जाने ? सुनिसकेपछि इन्सपेक्टरले भन्यो, “महेशविक्रम शाहको जस्तो हैन रै'छ । अलि बेग्लै रै'छ तपाईंको कथा । जे होस्, जाबो एउटा नेपाली कथा लेख्नका लागि तपाईंले ठूलै मूल्य चुकाउनुपऱ्यो । हेर्नोस् न ! मोबाइल हराउनुभयो । एक रात खोरमा बिताउनुपऱ्यो ।”

“जाबो एउटा नेपाली कथा !” मुटुभित्र उसको वचनले कता-कता सियोले झैं घोच्यो । आत्था ! मुटु दुख्यो । बालकृष्ण समले यस्तै पीडाहरूमाझ ‘मुटुको व्यथा’ लेखेका पो हुन् कि ! जाबो एउटा नेपाली कथा !

आफ्नो मुटु सम्हाल्दै खोरबाट बाहिरिएँ ।

हप्तादिन पढाउन गइनँ । कथा लेख्नका निम्ति कहिलेकाहीं संसारदेखि, समयदेखि अवकाश लिनुपर्छ । सांसारिक हाजिरी कापीमा गयल भइदिनुपर्छ । कथा लेख्न बसें । ओपनिङ लाइन यसरी कोरें : “सधैं व्यस्त हुन रुचाउने प्रख्यात मस्तिष्कले जब तपाईंको आत्मामाथि विचारको निरङ्कुश सत्ता प्रत्यारोपण गर्ने प्रण गर्छ, त्यस बेला तपाईंलाई अवश्य पनि क्याजुअल बिदाको आवश्यकता पर्छ ।”

***

प्रिय पाठक !

कहिलेकाहीं आफ्नो जिन्दगी मलाई फिक्सनझैं लाग्छ । कुमार नगरकोटी इज जस्ट अ गड-ड्याम-फिक्सनल क्यारेक्टर आफ्टर अल, भन्छु । तपाईं त्यो फिक्सनल पात्रलाई आफ्नो मुडको सुविधाअनुसार गड-ड्याम रचनाहरूमा, कथाहरूमा खोजी हिंड्नुहुन्छ । म पनि उसलाई खोजी हिंड्छु । यो क्याजुअल लेखमा वर्णन गरिएझैं उसलाई म कहिले सिल्भियाको चियाघरमा भेट्छु । कहिले प्रहरी अधिकृतसामु एकाबिहान 'सिल्भिया' कथाको प्लट सुनाइरहेको अवस्थामा भेट्छु ।

तर, कति सजिलै अधिकृतहरू भनिदिन्छन् : जाबो एउटा नेपाली कथा... ।

साँझको बेला छ । यो क्याजुअल-लेखको पुछारमा आइपुगेको छु । नयाँ वर्ष वि.सं. २०६९ सोफामा चुपचाप बसेको छ । गुरु रिम्पोचे भुईंमा बसी 'मोक्षान्तः काठमान्डु फिभर'मा पेन्सिलले जथाभावी कोर्दै छ । उसको पिताको नाम त्यो पुस्तकको आवरणमा किन लेखिएको छ ? उसलाई थाहा छैन । त्यसैले सिसाकलमले केरमेट गरिरहेछ । मलाई पनि कहिलेकाहीं जिन्दगीका प्रसङ्गहरू केरमेट गर्न मन हुन्छ । गुरु रिम्पोचेलाई भोलि नै गई नर्सरी कक्षामा भर्ना गरिदिनुपऱ्यो ।

भोलि स्कुलबाट फर्केपछि आफ्नो झोलालाई जथाभावी फ्याँकी उसले मलाई भनोस्, "पापा ! जिन्दगीलाई केरमेट गर्न सकिंदैन । अनि छ नि पापा, लाइफ इज नट अ फिक्सन ! देन वाई दिस कोलाबेरी डी !"

- तिमीलाई कसले भन्यो यस्तो कुरा ? - म उसलाई सोध्नेछु ।
- हाम्री मिसले । - उसले भन्नेछ ।
- तिम्रो मिसको नामचाहिं के नि ? - म सायद यस्तै केही प्रश्न गर्नेछु ।

गुरु रिम्पोचेले आफ्नो मिसको नाम सम्झँदै भन्नेछ :

- मिस सिल्भिया शाक्य !

टाइम्स अफ अक्षरगन्ज

कुन्नि कुन सिन्थेटिक आत्माको ऋण खाएको रहेछु ! भट्किरहन्छु यहाँ/त्यहाँ कुन्नि कता कहाँ ! प्रतिपदाको जून रिपब्लिक-आकाशमा तुर्लुङ्ग झुन्डिएकी छे । कस्तो हिस्सी नपरेकी गोरी गोरी रात ! सडक चकमन्न छ ।

बिनासामान प्रस्थान गर्नु छ काठमान्डुबाट । जीवनबाट । जगत्बाट ।

शहरमा रात्रिबस गुड्न थालेपछि मजस्ता अनिद्राका रोगीहरूलाई केही राहत मिलेको छ । अ गिफ्ट ह्याम्पर ! केही दिनदेखि सडकका भुस्याहा कुकुरहरूले मलाई मध्यरातमा, ग्वार्को चोकमा देख्न थालेका छन् । पहिलेपहिले ती जन्तुहरू मलाई देखी सातो जाने गरी भुक्थे । हिजोआज त्यस्तो गर्दैनन् । कुकुरहरूले मलाई आफ्नै/साख्खै 'विरादरी'को ठान्न थालेछन् क्यारे !

सडकछेवै रात्रिबस कुरेर बसेको छु । खलिल जिब्रान लिन आउँछु भन्थ्यो । कालो भक्स वागन छाडी ऊ आजकल नाइटबस चलाउन थालेछ ! तसर्थ, प्रतीक्षा गरिरा'छु । कुर्ने, ढुक्ने, प्रतीक्षा गर्ने हाम्रो राष्ट्रिय आदत/स्वभाव भइसकेछ ! थाहै थिएन । देशको संविधानलाई कहिलेसम्म पर्खने, प्रतीक्षा गर्ने ? एक थान संविधान कहिले आउने ? मेरो रात्रिबस कहिले आउने ? घडी हेरेको छु । रातको ११ बजेर १२ दशमलव शून्य पाँच भइसक्यो ।

केही दिनअघि मेरो नोकियामा जिब्रानको सन्देश आएको थियो :

"मिस्टर नगरकोटी ! भक्स वागन ग्यारेजमा थन्किएको छ । हामी यसपटक नाइट बस चढी अक्षरगन्ज जाने है त ! शनिबारको रात ११ बजेर १२ दशमलव शून्य पाँचमा म तिमीलाई ग्वार्को चोकबाट पिकअप गर्छु । ओके ?"

मैले ओके गरेको थिएँ । नभन्दै खलिलको नाइट बस मेरो छेवै घ्याच्च रोकियो ।

बिस्तारै बा१ख २०१२ चढ्छु । जिब्रानसँग हात मिलाउँछु । परिचित हाँसोमा भन्छ, "पछिल्लोपटक अक्षरगन्जमा, भ्यानगगको नाइट क्याफेको ग्यालरीमा तिमीले आफ्नो ओभरकोट बिर्सेर आएका थियौ । मिस्टर नगरकोटी ! त्यही लिने बहानामा अक्षरगन्ज जाऔं, कसो ?"

अ नाइस आइडिया, आफ्टर अल !

गाडी फुल स्पिडमा गुड्न थाल्छ । चक्रपथ छेउछाउ काठमान्डु सिरक ओढी निदाउन थाल्छ । गाडीको एकोहोरो आवाजमा बच्चु कैलाशको नोस्टाल्जिक गीत गुन्जिन्छ : "टाढा-टाढा जानु छ साथी... ।"

***

काउचमा एक वृद्ध भलाद्मी बायाँ ढल्केर बसेका थिए । ती बूढा नजिकैको कफी टेबलबाट सिगार पाइप उठाउँथे, लाइटरले सल्काउँथे र एक पफ धुवाँ उडाइसकेपछि सिगार पाइप निभाउँथे । नाइट क्याफेको ग्यालरीमा छु । आफूलाई कर्नरको सोफामा थपक्क राखेको छु ।

भ्यानगग भलाद्मीका पोट्रेट स्केच गर्दै थिए क्यानभासमा । ब्रस समातेको हातले वृद्धलाई इसारा गर्दै भ्यानगगले भनेको सुनियो, "मिस्टर नित्से ! एकपटक फेरि सिगार सल्काउनुस् त ! तपाईंको फेसियल एक्सप्रेसन अलि भद्दा आयो ।"

काउचका बूढा फ्रेडरिक नित्से रैछन् । अनुहारलाई नियालेर हेर्छु । कस्तो निर्दोष ! दुब्लो, पातलो ज्यान । चुरोटको ठुटाजस्तो ! यस्ता पिलन्धरे बूढाले 'ईश्वर मृत्युको घोषणा' कसरी गर्न सकेका होलान् ! यस्तैमा कफी-ब्रेक भयो ।

टेबलबाट नित्सेको सिगार उठाएँ । सल्काएँ । धुवाँ उडाउदै बूढालाई झपारेँ, "ईश्वर मरेको घोषणा किन गरेको ?"

बडो शान्त मुद्रामा उनले त यसो भने, "वास्तवमा, केही युगदेखि मेरो आत्मा तनावमा थियो । मेरो प्रिय कुकुर पनि मऱ्यो । त्यसलाई मैले आफ्नै बगैंचामा गाडिदिएँ । उसको मृत्युको शोक मनाउँदै मैले 'डग इज डेड' भन्ने लामो लेख लेखेँ तर मेरो दुर्भाग्य हेर्नोस्, पत्रिकामा प्रकाशित हुँदा 'डग'को साटो 'गड' भएछ ! गड इज डेड हुन पुगेछ । वास्तवमा, त्यो केवल एक प्रिन्टिङ मिस्टेक थियो । प्रुफरिडरको सामान्य त्रुटि थियो/गल्ती थियो । मैले त्यसलाई एउटा ठट्टा ठानेँ तर संसार त्यसलाई ठट्टा मान्न तयारै भएन ।"

भ्यानगग र म एक राउन्ड मज्जैसित हाँस्यौं । यसो सोचेँ, "संसारमा यस्ता विपठनहरू कति भएका होलान् ? कति जीवनहरू मिसरिडिङको घनचक्करमा फसेका होलान् ? यो अस्तित्व, जगत्, ब्रह्माण्ड नै प्रिन्टिङ मिस्टेकको प्रोडक्ट पो हो कि !" भ्यानगग अझ जोडजोडले हाँस्न थाल्यो ।

- बढ्ता हाँस्ने होइन (भ्यानगगलाई झर्को मानी भन्छु) बरू भन, मेरो ओभरकोट काँ छ ? म आज लिन आ'को ।

भ्यानगगले उदास मुद्रामा भन्यो, "मिस्टर नगरकोटी ! मलाई तिमीले माफ गरिदिनुपर्ने भो । धेरै समयसम्म तिमी आफ्नो ओभरकोट लिन आएनौ । मैले त्यसलाई योगमायाको लिलाम गृहमा लगी बेचिदिएँ । त्यसबाट आएको पैसाले केही ब्रस, क्यानभास र रङहरू किनें । सरी यार !"

म बडो विलखबन्दमा परें ।

***

अक्षरगन्जको आख्याननगरमा यसो बरालिँदै थिएँ दिउँसो । एउटा झल्लु टाइपको मानव फिगरले मेरो ध्यान खिचिदियो । बायाँ खुट्टा खोच्याउँदै त्यो मानिस सुनसान सडकमा हिँडिरहेको थियो । त्यसले ओभरकोट लगाएको थियो । मेरो जस्तै । छ्या, कस्तो नसुहाएको । ओभरकोट त मेरै पो हो कि त ?

फिगरलाई पछ्याएँ । गल्लीको मोडमा पुगेपछि उसको कुमलाई कोट्याएँ । फर्केर मलाई हेऱ्यो । विनम्रताका साथ उसलाई भनें, "मलाई लाग्छ, तपाईंले लगाइरहनुभएको ओभरकोट मेरो हो ।"

- तपाईं को ?

उसलाई आफ्नो नाम बताएँ । भन्न पो थाल्यो, "मिस्टर नगरकोटी ! मेरो नाम चैं निकोलाई गोगोल हो । मैले त 'ओभरकोट' नामक लामो कथा नै लेखेको छु । यो ओभरकोट मेरो आफ्नै हो ।"

- सरी ! - डिच्च परें ।

त्यसपछि गोगोल खोच्याउँदै आफ्नो बाटो लाग्यो । त्यसपछि सिमसिम वर्षा भयो । त्यसपछि कता, कहाँ जाऔं भन्ने दोधारमा परें । त्यसपछि उत्तरतर्फको गल्लीबाट एउटा मानिस फुत्त आएर दृश्यमा मिसियो । उसले याँमानको छाता ओढेको थियो । कस्तो अचम्म ! त्यसले पनि ओभरकोट नै लगाएको थियो । मेरै जस्तो ! आच्या, होइन, मेरै पो हो कि ! त्यो मानिस नजिक आएपछि 'एक्सक्युज मी' भन्दै सोधें,

- यो तपाईंको आफ्नै ओभरकोट हो ?
- हो हजुर ! मेरो आफ्नै हो । अरू कसको पो हुन्थ्यो र ? - नवागन्तुकले भन्यो ।
- यहाँ योगमायाको लिलामगृह कहाँ होला, थाहा छ तपाईंलाई ?

- किन थाहा नहुनु ? मसितै हिँड्नुस् । म देखाइदिउँला । कुरा के हो बन्धु, तपाईं अलि चिन्तामा हुनुहुन्छ जस्तो छ नि !
- म आफ्नो ओभरकोट खोजिरै'छु । भ्यानगगले मेरो ओभरकोटलाई योगमागाको लिलामगृहमा बेचिदिएछ ।

म वास्तवमै दुखी छु बन्धु भन्दै उसले ओभरकोटको बटन लगायो । यसो गर्दा उसको खल्तीबाट एउटा अखबार बाहिर चियाउन थाल्यो । अक्षरगन्जमा पनि खबरकागज पाइँदा रै'छन् ! पहिले थाहै पाइएन । नवागन्तुकलाई सोधेँ, "यो कुन न्युजपेपर हो ?"

उसले खल्तीबाट अखबार निकाल्दै मलाई दियो र भन्यो, "लिनुस्, तपाईं आफैँ पढ्नुस् ।" लिएँ । पत्रिकाको नाम हेरेँ, 'टाइम्स अफ अक्षरगन्ज ।'

एउटा विशाल पार्क आइपुग्यो । पार्कभित्र ठूलो होर्डिङ बोर्ड देखेँ, "योगमायाको लिलामगृह ।" नवागन्तुकले मलाई भन्यो, "तपाईंको ओभरकोट त्यहीँ भेटिएला । तपाईंको आजको बाँकी दिन शुभ होस् ।"

- तपाईं चैं को ? - जिज्ञासावश सोधेँ ।
- म टाइम्स अफ अक्षरगन्जको प्रधान सम्पादक हुँ । - उसले बेवास्तापूवर्क भन्यो ।
- तपाईंको नाम चैं के ?
- मोतीराम भट्ट ।

***

रोजा लक्जेम्बर्गको लजमा बसोबासको बन्दोबस्त/व्यवस्था गरेको छु । रोजा शिष्ट र शालीन लाग्छिन् । अक्षरगन्ज आएको पनि आज तेस्रो दिन भयो । खलिल जिब्रानको अत्तोपत्तो छैन । कहाँ गयो ? रोजा प्रायः चिया पिउँदै मसित चे ग्वेभारा, मार्क्स, लेनिनका कुरा गरिबस्छिन् । म उदास हुन्छु ।

दिउँसो योगमायाको लिलामगृह गएको थिएँ । मेरो दुर्भाग्य ! मेरो ओभरकोट लिलाम बढाबढमा बिक्री भयो । आफ्नै आँखासामु आफ्नो सम्पत्ति सशुल्क लुटिएको देख्नुपर्‍यो । यस्तो पनि जीवनमा देख्नुपर्दो रै'छ । मन खिन्न भयो । पुराना कुराहरू सम्झेँ/सोचेँ :

१. श्रीमतीजी उर्फ सावित्री कार्की मेरो ओभरकोटलाई कति मज्जासित सजाएर राख्थी । इस्त्री लगाएर चिटिक्क पार्थी । ओभरकोट लगाई कुनै प्रिय लेखकको पुस्तक विमोचनमा जान थाल्दा, मुस्कुराउँदै भन्थी, "तपाईंलाई ओभरकोट कस्तो सुहाएको !"

२. फुच्चे गुरू रिम्पोचे ओभरकोटभित्र गर्लम्म गरी ढोकाछेउ अथवा मैले कविता लेख्ने टेबलमुनि हाइड एन्ड सिकको भाखामा लुकी बस्थ्यो र भन्थ्यो, "पापा, म कहाँ छु ?"

मेरो ओभरकोट खरिद गर्ने भलाद्मी योगमायाको लिलामगृहको गेटबाट निस्कनै लाग्दा मैले उसको बाटो रोकें। भनें, "यो ओभरकोट मेरो हो। मलाई दिनुस्।"

- तपाईं को ? - उसले सोध्यो।
- म कुमार नगरकोटी। - रूँलारूँलाझैं गरी भनें।
- के ग्यारेन्टी छ ? - प्रश्न गऱ्यो।
- कस्तो ग्यारेन्टी ? - सोधें।
- तपाईं कुमार नगरकोटी भन्ने के ग्यारेन्टी छ ?
- मेरो अनुहार मेरो ग्यारेन्टी हो। - अत्यास लागेर भनें।
- तपाईंको अनुहार कुमार नगरकोटीको हो भन्ने के ग्यारेन्टी छ ? - पो भन्छ बा ! म, त्यसपछि फिस्स/फिस्स मात्र होइन, टाइँ टाइँ फिस्स भएँ।

***

"तपाईंको आज के खाने इच्छा छ ?", शङ्करलाई सोध्छु। लामिछानेको मुड, मुद्रा कुनै भग्न मन्दिरको भित्तामा टाँसिएको रामगोपाल वर्माको कुनै फिल्मी पोस्टरझैं झुर थियो। उसले टर्रो जवाफ दियो, "मेरो इच्छा त तिमीलाई रोस्ट बनाई खाने छ। पिरोपिरो मसालेदार रोस्ट।"

हातको इसाराले वेटर ब्रोलाई बोलाएँ। उसले कन्टिनेन्टल मेनु लिई आयो। ब्रोलाई सोधें, "ब्रदर ! मलाई रोस्ट बनाउन मिल्छ ?"

- मिल्दैन हामीकहाँ त्यस्तो सुविधा छैन। - भन्यो।
- त्यसो भए, के कस्तो सुविधा छ त ? - शङ्कर लामिछानेको जङ्गी प्रश्न।

शङ्कर बूढा यसरी रेनेसाँ-रेस्टुराँमा त्यसरी किन रिसाएको होला ? वेटर-ब्रोलाई मदिरा, सितनको अर्डर गरें। ब्रो गइसकेपछि लामिछाने कुल डाउन भयो। काठमान्डुबाट उसको निम्ति मैले कुनै पुस्तक पत्रिका नल्याइदिएकोमा त्यस्तो तामसिक आक्रोश उजागर भा'रै'छ। उसको राज-ए-बयाँ यस्तो थियो :

- मिस्टर नगरकोटी ! अक्षरगन्ज आउँदा सदा किताबहरू उपहार ल्याउँथ्यौ। यसपालि ल्याएनौ। नयनराज पाण्डेको 'लु' पढ्ने इच्छा थियो। नारायण ढकालको 'शोकमग्न यात्री' पढ्ने रहर थियो। श्यामलको 'हतारमा यात्रा'

पढ्ने कत्रो रहर थियो । अमर न्यौपानेको 'सेतो धरती' पढ्ने धोको थियो । मिस्टर नगरकोटी ! तिमीले धोका दियौ । मधुपर्क, रचना, गरिमाका नयाँ अङ्क पढ्ने सपना थियो । उडायो सपना सबै हुरीले... ।

हाहाहा ! हाहा !! हा !!! राक्षसझैं हास्ने को रै'छ यो ? अट्टाहास आएतर्फ फर्केर यसो हेरी भ्याउँछु । खलिल जिब्रान रै'छ । शङ्करसित हात मिलाउँदै अझै दानवीय हाँसो खित्खित् गर्दै भन्न थाल्यो, "यार शङ्कर ! प्लिज कुल डाउन ।"

लामिछाने कुल डाउन भएपछि काँचका गिलासमा जिन्दगी छचल्किन थाले/छिल्लिन थाले । चियर्स गर्दै जिब्रानले आफ्नो राजकीय (राक्षसीय) हाँसोको रहस्य यसरी खोल्यो :

- कुरा के भने लामिछाने, ध्यानसित सुन । काठमान्डुमा असोज ४ गते अर्थात् सितम्बर २०, सन् २०१२, वृहस्पतिबारदेखि 'इन्टरनेसनल लेटरेचर फेस्टिभल'को भव्य आयोजना हुँदै छ । त्यसैका निम्ति बैरागी काइँला, डा. ध्रुवचन्द्र गौतम आदिहरूले चोभारको डाँडामा गई दामी फोटो सुट गरिसके । देशी/विदेशी लेखकहरूको मेला नै लाग्दै छ ।
- त्यसो भए म के गरूँ त, नाचूँ ? - शङ्करको खुलदुली ।
- हामी अक्षरगन्जका लेखकहरूलाई लिन आ'को । फेस्टिभलमा सुनमा सुगन्ध थप्न । रात्रिबस नै ल्याएर आ'को छु । - जिब्रानले भन्यो ।

लौन नि, गाँठे ! जिब्रान के भन्दै छ ? कतै गाँजा भाङ खाई आएको त छैन ? धतुरो त पक्कै खाएको हुनुपर्छ । मेरो मनोभाव अनुमान गरेझैं खलिलले भन्यो, "मिस्टर नगरकोटी ! अचम्म नमान यार ! मैले यो कुरा तिमीलाई भनेको थिइनँ । नत्र सरप्राइज नै कहाँ रहन्थ्यो र ?"

- तर, जिब्रान मेरो ओभरकोट ! - भनें ।
- चिन्ता नगर, ह्याप्पी इन्डिङ कसो नहोला !

शङ्करले एक पेग घुट्क्यायो । त्यसपछि उसको आइब्रो तन्कियो, वेटर ब्रोले पनि आफ्नो आइब्रो तन्काउँदै लामिछानेको गिलास भरिदियो । जिब्रानले यसो भन्यो, "नाउ लिसन टु मी, शङ्कर । साहित्यिक महोत्सवमा लेखकहरू स्वयम्ले नै हस्ताक्षर गदिदिएको पुस्तक लिने, कि कसो ? जगदीश घिमिरेले आफ्नो नयाँ उपन्यास 'सकस' तिमीलाई सप्रेम उपहार दिनेछन् । पपुलर फिगरहरू प्रदीप गिरी, सीके लाल, चैतन्य मिश्र, सुधीर शर्मा, सुनिल पोखेल, अनुप बराल, अशेष मल्लहरूका डिस्कोर्स सुन्ने । कुन्साङ काकाले तिम्रो किताबमा हस्ताक्षर गर्दै लेख्नेछन्, "टु शङ्कर लामिछाने, विथ लभ फ्रम खगेन्द्र सङ्ग्रौला ।"

- क्याबात्/क्याबात् ! - शङ्कर उत्साहित भयो ।

जिब्रानको योजना अनुसार आगामी शुक्रबार हामी अक्षरगन्जबाट प्रस्थान गर्नेछौं काठमान्डुका लागि । रात्रिबसमा उसले थप जानकारी दियो, "फेस्टिभलका आयोजकका अनुसार अक्षरगन्जबाट जम्मा १७ जना लेखक/स्रष्टाहरू सहभागी हुनेछन् । शङ्कर ! लेखकहरूको सेलेक्सन तिम्रो जिम्मा भो । बिहीबारसम्म सबै कुरा फाइनल हुनुपर्छ नि ! म अहिले 'टाइम्स अफ अक्षरगन्ज'को अफिस जान्छु । प्रधान सम्पादक मोतीराम भट्टसित मिटिङ फिक्स गरेको छु ।"

- क्याबात्/क्याबात् ! - शङ्कर पुनः उत्साहित भयो ।

जिब्रान मेचबाट उठ्यो । बाँकी मदिरालाई स्वाट्ट/घुट्टुक्क पाऱ्यो । जानै लाग्दा कुन्नि के सोचेर टक्क अडियो । मलाई भन्यो, "नगरकोटी ! रोजा लक्जेम्बर्गको लजमा तिमीलाई कुनै असुविधा त पक्कै भएको छैन होला । अँ त, भोलि तिमी र म एउटा फिल्म हेर्न जानेछौं ।"

- कुन फिल्म ? - सोधेँ ।
- शोले । - भन्यो ।
- क्याबात्/क्याबात् !

***

'शोले'को स्पेसल शो आख्याननगरको थियटरमा भव्यताका साथ प्रदर्शन भइरहेको थियो । दर्शकहरूको कत्रो भीड ? जिब्रान र म लाइनमा लाग्यौं टिकट काट्न । यो शोको विशेषता काउन्टरमा पुग्दा थाहा भयो । फिल्मका पात्रहरूलाई आफ्नै छनोटमा हेर्न सकिने रै'छ । कम्प्युटरमा एन्ट्री गर्नुपर्दो रै'छ आफ्नो नाम र सेलेक्ट गरेका पात्रहरूको नाम । काउन्टरवाल्नी मैयाँले सोधी :

- गब्बरसिंहको रोलमा कसलाई हेर्न चाहनुहुन्छ ?

फ्याट्ट मुखमा नाम आइहाल्यो, "पुकदा ।" उसले कम्प्युटरमा एन्ट्री गरी । यसैगरी विभिन्न रोलका निम्ति नाम टिपाएँ क्रमशः श्री श्री माकुने, ओलीजी, सुकोजी, श्रीमान् सुचने अर्थात् सुवासचन्द्र नेम्बाङ, शेबदेजी, झनाख महोदय, मिसेज एस कोइराला, श्री रामचन्द्रजी इत्यादि...

फिल्म शुरू भयो । अक्षरगन्जमा यो मेरो नितान्त नौलो अनुभव थियो, त्यसैले अविस्मरणीय पनि । शोलेका केही प्रसङ्ग, संवादहरू पाठकसामु जस्ताको तस्तै राखूँ क्यारे !

प्रसङ्ग १

झनाख महोदय प्लस ओलीजी मोटरसाइकलमा गीत गाउँदै देखा पर्छन्, "ये दोस्ती हम नही तोडेंगे, तोडेंगे दम मगर तेरा साथ ना छोडेंगे... ।" त्यसपछि पर्दामा जेलको दृश्य देखा पर्छ । जेलर अर्थात् श्री श्री माकुने आफ्ना जवान सिपाहीहरूका साथ आउँछन् र उर्दी जारी गर्छन् :

"हमारी इजाजतके बगैर यहाँ परिन्दा भी पैर नही मार सकता, हाहा ।" एउटा परेवा आएर उसको काँधमा बस्छ । जेलर तर्सन्छ । डायलग जारी राख्छ, "इतने सालों से हम सुधर नही सके तो तुम लोग क्या खाक सुधोगे, हाहा ।"

प्रसङ्ग २

वसन्तीको टाँगामा चढेका छन्, दुई हिरो । टाँगा रामगढ जाँदै छ । झनाख महोदय अघिल्लो सिटमा बसी बसन्ती उर्फ मिसेज एस कोइरालासितै च्याप्पिएर बसी बकबक गरिरहेछन् । मिसेज एस फतरफतर गर्छिन् :

- चुँकी तुमने हमारा नाम तो नहीं पुछा ?
- बताओ, बताओ... । - झनाख महोदय मुख मिठ्याउँछन् ।
- तुम्हारा नाम क्या है, वसन्ती मैयाँ ? - कोल्टे फेर्दै ओलीजी झर्कन्छन् ।
- चल् धन्नो भन्दै वसन्ती टाँगा कुदाउँछे ।

प्रसङ्ग ३

कालियाको ग्याङ रामगढमा अनाज लुट्न आएको छ । केही बेर घमासान लडाइँ भयो । "चल् धन्नो आज तेरी इज्जतका सवाल है" भन्दै मिसेज एस कोइराला पनि टाँगासितै युद्ध मैदानमा देखा परी । भाडाका दुई हिरोले कमाल गरे । ठाकुर 'बहोत' खुशी भयो ।

अन्ततः कालिया शिर निहुराएर चुपचाप उभिन बाध्य भयो । बिचरो कालिया ! अनाज त पाएन, बरू उल्टै ठाकुर उर्फ श्री रामचन्द्रजीको धम्कीपूर्ण डायलग चुपचाप सुन्नुपर्‍यो, "गब्बर से कहो । रामगढवालो ने पागल कुत्तों को दाना डालना छोडदिया है ।"

प्रसङ्ग ४

गब्बरसिंको अड्डा । गब्बर उर्फ पुकदा कुम हल्लाउँदै, हातमा बेल्ट हल्लाउँदै चट्टानमा ट्वाक्क/ट्वाक्क हिँडडुल गरिराछन् । रामगढबाट खाली हात फर्की आएका ग्याङका तीन सदस्यहरू मुन्टो निहुराउँदै उभिएका छन् । गब्बर गर्जन्छ, "कितने आद्मी थे ?"

कसैले जवाफ दिन्छ : "दो सरदार !"

"और तुम तीन (जङ्गिँदै/खैनी मोल्दै) क्या सोचकर आएथे ? गब्बर खुस होगा ? सब्बासी देगा ? अरे ओ साम्भा ! सरकार हम पर कितने इनाम रखे है ?"

साम्भा उर्फ सुकोजी दाह्री कनाउँदै भन्छन् : "पूरा पचास हजार ।"

"इसका मतलब ये हुआ (गब्बर गर्जंदै/कुम हल्लाउँदै) ऽऽऽ यहाँ से पचास/पचास मिल दूर गाँवोमे, मने ऽऽऽ जब कोई बच्चा रोता है/तो उसकी माँ कहती है मने ऽऽऽ सोजा बेटा सोजा, नहीं तो गब्बर आएगा । (तीन जनालाई थर्काउँदै) और इन तीनो ने गब्बरका नाम मने ऽऽऽ मिट्टीमे मिलादिया । (रिभोल्भर घुमाउँदै) इसका सजा जरूर मिलेगा ।"

किन्तु/परन्तु, गोली पड्कँदैन । बिचरो कालियालाई सोधिन्छ : "अब तेरा क्या होगा, कालिया ?"

कालिया उर्फ शेबदेजी डराउँदै भन्छन्- "सरदार, मैने आपका नमक खाया है ।"

- अब गोली खा !

गोली पड्कँदैन । सरदार हाँस्न थाल्छ । ग्याङका सबै सदस्यहरू अट्टाहास छाड्दै, पेट मिचीमिची हाँस्दै हाँस्दै गर्दा तीनपटक गोली पड्कन्छ : ढिचकिउँ, ढिचकिउँ, ढिचकिउँ । त्यसपछि पिन ड्रप साइलेन्स । सुर्तीको फाँको मुखमा हाल्दै सरदार भन्छ : "जो डर गया, सम्झो मर गया । थूऽऽऽ ।"

भुइँमा थुक्छ ।

प्रसङ्ग ५

भीडमा घना सन्नाटा छाएको छ । अन्धा एके हङ्गल साहब (माफ गर्नुस्) श्रीमान् सुचने सेतो छडीले भुईंमा छामछुम गर्दै भिडमा लर्खराउँदै छिर्छन् ।

भुईंमा/भीडमाझ संविधानसभाको डेड बडी छ ।

झनाख महोदय, ओलीजी, मिसेज एस कोइराला एकार्कालाई टुलुटुलु हेरी बसेका छन् । गहिरो शून्यता व्याप्त छ । संविधानसभाको शवलाई छाम्दै श्रीमान् सुचनेको शोकमग्न आवाज वातावरणमा गुन्जिन्छ : “इतना सन्नाटा क्यूँ है भाइ ?”

***

रोजा लक्जेम्बर्गको लजसामु रात्रिबस स्ट्यान्ड बाई पोजिसनमा छ । यात्रीहरू क्रमशः बस चढ्दै छन् । खलिलको चुरीफुरी हेर्न लायकको छ । बालकृष्ण सम, गोपालप्रसाद रिमाल, ईश्वर बराल आ–आफ्नो सिटमा बसेका छन् । सरदार यदुनाथ खनाल प्लस पारसमणि प्रधान पनि लौ भर्खर आए ।

भूपि शेरचन र हरिभक्त कटुवाल ‘गुफतगु’ मा मस्त छन् ।

गुरूप्रसाद मैनाली दौरा सुरुवालमा कस्तो ह्यान्डसम देखिएका !

ईश्वर वल्लभ मसित हात मिलाउँछन् । भन्छन्, “ओई नगरकोटी, तिमी मेरो बबरमहलको घरमा मलाई भेट्न आ'का थियौ, होइन ?”

- हो । - भनेँ ।
- तर, मेरो अन्तिम संस्कारमा, मेरो लासमा फूल चढाउन त आएनौ ?
- सरी सर ! - भनेँ ।
- ठीकै छ । केही छैन ।

जिब्रानले गाडी स्टार्ट गर्‍यो । शङ्कर र मोतीराम भट्ट पनि आइपुगे । प्रधान सम्पादकले सबैलाई पत्रिका बाँडे । सबैले ‘टाइम्स अफ अक्षरगन्ज’ पढ्न थाले । हृदयचन्द्रसिंह प्रधान प्लस कृष्णचन्द्रसिंह प्रधान पछिल्लो सिटमा उज्यालो मुहार-मुद्रामा विवर्ण थिए ।

घडी हेरेको छु । अब रातको ११ बजेर १२ दशमलव शून्य पाँच भइसकेको छ । यस्तैमा रोजा लक्जेम्बर्ग हातमा प्लास्टिकको झोला बोकी मसामु आएकी छे फेयरवेल, गुडबाई, सायोनारा गर्न । प्लास्टिकको झोला मलाई थमाउँदै रोजा भन्छे :

- तिम्रो ओभरकोट तिमीलाई उपहार भो, योगमायाको लिलाम-गृहमा यसलाई एडगर एलन पोले किनेको थियो । तिमीलाई यो फिर्ता दिनू भनी पोले भनेको छ । गुडबाई । तिम्रो यात्रा सुखद रहोस् ।

ओभरकोट लिई गाडी चढें । खलिल जिब्रानले मलाई आँखा झिम्कायो । उसले भनेको कुरा सम्झें : चिन्ता नगर । ह्याप्पी एन्डिङ कसो नहोला ! काठमान्डुको साहित्यिक महोत्सव : २०६७ मनाउन हिंडेका अक्षरगन्जका लेखक, स्रष्टाहरूलाई बोकी रात्रिबस नं. बा१ख २०१२ सडकमा गुड्न थाल्यो । गाडीको एकोहोरो आवाजमा बच्चु कैलाशको नोस्टाल्जिक गीत गुन्जिन थाल्यो :

ऽऽऽटाढा टाढा जानु छ साथीऽऽऽ

एस-ट्रे

एस-ट्रेमा निभाइएको एउटा ठूटो चुरोटले भन्यो :

- मेरो लुक्स कस्तो छ ?

अर्को ठूटो चुरोटले भन्यो :

- तेरो लुक्स नगरकोटीको ओठमा झुन्डिएर आत्महत्या गरेको खुक्सजस्तो छ ।

मैले एस-ट्रेलाई डस्टबिनमा फ्याँकिदिएँ ।

मृत्युको अन्तरिम इच्छा

सिन्धुलीगढीको ओरालोमा एक टुक्रा साँझ खस्यो ।

मेरो सडेगलेको मन विदीर्ण एवम् व्यथित थियो । कुनै बखत पृथ्वीनारायण शाहका गोर्खाली फौजहरूले बनाएको ऐतिहासिक युद्ध-किल्ला पनि उदास, उजाड देखिन्थ्यो । सुदूर इतिहास भन्छ : यिनै चट्टानी किल्लामा अड्डा जमाई गोर्खाली फौज वीरतापूर्वक लडेका थिए अङ्ग्रेज सेनाहरूसित । आफ्नो ग्ल्यामरस अतीत कुरेर बसेको थियो गढी ।

किंवदन्तीझैं लाग्ने किल्लामा म मौन, चुपचाप छु । इतिहासले प्रशस्त धुलो जमाएको छ यहाँ । दिवङ्गत आत्माहरूको अर्केस्ट्रा-खित्काहरू कतै सुनिँदैन । जङ्गली रुख, झाडीहरूमा केवल रोगी बतास एक तमासले सुसाइरहन्छ ।

भग्नावशेष किल्ला छेवैको भित्तामा बुबाको अपार्थिव देह अडेस लागेको छ । उहाँलाई बोकिएको बाँसको डोको पनि त पुरानै छ, थोत्रो छ । अर्वुदरोगले गालेको बुबाको अविश्वसनीय शरीर हेर्दा मन कटक्क दुख्छ । सोधेको छुः

- बा ! तिर्खा लाग्या छ ? पानी खाने हो ?

पिउँदिन भनी बुबा मुन्टो हल्लाउनुहुन्छ । समयको कस्तो विडम्बना ! जीवनभर बुबाले पानी पिएको मैले कहिल्यै देखिनँ । एक प्रकारले उहाँ जलविरोधी हुनुहुन्थ्यो । लुकीछिपी पिउनुहुन्थ्यो कि ! के थाहा ? तिर्खा, प्यास लाग्दा उहाँ प्रायः मदिरा पिउनुहुन्थ्यो । रक्सीको उहाँ अद्‌भुत फ्यान हुनुहुन्थ्यो । जिन्दगीका सम्पूर्ण प्यास, तिर्खाहरू उहाँ मदिराले मेटाउनुहुन्थ्यो सायद ।

कहिलेकाहीं ओमर खय्यामको भूत सवार हुँदा रसिक अन्दाजमा बुबा रक्सी प्रसङ्ग सुनाउनुहुन्थ्यो, "नाथे कुमार ! रक्सी जाबो त यो जुनीमा कति 'खोला' खाइयो कति ! सुनकोसीमा पनि त्यति पानी त के पो बग्दो हो !" प्याला होइन, उहाँ त खोलाको कुरा गर्न रुचाउने मान्छे । त्यस्ता कुनै बेलाका 'मदिरा-सम्राट्'लाई म सोधिरा'थें, "बा, तिर्खा लाग्या छ ? पानी खाने हो ?"

बुबाको सांसारिक ट्राजेडी के भइदियो भने सुनकोसी या देशको कुनै पनि नदीहरूमा मदिरा कहिल्यै बगेन । कहिलेकाहीं यसो सोची ल्याउँछु : मदिराको तलाउ भइदिए क्या जाती हुन्थ्यो ! कस्तो हुन्थ्यो होला मदिराको पोखरी ! मदिराको हिमनदी हुँदो हो त कस्तो हुँदो हो ! मेरो बुबा यदाकदा, जब जीवनदेखि हन्ड्रेड पर्सेन्ट बोर भइन्छ, त्यही हिमनदीमा मदिरा-समाधि लिनुहुँदो हो ! अँ, हिम-समाधि ।

जिल्लाको सदरमुकाम सिन्धुली माढीमा पाकिस्तानी डाक्टरहरूको निःशुल्क स्वास्थ्य शिविर खुलेको थियो । कोसी बगरमा अवस्थित मेरो सानु गाउँ, खुर्कोटसम्म त्यो समाचार एक दिन आइपुग्यो । त्यो समाचार ल्याउने मानिस गाउँकै हल्कारा थियो ।

बुबालाई आफू 'आउँदो ग्रीष्म ऋतुसम्म जीवितै हुन्छु' भन्ने कुनै लोक विश्वास थिएन । कुनै सम्भावना थिएन । कुनै सान्त्वना थिएन । उहाँ अलौकिक यात्रामा बरू विश्वास गर्न थाल्नुभएको थियो । आफ्नो आगामी मृत्युबारे बुबा हन्ड्रेड पर्सेन्ट 'कन्फर्म' हुनुहुन्थ्यो । त्यसैले त उहाँ मलाई भन्नुहुन्थ्यो, "हेर् केटा ! मेरो मृत्यु स्योर एन्ड सर्टेन छ । म मर्दै छु । यो कुरा सोह्रै आना सही हो । बरू मलाई बिस्तारै बिस्तारै मर्न दे । स्लो एन्ड स्टेडी विन्स द रेस ।"

मलाई लाग्थ्यो मृत्यु स्लो पोइजन हो जो 'स्लोली' बुबालाई सिध्याउँदै थियो तर बुबाको तयारी देख्दा यस्तो लाग्थ्यो मृत्यु उहाँको बाल्यकालमा विछडिएको 'लंगौटिया यार' हो, जो कुनै ठूलो झरी परेको दिन उहाँको मनको दैलो ढकढक्याउन आउनेछ र भन्नेछ :

- हेलो, माई ओल्ड फ्रेन्ड ! मे आई कम इन !

मृत्युलाई खुला हृदयले स्वीकार गर्नु, स्वागत गर्नु भनेको मृत्युको सम्मान गर्नु पनि हो तर आजको मान्छे वैधानिक रूपले कन्जुस छ । जीवनभर कन्जुस रहन्छ र मर्नुअघि पनि उसमा कुनै परिवर्तन आउँदैन । ढोकैमा उभिई हात फैलाई उभिएको मृत्युको 'कमण्डलु' मा एउटा सिक्का थमाइदिने विनम्रता पनि उसमा रहँदैन । बरू घिनाउँछ । झपार्छ । लखेट्छ : "दूरदूर छिःछिः भीख माग्न पनि मेरै घरको आँगन देखिस् स्वाँठ ! जा, कुनै अर्को दिन आइज ।"

त्यो 'भिखारी मृत्यु' मनुष्यको मूर्खतादेखि मनमनै हाँस्दो हो, "कस्तो स्वाँठ, धुर्त मनुवा रै'छ । अर्को दिन आइज पो भन्छ बा !"

कुनै अर्को दिन बाँचुला भनी मान्छे बाँच्छ । जिन्दगीलाई 'पोस्टपोन' गर्दै बाँच्नु, इन्स्टलमेन्टमा बाँच्नु आजको मान्छेको साझा चरित्र हो सायद । तर बुबा हिजोको मान्छे हुनुहुन्थ्यो । हिजोको मान्छे अलिकति आत्मीय थियो । अलिकति

मित्रवत् थियो । अलिकति गुनी थियो । अलिकति सभ्य थियो । अलिकति इमानदार थियो । अलिकति प्रेमील थियो । अलिकति दानी थियो । अलिकति भए पनि मान्छे थियो । हिजोको मान्छे यिनै 'अलिकति'हरूको संयोगमा बाँच्थ्यो । थुप्रै अलिकति मिलेर ऊ पूर्ण भएको थियो ।

हिजोको मान्छेले भन्यो :

- म मरेपछि एउटा काम गर्नू कुमार । गर्छस् ?
- कस्तो काम बुबा ?
- आमालाई अक्षर लेख्न सिकाउनू । तेरी आमालाई आजसम्म अक्षर लेख्न सिकाउन सकिनँ । घर बुहार्तन गर्दै, तिमीहरूलाई स्याहार सुसार गर्दै, घरधन्दा गर्दै तेरी आमा बूढी भई । तँलाई ज्ञानी/गुनी मान्छे बनाउने ध्याउन्नमै उसले आफ्नो जोवन खेर फाली । यसो गर्, तेरी आमालाई अक्षर लेख्न सिकाइदे । उसको नाम 'सरिता गुरुङ' ऊ आफैँले लेख्न जानोस् । म मरेपछि बैंकबाट पैसा झिक्नुपर्दा तेरी आमाले मेरो पेन्सन पट्टामा हस्ताक्षर दस्तखत गरोस् । तेरी आमाले अँगुठा छाप या ल्याप्चे लगाउने भई भने त झुरै पो हुन्छ नि ! कुमार नगरकोटीकी आमाले गर्वका साथ आफ्नो नामको 'दस्तखत' गर्न सिक्नुपर्छ, हो कि होइन भन् ? सही हो कि होइन भन् !
- कुरा हन्ड्रेड पर्सेन्ट सही हो बुबा । म आमालाई लेख्न सिकाउँछु । धन्दा नमान्नुस् ।
- आमालाई लेख्न सिकाइदे । बस्, यही नै हो मेरो अन्तिम इच्छा ।

यो थियो बुबाको अन्तिम इच्छा । अर्थात् मृत्युको अन्तरिम इच्छा । सेन्स अफ ह्युमरको मुडमा मैले उहाँलाई भनेको थिएँ, "ओके बुबा ! तपाईंको फाइनल इच्छा यही हो, होइन त ? आर यु स्योर ?"

- हन्ड्रेड पर्सेन्ट स्योर ।
- पछि फेर चेन्ज गर्न पाउनुहुन्न नि !
- तेरो बाउ हुँ नाथे कुमार ! - उहाँले फुर्ती लाउनुभा'थ्यो । - अजमाएर त हेर् !

उहाँका निम्ति अस्पतालका डाक्टरहरू अरोचक प्राणी थिए तर मेरी गुरुङसेनी आमा अलि अटेरी थिइन् । थोरै भए पनि पाकिस्तानी डाक्टरहरूप्रति उहाँमा केही आशा थियो । जीवनमा आशा टुट्नुहुन्न । यो संसार आशैआशाको जादूगरी लोक हो । कमसेकम आमालाई यस्तै लोक विश्वास थियो । हल्काराले ल्याएको

खबर उहाँलाई प्रभु यशुले पठाइदिनुभएको सुसमाचारझैं लाग्यो सायद । उहाँलाई कुनै 'चमत्कार' भई पो हाल्छ कि भन्ने इन्द्रजालिक भ्रम थियो । आँखाभरि आँसु पार्दै चिमचिम गर्दै आमाले मलाई भन्नुभयो, "तेरो बालाई सिन्धुली लिएर जा कुमार । केही भई पो हाल्छ कि ! पाकिस्तानी डाक्टरहरूलाई देखाई हेर् । क्यार्ने, देशी डाक्टरहरूले क्यै गर्न सकेनन् क्यारे !"

आमालाई हो न हो पाकिस्तानी डाक्टरहरू विदेशबाट आएका देवदूतझैं लाग्यो । विदेशी देवदूत ! जसले जादू मन्तर, टुनामुनाले बुबाको रोगलाई 'छु मन्तर' गरिदिनेछन् । भनिहालें, बुबामा डाक्टरहरूप्रति हन्ड्रेड पर्सेन्ट अरुचि थियो । अरोचक प्राणीहरूसामु देखा नपर्ने बुबाको बालहठ आमाको आँसुको सामु केही लागेन । आँसुले पनि, यदि त्यो ठिस समयमा झर्छ भने, बडो 'क्याटलिस्ट' को काम गर्ने रै'छ । बुबा सिन्धुली जान तयार हुनुभयो ।

आमाले गाउँबाट एउटा डोको खोजेर ल्याउनुभयो । छरछिमेकका बुद्धिमान माझी काकाले बुबालाई डोकोमा बोक्ने भए । डोकोलाई मान्छे अट्ने गरी कपडा, लुगाफाटा, सिरानी कोचाकोच गरी 'आरामदायी' बनाइयो । घाँटीको क्यान्सरद्वारा ग्रस्त एक पिताको 'कम्फर्टेबल' आसन । उहाँ भन्नुहुन्थ्यो, "बिपीलाई पनि थ्रोट क्यान्सर भा'थ्यो ।"

- को बिपी ? - म सोधी हेर्थें ।

"त्यही क्या !", उहाँ ठट्टा गर्नुहुन्थ्यो, "सेक्सी कथा लेख्ने बुचर ।" बुचर ! हामी बाउ छोरा हाँस्थ्यौ । वास्तवमा बिपी कोइराला नाम गरेको 'पार्ट टाइम' बुचर बुबाको साथी थियो । सुर्खेतमा ती मानिसको मासु पसल थियो । ब्राह्मण भएर पनि बुचर ! मानिसहरू उसको 'खिसी' गर्थे तर छत्तीस सालमा बिपीको त्यो काम क्रान्तिकारी कदम थियो । विश्वेश्वरप्रसाद कोइरालाको उसमाथि ठूलो राजनीतिक, मनोवैज्ञानिक प्रभाव परेको थियो । हामी सुर्खेतमै हुँदा उनको मृत्यु भएको थियो, घाँटीको क्यान्सरले । म बच्चै थिएँ । बिपी बुबाको मदिरा पार्टनर थियो । उहाँका अनुसार बिपीले अन्तिम कालतिर 'सेक्सी कथा लेख्न थालेको' थियो ।

माझी काका र म मिलेर बुबालाई डोकोमा राख्यौं । एक त सानु काँटको ज्यान, त्यसमाथि रोगको अधिक चापले गर्दा बुबा ज्यादै हलुँगो हुनभा'थ्यो, मयूरको प्वाँखझैं । त्यही मयूरको प्वाँख बोकी हामी बाटो लाग्यौं । लगातारको उराठ बगर । घन्टौंको खोला, खोल्साको पट्यारलाग्दो हिंडाइ । गढीको उकालोमा स्वाँस्वाँले फोक्सो नै बाहिर उछिट्टिने पो हो कि भन्ने त्रास ! निर्जन जङ्गली

बाटोमा बेला कुबेला थकाइ मार्छौं । समयको इन्टर्भलमा बुबालाई सोध्छु, "बा ! तिर्खा लाग्या छ ? पानी खाने हो ?"

बुबा नखाने भनी मुन्टो हल्लाउनुहुन्छ । जिन्दगीमा अब कुनै प्यास बाँकी रहेन सायद । केको प्यास ? केको तिर्खा ? थाहा छैन ! 'प्यासा सावन' फिल्म हलबाट उहिल्यै उत्रिसक्यो । अझै थाहा छैन ?

भल्चरहरू आकाशमा कावा खाँदै थिए । भल्चर मलाई मन पर्ने चरा हो । ती चराहरूको घाँटी मलाई अद्भुत लाग्ने गर्छ तर अफसोस ! देशको आकाशबाट ती प्राणीहरू बिलाउने क्रम जारी छ । मानिसको हृदयाकाशबाट पनि त दया/माया/सद्भाव/करुणा क्रमशः बिलाउँदै छन् ।

एउटा भल्चर केही पर ठूलो ढुङ्गामा बसेको छ । हामी अलि वर पृथ्वीनारायण शाहको किल्ला छेउछाउ थकाइ मार्न बसेका छौं । साँझको समय । अब यहाँबाट ओरालो ओरालो लाग्नु छ । यो चिसो लेक हो । पश्चिमी डाँडामुन्तिर रातो सूर्यले सुसाइड गरिसक्यो । जीउलाई चिस्याउँदै सिरेटो चल्छ । बुबा सोध्नुहुन्छ, "कुमार, क्यामेरा बोक्या छैनस् ?"

- किन बुबा ? - सोध्छु ।
- त्यो गिद्धको फोटो खिच्न हुन्थ्यो ।

बुबालाई गिद्ध मन परेछ । साँच्चै नै हो ! त्यो भल्चर जसरी बसेको छ ढुङ्गामाथि, बडो फोटोजेनिक लाग्दै छ । भल्चरप्रतिको हामी बाउछोराको 'कमन इन्ट्रेस्ट' रैंछ । थाहा पाउँछु । ठीकै हो : लाइक अ फादर लाइक अ सन तर माझी काकाले त्यो भल्चरलाई ढुङ्गाले हिर्काएर उडाइदिए । चरा फड्फडाउँदै उडी गयो । माझी काका भन्छन्, "त्यो अलच्छिनी चरा हो ।" बाटो लाग्छौं । बुबा शान्त हुनुहुन्छ, स्थिर । बाटोभरि केही बोल्नुहुन्न ।

जीवनमा धेरैपटक हिंडेको यो बाटो आज उहाँलाई सायद अनौठो, बिरानो लागिरहेछ ! बाटोहरू मानिसका साथी हुन् । ती हामीलाई जीवनका अनेक मोड, घुम्ती, गल्लीहरूमा पर्खी बस्छन् । ती बाटाहरूमा हामीले आफ्ना जवानीका केही पदचिह्नहरू, पदचापहरू छाडेका हुन्छौं । आफ्नो बैंसमा यिनै बाटाहरूमा हिंड्दै, ओराली/उकाली गर्दै मेरो बुबाले गीत गाएको हुनुपर्छ, 'अरू कालो रेलको धुवाँले, म त कालो छाता हजुर ओढ्दै नओढ्नाले... !'

बुबाको त्यो 'सेलिब्रेटेड' बैंस अलिकति चोर्ने इच्छा हुन्छ । आफ्नो पिताको बैंस चोरी हरेक पुत्र जवान हुन्छ । यो इच्छा, यो रहर सनातनी हो । पिताको

बैंस चोरी हामी उनीहरूको हातमा एउटा बुढ्यौली थमाइदिन्छौं । आफ्नो पिताको बैंस र आयु चोर्दै हरेक पुत्रले आफ्नो भागको यात्रा तय गर्छ ।

यिनै 'क्लेप्टोमेनिक' भावदशामा म हिँडिरहेको छु माझी काकाको पछि पछि ।

तर, बीचैमा रात पर्‍यो । कहिलेकाहीं कुटाइममा रात परिदिन्छ । सुनसान व्याप्त छ चारैतिर । वरपर कुनै घर छैन । भिरालो जङ्गली बाटो लम्पसार अगाडि तेर्सिएको छ, सुतेको छ । माझी काका सोध्छन्, "कुमार बाबु ! टर्च बोक्नु भा'छैन ?"

छैन त ! कस्तो आपत् आइलागेको होला ? फेदैमा पुग्न अझै केही समय लाग्छ । त्यहाँ केही हुटेलहरू छन् । आजको रात त्यहीं बास बसौंला भनेको ! बीच जङ्गलमै थान्को लाग्ने भयौं कि क्या हो । के गर्ने, कसो पो गर्ने होला ! इत्तिरिका ! हे प्रभु, बाटो देखाइपाऊँ ! झल्याँस्स एउटा उपाय मगजमा फुर्‍यो । एउटा आइडिया ! अभिषेक बच्चन बोल्छ नि एउटा विज्ञापनमा : एक आइडिया जो बदल दे आपकी दुनियाँ ! अङ्ग्रेजीमा : ह्वेयर देअर इज विल, देअर इज अ वे ! अनि नेपालीमा : जहाँ इच्छा, त्यहाँ उपाय ।

झोला खोलें । आफूले बोकेको त्यो झोलाभित्र एक सरो लुगा थियो । आमाले कपडाको टालोमा बाँधेर राखिदिएको पैसाको 'मुठो' थियो । बुबाको दबाई, ओखती थियो । अनि त्यहीं नै थिए मेरो सदाबहारका साथीसङ्गाती । आपत् विपत्मा सदा काम लाग्ने मेरा दुःखसुखका साथी । मेरा पुस्तकहरू ।

ती पुस्तकहरूलाई जलाउनुपर्ने भयो । किताबहरूलाई छामछुम गरी झोलाबाट निकालें । कालो हाफ स्वेटरको खल्तीबाट लाइटर निकालें र सबभन्दा पहिले देवकोटाको मुनामदन जलाएँ । अँधेरो रात केही उज्यालियो । बुबालाई बोकी माझी काका केही पाइला ओरालो झरे ।

सिगरेट पिउनु अवश्य पनि स्वास्थ्यका लागि हानिकारक हो तर चुरोटेहरूले खल्तीमा सलाई या लाइटर बोक्नु पनि बुद्धिमानीचाहिं हो, कसो बुद्धिमान काका ! चुरोट पिउने तर सलाई नबोक्ने 'ठिस'हरू मलाई उतिसाह्रो मन पर्दैनन् । सिगरेट पिउनेहरूले प्रशस्त 'वैधानिक प्रावधान'हरूको चेतावनीका बाबजुद पनि सिग्रेट पिउँदा हुन्छ तर एउटै सर्त के मात्रै हो भने ऊसित खल्तीमा आफ्नै 'माचिस' या लाइटर हुनु आवश्यक छ । आफूसित आगो या अग्नि हुनु जरुरी छ । आपत् विपत्मा ती बडो सहयोगी हुन्छन् । पुस्तक जलाउने ती भरपर्दा साधन हुन् । मैले जलाएँ नि त मेरा प्रिय पुस्तकहरू !

इमान तुर्कनेभको 'पिता र पुत्र'लाई दागबत्ती चढाएँ । रातमा त्यसले अलिकति बाटो देखायो । बोरिस पास्तरनकको 'डा. जिभागो'लाई च्यात्दै जलाएँ । त्यसले अलिकति अन्धकार चिऱ्यो । ओरालो झर्दै गयौं । जर्ज अर्बेलको 'एनिमल फार्म' जल्यो । बाटो अझै टुङ्गिंदैन । थोमस हार्डीको 'फार फ्रम द म्याडिङ क्राउड'लाई च्यातेर मुठा बनाएँ र जलाएँ । अन्धकारमा ती पुस्तकहरूले पथ-प्रदर्शकको काम गरे । फेदीसम्म आइपुग्दा डा. तारानाथ शर्माको 'बेलायततिर बरालिंदा' पनि स्वाहा भयो ।

त्यो रहस्यमय रातमा, हातमा जल्दै गरेको कागजको मुठो बोकी अन्धकारको जङ्गली बाटो हिंडिरहँदा मैले आफूलाई भर्खरै स्वर्गको दरबारबाट अग्निको मसाल चोरी हिंडेको प्रमिथियसझैं ठानिदिएँ । ग्रिक मिथोलजीको पात्र म थिएँ कि थिइनँ, त्यो बेग्लै कुरा हो तर मेरो हातमा आगो अवश्य थियो । त्यो आगोले मलाई अँध्यारोबाट जोगाएको थियो । किताबहरूले मलाई अन्धकारको साम्राज्यबाट जोगाएका थिए । वास्तवमा, ज्ञानीहरू हन्ड्रेड पर्सेन्ट सही भन्छन् : पुस्तकहरूले अन्धकारलाई नाश गर्छन् ।

फेदीमा बास बस्ने छुटेलमा बुबाले भन्नुभयो, "बित्थामा आगजनीमा परी तेरा किताबहरू नष्ट भए ।"

भोलिपल्ट पाकिस्तानी डाक्टरहरूसित बुबालाई जँचाइमागेँ । ती देवदूतहरूका निम्ति बुबा केवल एक 'अब्जेक्ट' हुनुहुन्थ्यो । क्यान्सरको एक पेसेन्ट । नथिङ मोर द्यान दिस । बुबा क्यान्सरको फाइनल चरणमा हुनुहुन्थ्यो । बुबाको इनिङ समाप्त हुँदै थियो । मृत्यु बल लिएर फिल्डमा उत्रिसकेको थियो । बुबा 'क्याच आउट' हुनु मात्रै बाँकी थियो । अम्पायरले औंला उठाउन मात्र बाँकी थियो । मृत्युको विकल्पमा अरू केही बाँकी थिएन । देवदूतहरूले भने, "अब्जेक्ट ह्याज नो होप । ही विल वी नो मोर विदिन अ कपल अफ मन्थ्स ।"

बट् यु सी ! ये दिल माँगे मोर... !

देवदूतहरू भन्छन् : अब्जेक्ट ह्याज नो होप । इज इट सो ! ह्वाट अ गड ड्याम फन्नी थिङ दे आर टकिङ अबाउट ! आफ्नो मनलाई तैबिसेक सम्झाउँछु । विनम्रताका साथ देवदूतहरूलाई सोध्छु, "एनी पोसिबलिटिज अब मिराकल ?"

'अफकोर्स नट' चमत्कारको सम्भावनालाई हन्ड्रेड पर्सेन्ट नकार्दै देवदूतहरूले भने, "डेथ इटसेल्फ इज अ ग्रेट मिराकल ।"

मृत्युमाथि पाक-देवदूतहरूको सूत्र कथन मलाई मन पऱ्यो : मृत्यु स्वयम्मा एक महान् चमत्कार हो । उक्त कुरा बुबालाई सुनाउँदा उहाँ मस्तसित 'फिस्स' हाँस्नुभयो ।

आमरूपमा भन्ने हो भने बुढेसकालमा मानिसहरूको हातमा समयले कुनै धार्मिक ग्रन्थ थमाइदिन्छ । भागवत् गीता, रामायण, बाइबल । यस्तै केही । तर मेरो बुबा 'शिरीषको फूल' पढिरहनुभा'थ्यो । उहाँलाई म जिस्काउँथें, "तपाईं गलत मौसममा शिरीषको फूल पढिरहनु'भाछ ।"

"मर्ने बेला केको गलत मौसम ?", उहाँ उल्टै मलाई थर्काउनुहुन्थ्यो र भन्नुहुन्थ्यो, "यी आइमाईले लेखेको अरू किताब छैनन् तँसित ?"

"छन त छन् बुबा" म भन्थें, "तर अधिकांश पढ्नलायकका छैनन् ।" बुबा मस्तसित 'फिस्स' हाँस्नुहुन्थ्यो ।

...र एक दिन खुर्कोटको आफ्नै डेथ-शैयामा वातावरणभरि हाँसोको एक राउन्ड 'फिस्स' छाडी बुबा सदासदाका निम्ति अस्तित्वबाट बिलाउनुभयो । एउटा भल्चर चरा आकाशमा बिलायो । बुबाको पार्थिव देह बोकी मलामीका साथ कोसी घाटतिर लागें । आम्मै ! कस्तो हलुँगो ज्यान ! बेलुनझैं ।

बेलुनहरू मलाई असाध्यै मन पर्छन् । आजकल पनि कुनै साँझ लगनखेल चोकतिर यसो घुम्न जाँदा बेलुनवालासित म बेलुन किन्ने गर्छु । ग्याँस भरिएको बेलुन जब टाउकोमाथि बतासमा घुम्न थाल्छ, यस्तो लाग्छ दिवङ्गत बुबाको आत्मा घुमिरा'छ । बेलुनमाथि राम्रा फिल्महरू बनेका छन् । मलाईचाहिं मन मर्ने जफर पनाहीको इरानी फिल्म 'द ह्वाइट बेलुन' र नाना पाटेकर अभिनीत 'गुब्बारे' हुन् । कुनै दिन बेलुनमाथि एउटा सुन्दर कथा लेख्ने मेरो इच्छा आजकल बेलुनझैं फुटिरा'छन् ।

फुच्चे गुरु रिम्पोचे पनि बेलुनको डाइहार्ड फ्यान हो । बेलुन उडाउँदै ऊ मेरो हातको औंला समाई पाटनका तान्त्रिक गल्लीहरू डुली हिंड्न मन पराउँछ तर उसको टाउकोमाथि फन्का मार्ने बेलुनभित्र उसको स्वर्गीय बाजेको आत्मा छ भन्ने कुरा बिचरो गुरु रिम्पोचेलाई थाहा छैन । समयले उसलाई कुनै दिन सिकाइदिनेछ ।

बुबाको पार्थिव शरीर लिई घाटतिर जाँदा थाहा पाएको हुँ : बुबा आत्माझैं हलुँगो हुनुहुन्थ्यो । के त्यो आत्माको वजन केवल २१ ग्राम मात्रै थियो ? अलेजान्द्रो गोन्जालेज इनुरिताको फिल्म '२१ ग्राम्स' हेर्नेहरूलाई पनि

कहिलेकाहीं मलाईझैं लाग्दो हो : वास्तवमा, आत्माको वजन केवल एक्काइस ग्राम मात्रै हुन्छ ? गड नोज !

बुबाको मृत्युपश्चात् मैले बडो कष्टपूर्वक गरूड-पुराण सुन्नुपर्ने भयो । मृत्युको अन्तरिम इच्छा त यस्तो कदापि थिएन तर आत्माको चिरशान्तिको निम्ति तँ मनुवाले गरूड-पुराण अवश्य सुन्नपर्छ भन्ने ब्राह्मणको उर्दी या बाल-हठ बुझिसाध्ये थिएन । बडो उदेकलाग्दो ।

कोरामा बसेको, किरियापुत्री बसेको मैले पनि एउटा सर्त राखें :

मैले पनि इन्द्रबहादुर राईको 'आज रमिता छ' पढ्न पाउनुपर्छ । मैले अवश्य पनि म्याक्सिम गोर्कीको जीवनी (ट्रिलोजी : मेरो बाल्यकाल, मान्छेहरूको माझमा र मेरो विश्वविद्यालय) पढ्न पाउनुपर्छ । ब्राह्मण आफूले भने गरूड पुराणको सस्वरवाचन गर्न हुने, म बबुरोले चाहिं गोर्की पढ्न नमिल्ने ? अस्त्रोवस्कीको 'अग्निदीक्षा' पढ्नै नहुने ? ह्वाट ननसेन्स ! अन्ततः मेरो सर्त ब्राह्मणद्वारा स्विकारियो ।

अब, गोर्कीको कुरा 'गो टु हेल' तर ब्राह्मणले सस्वर रिसाइटेसन गरेको गरूड पुराण मलाई क्वाइट इन्ट्रेस्टिङ पो लाग्यो ! स्वर्ग एवम् नर्कको हावादारी कुरा सुनी म ट्वाँ परिगएँ । लाटोले केरा हेरेझैं । पापीहरूले नर्कमा भोग्नुपर्ने नारकीय यातनाको शाही वर्णन सुन्दा म डबल ट्वाँ परें । ए रात्तै ! गरूड पुराणका विवरणहरू त रिप्लेको 'बिलिभ इट अर नट' झैं आश्चर्यचकित पार्ने टाइपका पो रैछन् ! हे प्रभु ! तिम्रो गरूड पुराण त एक रोचक वैदिक फिक्सन रैछ ! हन्ड्रेड पर्सेन्ट प्राचीन आख्यान !

एक रात मैले सपना देखें । सपनामा बुबा माछा बन्नुभएको थियो । बुबाको त्यो मत्स्यावतार थियो सायद । मदिराको गङ्गामा बुबाले अन्ततः समाधि लिनुभएको थियो । मैले बुबालाई बोलाएँ । माछा किनारमा आयो । बुबाको आङभरि कत्ला थिए । माछाले बोल्यो, "मान्छे हुनुभन्दा त माछा हुनु नै जाती ।"

तेह्र दिनको कर्मकाण्डीय अभ्यासपछि अब समय आइपुगेको थियो 'मृत्युको अन्तरिम इच्छा' पूरा गर्ने । एक बिहान नटराजको सिसाकलम प्लस कापी बोकी आमासामु देखा परें म । आमालाई अक्षर लेख्न सिकाउनु थियो ।

मेरी गुरुङ्सेनी आमालाई कपुरी क, खरायो ख, गाइगोडे ग आउँदैन । घ किन घरजस्तो हुन्छ र ङ को नाकमा किन थोप्लो हुन्छ भन्ने कुरा आमा बुझ्नुहुन्न । च फेरि किन चरीझैं चुच्चे भएको ! यो रहस्य आमालाई थाहा थिएन तर आमालाई जीवनभर एउटै कुरा के थाहा थियो भने उसको फुच्चे

कुमार झझैं ज्ञानी हुनुपर्छ । गुनी हुनुपर्छ । निरक्षर नै सही हरेक आमाको सदीक्षा हुन्छ उसको पुत्र वर्णमालाको 'म'झैं राम्रो हुनुपर्छ । झझैं ज्ञानी हुनुपर्छ । आमालाई भनें, "आउनुस् आमा ! तपाईंलाई लेख्न सिकाउँछु ।"

आमा नर्सरीमा पढ्ने निर्दोष शिशुझैं तयार हुनुभयो । आमाका वृद्ध औंलाहरू समाती मैले उहाँलाई आफ्नो नाम लेख्न सिकाएँ : सरिता गुरुङ । बुढेसकाल लागेपछि मान्छेको मन पनि शिशुले चाल्ने बाङ्गाटिङ्गा पाइलाझैं बाङ्गोटिङ्गो हुन्छ क्यारे ! आमाले चाँडै नै लेख्न सिक्नुभयो बाङ्गाटिङ्गा अक्षर । मेरी आमाले कमसेकम अब ल्याप्चे लाउनु नपर्ने भो !

बुबाले यो मायाबी संसारबाट बिदा लिएको पनि अब त १५ वर्ष भैसक्यो । उनको नाति गुरु रिम्पोचे नै चार वर्ष भइसक्यो । म स्वयम् पनि चार दशक बूढो भइगएँ ।

आमा आज पनि महिनाको भाखा मरेपछि बैंकबाट पैसा झिक्न रामेछापको मन्थली बजार जानुहुन्छ । घाममा, वर्षातमा अरूझैं भीडमा लाइन लाग्दै उभिनुहुन्छ र फुल्टिङ पेनले गर्वका साथ आफ्नो हस्ताक्षर गर्नुहुन्छ : सरिता गुरुङ ।

यी सब देख्दा हुन् त स्वर्गीय रत्नबहादुर नगरकोटी 'फिस्स' हाँस्दा हुन् । मलाई भन्दा हुन्, "कुमार ! तैंले मृत्युको अन्तरिम इच्छा पूरा गर्दिस् ।"

कहिलेकाहीं म सपना देख्ने गर्छु : आकाशबाट एउटा भल्चर धर्तीमा झर्छ । म कतै बगैंचामा फूलहरूसित अलमलिरहेको हुन्छु । भल्चरले मलाई भन्छ, "कुनै एक रात आगजनीमा परी तेरा किताबहरू नष्ट भएका थिए । ला यो दुई हजार खल्तीमा राख् र सप्पै राम्रा राम्रा किताब किन् ।"

पैसा दिई भल्चर आकाशमै उडी जान्छ । यता फूलहरूसित म अझै अलमलिरहेको हुन्छु ।

अर्को कप कफी

नवाङ खेचगको बाँसुरीको धुन एक तमासले गुन्जिरहेछ । 'क्याफे डे पाटन'को यो कफी कुनामा एकनासले हरमन हेस्सेलाई सम्झिरहेछु । हरमनको 'सिद्धार्थ'लाई यो शारदी प्रातःकालमा स्मृति-आह्वान गरिरहेछु । मौन । चुपचाप ।

"ब्रदर ! एक कप कफी ल्याऊ ।" (ओहोरदोहोर गर्ने वेटरलाई भनेको छु ।)

बजारमा अनेक कस्मेटिक किताब भेट्टाइन्छ । ती पुस्तकभित्र कस्मेटिक साहित्यको गन्ध व्याप्त हुन्छ । ती साहित्यलाई 'लिपिस्टिक-लिट्रेचर' भन्न रुचाउँदो रहेछु । उफ् कर्पोरेट साहित्य !

ज्यादै मुस्किलले कस्मिक किताब फेला पर्छन् । हरमन हेस्सेको 'सिद्धार्थ' कस्मिक साहित्यको नमुना हो । लगभग १५ वर्षअघि बागबजारको पुस्तक पसलमा रु. ३५० मा मैले किनेको त्यो तुलनात्मक रूपमा ख्याउटे किताब आज मेरो कोठामा छैन । यसो भन्दा लाजजस्तो लागेर आउँछ । यहाँ तुलनात्मक शब्द किन प्रयोग गरिएको हो भने म त्यस बेला अरू मोटे किताबहरूमा एकसाथ रुमल्लिरहेको थिएँ । जेम्स जोयसको 'युलिसिस', टोल्सटोयको 'वार एन्ड पिस', मार्खेजको 'हन्ड्रेड इयर्स अफ सोलिच्युड' आदि इत्यादि ।

आज एकाएक 'सिद्धार्थ'को याद यो कफी-टेबलमा टुप्लुक्क आइदियो । यतिका वर्षसम्म सिद्धार्थ मेरो ननभेज हृदयमा बसोबास गरेको रहेछ । ऊप्रति नतमस्तक छु । हेस्सेको किताब वास्तवमै एक कस्मिक-सिर्जना रहेछ । बुझ्दै छु ।

कुलीन ब्राह्मणपुत्र सिद्धार्थ जोगी बन्न आफ्नो घरबाट प्रस्थान गर्छ । जङ्गलतर्फ । त्यहाँ ऊ विभिन्न तपस्या, साधना, ध्यानमा आफूलाई चुर्लुम्म डुबाउँछ तर उसले खोजेको त्यो परम सत्य कहाँ थियो ? ती यान्त्रिक ध्यान विधिहरूको दुष्चक्रमा उसले आफूलाई निरीह प्रस्तर प्रतिमाझैं पाउँछ । बुद्धको सिद्धान्त उसलाई उपलब्धिमूलक लाग्दैन । बुद्धलाई उसले विनम्रतापूर्वक छाडिदिन्छ । बुद्ध र सिद्धार्थबीचको 'डिस्कोर्स' बडो मनकारी छ । बुद्धसितको अन्तिम भेटमा सिद्धार्थले बोलेका वाणीहरू लाग्दै छ, अहिले कफी-गृहमा

गुन्जिरहेछ । ती गुञ्जनहरूलाई नवाङ् खेचगको बाँसुरी-धुनको पृष्ठभूमिमा तपाईं अक्षरशः अनुभव गर्नुस् ।

म भने यो छोटो विश्राममा कफीको स्वाद लिन्छु तर कफी नपिएर नै २६ सय वर्षअघि बुद्धको सामु सिद्धार्थले यस्तो भनेको थियो :

"हे श्रेष्ठतम ! असीम प्रतिष्ठाका स्वामी, निःसन्देह म तपाईंका धर्म-देशनाहरूलाई श्रद्धा गर्छु । तपाईंले बताउनुभएका सम्पूर्ण कुरा ज्यादै स्पष्ट अनि स्वयम्सिद्ध छन् । संसारलाई तपाईं एक समग्र, अटुट शृंखलाको रूपमा व्याख्या गर्नुहुन्छ जो पूर्ण रूपमा वस्तुतः सुसङ्गत छ । तपाईं त्यस्तो परम अवस्थामा पुग्नुभएको छ जहाँ पुग्नका निम्ति धेरै मनुष्य प्रयासरत छन् । किञ्चित क्षणमा पनि बुद्ध पुरुष भएकोमा मलाई कुनै सन्देह रहेन, छैन । कठोर श्रम अनि खोजद्वारा तपाईंले बुद्धत्व प्राप्त गर्नुभएको छ । कुनै अरू धर्म-देशनाहरूद्वारा तपाईंले यो परम अवस्था प्राप्त गर्नुभएको होइन । त्यसैले हे परमपूज्य, म सोच्छु कि कुनै पनि व्यक्ति धर्म-देशना, तर्कसरणीद्वारा मुक्ति पाउन सक्दैन । तपाईं आफ्ना प्रवचनका माध्यममार्फत कसैलाई यो बताउन सक्नुहुन्न कि आफ्नो सम्बोधीको क्षणमा वास्तवमा कस्तो घटना घटित भएको थियो ! त्यो गुह्य रहस्य आखिर के थियो, जसलाई प्राप्त गर्न लाखौं मनुष्यहरूमध्ये तपाईंलाई प्राप्त भयो ? त्यसैले मलाई आफ्नै ढङ्गले हिंड्नु छ । आफ्नै शैलीले । कुनै अर्को गुरु मलाई खोज्नु छैन किनभने कोही अरू सर्वश्रेष्ठ नै कहाँ रह्यो र ? पुग्नु त केवल एक्लै छ या फगत मर्नु छ ।"

***

पुग्नु त केवल एक्लै छ तर कहाँ ?

यस्तै कतै पुग्न हिंडेको थियो सायद त्यो एक ख्याउटे युवा-फकिर जसलाई मैले भेटेको थिएँ शङ्खमूल घाट छेवैको कफी पसलमा । कुरा हो सन् १९९५ को । डिसेम्बरको कुहिरिलो प्रातःकाल थियो त्यो । आउनुस् ! एक क्षण फ्ल्यासब्याकमा विचरण गरौं ।

"ब्रदर अर्को कप कफी !" (वेटरलाई पुनः आग्रह गरिसकेको छु ।)

मैले ओगटेको टेबल झेन बगैंचाझैं शान्त थियो । सिद्धिएको रित्तो कफी-कप छेवैमा ध्यानमग्न थियो । मेरो हृदयमा कविताका कच्चा पदार्थहरू चल्मलाइरहेका थिए । अनुभूतिहरू प्रसव वेदनामा छटपटाइरहेका थिए ।

यस्तैमा एकजना अपरिचित मानिस कसैलाई 'मे आई कम इन' नै नभनी सीधै छिऱ्यो अनि मेरो सम्मुख थचक्क बस्यो । हेरें । सलाईको काँटीजस्तो दुब्लो काँटको शरीर थियो त्यसको, जसलाई खरानी रङको कम्बलले लपटेको थियो । बाग्मती खोलाभन्दा मैलो ब्लु जिन्स लगा'छ । गोडामा चप्पल छैनन् । ढाडभन्दा मुनिसम्म चुल्ठो बाटिएको कपाल असरल्ल । रजनीशको ध्यान शिविरबाट निष्कासित कुनै तपस्वीझैं पो लाग्यो । पींधमा बाँकी भएको कफी-कप उठाउँछ र सिनित्त पार्छ । म ट्वाँ पर्छु । कालो वर्णको त्यस आकस्मिक आगन्तुकलाई सोध्छु : "आप कफी लेना पसन्द करेंगे ?"

मलाई ऊ कुनै साउथ इन्डियनझैं लागिरहेथ्यो । जवाफमा उसले मेरो औंलाबाट लगभग खोसेझैं गरी चुरोट थुत्यो र एक लामो कश माऱ्यो । धुवाँ उडायो मेरो मङ्गोल-मुहारवरपर । साहुनीलाई उसको निम्ति एक कप कफीको बिन्तीभाउ बिसाएँ ।

मेरो ढाडबाहिर एक टुक्रा आकाश फैलिएको थियो । ऊ निरन्तर आकाश हेरिरहेथ्यो । मैले उसका आँखा हेरें । वशिभूत भइगएँ । आम्मैऽऽऽ त्यस्ता हिप्नोटिक आँखा मैले आजपर्यन्त देख्न सकेको छैन । एकाएक ऊ बर्बरायो ।

- आई सी द होल वर्ल्ड कुल एन्ड काम बट त पिपल आर ट्राइङ टु किल मी । (म विश्वलाई सौम्य र शान्त देख्छु तर मानिसहरू मलाई मार्न खोजिरै'छन् ।)

म दोस्रोपटक ट्वाँ परें । उसको अङ्ग्रेजी लवज ज्यादै परिष्कृत थियो । केही बेरपछि पुनः दोहोऱ्यायो त्यही कुरा ! साहुनीले उसका निम्ति कफी टक्र्याई । तात्तातो कफी पियो आकाश हेर्दै । कफीको रङ हेर्दैन । साहुनीको सेक्सी मुहार हेर्नु छैन । मलाई हेर्नु छैन । कस्तो स्वाँठ रै'छ ! बारम्बार त्यही संवाद उच्चारण गर्छ : "आई सी द होल वर्ल्ड..."

अन्ततः बडो ओजे (ओभर जान्ने) हुँदै भनें :

"इन्डिड दिस वर्ल्ड इज कुल एन्ड काम । बट माई फ्रेन्ड, नोबडी इज ट्राइङ टु किल यु । इट्स सिम्प्ली योर मेन्टल हलुसिनेसन ।" (वास्तवमा, यो संसार सौम्य र शान्त छ तर बन्धु तिमीलाई कसैले मार्ने प्रयास गरेको छैन । यो त केवल तिम्रो मानसिक इन्द्रजाल हो ।)

ऊ मलाई हेर्दैन । पुनः बर्बराउँछ । उसलाई सोध्छु : "ह्वेयर आई यु फ्रम ?"

त्यसले कफीको अन्तिम घुँट पियो । पहिलोपटक मेरो आँखामा आँखा मिलायो । बाफ्रेऽऽऽ ती जीवन्त आँखाहरू । घाम, पानी र प्रदूषणले अक्सिडाइज्ड भएको उसको अनुहारमा मेरो प्रश्नको कुनै उत्तर थिएन तर अचम्मै भयो, त्यसले भन्यो :

"क्यानडा ।"

त्यसपछि उठ्यो । बेन्चमुनि लत्रिन लागेको कम्बलले आफूलाई गर्लम्म छोप्यो अनि मलाई 'थ्याङ्क यु/धन्यवाद' को शिष्टाचार नै नराखी कफी-पसलबाट फटाफट बाहिरियो । मलाई उसको अशिष्टता बडो प्रेमील लाग्यो । ऊ गएको बाटो हेरेँ सडकमा निस्केर । पुलमा गई ऊ भीडहरूमा बिलायो ।

सन् १९९५ को डिसेम्बर-बिहान भेटिएको त्यो युवा क्यानाडेली फकिर कतै 'सिद्धार्थ' त थिएन ? हरमन हेस्सेको किताबबाट फुत्त बाहिर निस्केर शङ्खमूल घाटतिर बरालिने त्यो सिजोफ्रेनिक फकिर ! ऊ कतै पुग्न चाहन्थ्यो सायद ।

पुग्नु त केवल एक्लै छ । या फगत मर्नु छ ।

***

त्यसपछि हरमन हेस्सेको सिद्धार्थले जङ्गल छाड्छ । बुद्धलाई त्याग्छ । नेपालको सन्दर्भमा मलाई माओवादीको असीम याद आउँछ यस्तै बखत । माओवादीले पनि कालान्तरमा जङ्गल छाड्छ । युद्धलाई त्याग्छ...

सिद्धार्थ शहर पसेझैं माओवादी काठमान्डु पस्छ । शहरमा सिद्धार्थले एउटी नगरवधुसित सम्झौता गर्छ । वेश्याको शरीर केवल रूप हो र सार हो प्रेम । म तिमीमार्फत प्रेमको दिव्य-अनुभूति ग्रहण गर्न चाहन्छु । प्रेमलाई म गुरु स्वीकार्छु । सिद्धार्थ भन्छ । म सुन्छु उसका कुरा ।

त्यसैगरी माओवादीले संसदीय प्रणालीसित सम्झौता गर्छ । संसदीय मोडेल त रूप मात्रै हो र सार हो पूर्ण साम्यवाद । म साम्यवादलाई गुरु स्विकार्छु । माओवादी भन्छ । म सुन्छु उसका कुरा ।

एउटा मेटाफर कताकता ओभरल्याप भएझैं लाग्छ । भैगो, यता धेरै नरुमल्लियौं ।

यो सांसारिक लफडामा सिद्धार्थ तपाईं हामीझैं फस्छ । भोगविलासका अड्डाहरूमा ऊ सशरीर आफ्नो निजी आत्मासहित उपस्थित हुन्छ । शक्ति आर्जन गर्छ । सम्पूर्ण मानवीय गुणहरूको अन्तरिम सत्तालाई उसले प्रत्यक्षतः अनुभव गर्छ र अन्ततः ती सम्पूर्ण इन्द्रजालबाट पार हुन्छ ।

अङ्ग्रेजीको 'बियोन्ड' शब्द मलाई प्रिय लाग्छ । सम्पूर्ण कुराहरूबाट पार लाग्नु । हामी प्रायः च्यापी बस्दा रहेछौं मान्यता/आदर्श/वाद/तथाकथित धर्म । यी सबका उपयोगिता सामयिक रहेछन् तर हामी आआफ्ना तथाकथित मान्यताहरूलाई, दार्शनिक सिद्धान्तहरूलाई अन्तिम सत्य ठानी भूलचुक बस्दा रहेछौं । भूलचुक जिउँदा रहेछौं । भूलचुक मर्दा रहेछौं ।

आफ्नो जीवनको उत्तरार्द्धमा सिद्धार्थ नदी किनारको माझी बन्छ । नदीको प्रवाहमा उसले जीवनको, अस्तित्वको प्रवाह, गतिशीलता, प्रगतिशीलता देख्छ । उसको डुङ्गामा चढ्न आउने कुनै पनि यात्रीलाई उसले केराकार गर्दैन :

"तँ कम्युनिस्ट होस् ? प्रजातन्त्रवादी होस् ? समाजवादी होस् या अरू कुनै तथाकथित 'वादी' होस् ?"

"तँ बाहुन/क्षत्री/नेवार/आदिवासी कुन्नि के के जातिको पो होस् कि ?"

"तँ आस्तिक/नास्तिक पो होस् कि ?"

सिद्धार्थ कसैलाई केही सोध्दैन । केवल डुङ्गा खियाउँछ । यात्रीहरूलाई उसले 'पार' लगाउँछ । यात्रीहरूले उसलाई 'थ्याङ्क यु/धन्यवाद' नभनेकोमा उसलाई कुनै पीडा हुँदैन । "ओ सिद्धार्थ तिमीलाई लेखेर नै त मैले साहित्यमा नोबल प्राइज पाएँ । तिमीलाई थ्याङ्क यु/धन्यवाद" यदि हरमन हेस्सेले सिद्धार्थलाई यसो भने पनि सिद्धार्थलाई कुनै कस्मेटिक खुशी उपलब्ध हुने छैन ।

जवाफमा हेस्सेलाई भन्नेछ बरू, "ओ हेस्से ! अन्ततः नोबल प्राइज पायौ । तिमीलाई पार लगाएँ । तिमी धन्य छौ ।"

***

...त्यो सायद अप्रिलको मध्याह्न थियो । मैले नदी त होइन बरू एउटा बाटो पार गरें । एक्लै थिएँ किनभने बजारमा भट्टाइने सम्पूर्ण कर्पोरेट गुरुहरूबाट म मुक्त भइसकेको थिएँ । बाटो पार गरी पशुपति क्षेत्रको आर्यघाटतर्फ जाँदै थिएँ ।

युवा फकिरलाई अन्ततः एउटा रेस्टुराँमा देखें । घाम, पानी र प्रदूषणले अक्सिडाइज्ड उसको मुहार उस्तै थियो । एउटा टेबल ओगटेको थियो । हात बाँधेर ऊ अझै आकाश हेरिरहेथ्यो । कफी टेबलमा उसको कफी-कप थियो । उसको सम्मुख एउटी मोटी विदेशी स्त्री पुस्तक पढ्नमा मस्त थिई/व्यस्त थिई । युवा फकिर विरूपाक्षझैं मौन थियो ।

सम्भवतः केही क्षणअघि त्यो सिजोफ्रेनिक फकिरले मोटी आइमाईलाई यसो भनेको हुँदो हो :

"आई सी द होल वर्ल्ड कुल एन्ड काम... बट द पिपल आर ट्राइङ टु किल मी..."

***

धेरै वर्ष भयो हरमन हेस्सेको 'सिद्धार्थ' पुनः नपढेको । यो कस्मिक-किताबसितै पढेका 'वार एन्ड पिस', 'युलिसिस', 'हन्ड्रेड इयर्स अफ सलिच्युड' मेरो पुस्तक सेल्फमा आजसम्म ज्यूँदै छन् तर सिद्धार्थ छैन ।

ऊ हराएको खबर यही 'क्याजुअल लेख'मार्फत कुनै पत्रिकामा छाप्नेछु । कुनै नदी किनारमा उसलाई भट्टाउनुभो' भने कृपया नसोध्नुहोला :

"तिमी कुन देशको नागरिक हौ ?"

नवाङ खेचगको बाँसुरी-धुन एक तमासले गुन्जिरहेछ । यस बखत शङ्खमूल घाट छेवैमा भेटिएको त्यो सिजोफ्रेनिक युवा फकिरलाई सम्झिरहेछु । घाम, पानी र प्रदूषणले अक्सिडाइज्ड भएको त्यो प्रस्तर मुहार विरूपाक्षझैं मौन थियो ! के त्यो हरमन हेस्सेको 'सिद्धार्थ' थियो ?

"ब्रदर अर्को कप कफी ल्याऊ ।"

कथास्तु

रातभर पिलग्रिम्स जलिरह्यो । पिलग्रिम्स के जल्यो एउटा तीर्थ जल्यो...

एकाबिहान । ८:५० । वान्स अपन अ डे इन ठमेल स्ट्रिट । चुपचाप ठिङ्ग उभिन्छु ल्याम्प-पोस्टमुनि । आगजनीले डढाएको भग्नावशेष मनको आँखीझ्यालबाट एक तमासले धुवाँ पुत्पुताइरहन्छ । ठुटा किताबहरू स्ट्रिटमा असरल्ल फिजिएका छन् । खरानीमा परिणत भएका डेड-पुस्तकहरूका आत्मा वायुमण्डलमा भट्किएका हुँदा हुन् ।

अन्योलमा खल्तीभित्र हात घुसार्छु । खल्तीभित्र एउटा चुइङ्गम थियो । ह्यापिडेन्टको बोक्रा खोल्दै ओरेन्ज फ्लेभरलाई चपाउँदै मैले सम्झना गरेँ, त्यो पिलग्रिम्समा मैले बिताएका तीर्थ-क्षणहरू ।

स्मृतिका दिवङ्गत किताबहरू मनमस्तिष्कमा आउँदा भए/जाँदा भए ।

त्यो तीर्थ मेरो निम्ति टमस हार्डीको 'फार फ्रम द म्याडिङ क्राउड'जस्तो पावन-क्षेत्र थियो ।

उसो त काठमान्डुका राम्रा बुक-स्टोरहरू एक प्रकारले तीर्थ-क्षेत्र नै हुन्, असल पाठक, लेखकहरूका निम्ति ।

त्यो तीर्थ-प्रदेशमा मैले किनेको थिएँ जोन बुन्यानको 'पिलग्रिम्स प्रोग्रेस', पास्तरनकको 'डाक्टर जिभागो' एवम् अरुन्धतीको 'गड अफ स्मल थिङ्स'जस्ता स्मल एन्ड ब्युटिफुल किताबहरू । त्यहीं त फेला पारेको थिएँ स्वामी प्रभुपादको 'भागवद गीता : एज इट इज' । शहरमा आफूले खानतलासी गर्दा फेला पार्न नसकिएका दुर्लभ एवम् अद्‌भुत किताबहरू मैले त्यहीं त भेटेको थिएँ । कति विडम्बनाले भरिएका दिन थिए ती ! 'दास क्यापिटल' अनि 'कम्युनिस्ट मेनिफेस्टो' किन्न म पिलग्रिम्स छिर्थें ।

त्यो पिलग्रिम्स रातभर जलिरह्यो। पिलग्रिम्स के जल्यो, एउटा तीर्थ जल्यो ।

चुइङ्गम चपाउँदै त्यो अशुभ बिहान मैले एउटा वृद्ध-शिशुलाई सम्झें । प्रज्ञा, दर्शन एवम् जीवनका यावत 'कलेवर' माथि चिन्ता गरी बस्ने ती तालुखुइले-शिशु तिलस्मी बाबाझैं हुन् । ती मनुवा पिलग्रिम्सका फ्रिक्वेन्ट-भिजिटर थिए ।

ती मनुवाको विश्वविद्यालयमा एक दिन आगो लागेको थियो । विश्वविद्यालय, गुम्बा/चर्च/मन्दिर/सिनेगग/मस्जिदमा आगजनी हुनु भनेको मनुष्यले सिर्जना गरेको सुन्दर संस्कृति, सभ्यता भष्म हुनु हो । यस्तो आगजनीमा नगरपालिकाको दमकल निदाउनु भनेको ठूलो ह्युमन ट्राजेडी हो ।

अँ त, मैले ती वृद्ध-शिशुलाई घरीघरी सम्झें । ती मनुवाले पछि आगोको विम्बमा एउटा नाटक लेखे, 'अग्निको कथा' । गुरुकुलको सानो प्रेक्षालयमा मैले त्यो नाटकलाई अलिकति स्पर्श गरें । अनुभूतिलाई नाङ्गो आँखाले हेरिँदैन । मानवीय संवदेनाहरूलाई स्पर्श गरिन्छ । छोइन्छ । आगोको, अग्निको विम्बले मलाई बारम्बार घाटतिर लैजाने गर्छ । त्यहाँ चिताको अग्निलाई म मौन हेरिबस्छु ।

ठेमल स्ट्रिटको पिलग्रिम्स पनि त्यो रात चिता बन्यो र रातभर जलिरह्यो । धुवाँ त अझै उडिरहेको थियो । खरानीको थुप्रो त्यतै कतै थियो । त्यसको अस्तुः झोलामा बोकी कुनै नदी-घाटमा विसर्जन गर्न जानु थियो । सायद मलाई आर्यघाट जानु थियो तिलस्मी-बाबासितै ।

तर, त्यो वृद्ध शिशु कहाँ थियो ?

***

॥ दुर्गन्ध ॥

त्यसपछि अस्तु बोकी हिंडें ।

तपाईंहरूले मलाई अवश्य पनि बागबजारमा देखेको हुनुपर्छ । कस्तो अचम्म ! सबै मानिस मुखमा कालो मास्क लगाई हिंडेका छन् । टाउकोमा हेलमेट लगाई हिंडिरहेको यो मनुष्यलाई सोध्छु :

- यसरी मास्क लगाई किन हिंडिरहेका छन् मानिसहरू ?
- लौ जा ! तँलाई थाहा छैन ? - जवाफ पाएँ ।

मलाई केही पनि त थाहा थिएन । मनुष्यले आफ्नो हेलमेट आफ्नो हेड-स्ट्यान्डबाट निकाल्यो । थुतुनोबाट मास्क निकाल्यो । ङिच्च ङिच्च हाँस्यो । उसलाई मैले चिनें । ऊ वास्तवमा 'थाहा' थियो । अर्थात् रूपचन्द्र विष्ट । उसले आश्चर्य-मुद्रामा भन्यो :

- तँ भातेलाई केही थाहा छैन ? साँच्चि हो ?
- साँच्चि हो । मै मरी जाऊँ । - भनें ।

- शहर यस्तो अचाक्ली गन्हाइरहेछ । तँ भातेलाई केही थाहा छैन । अजीव छ यार !

रूपचन्द्र विष्ट मदेखि अथाह खिन्न भयो । फुटपाथमा ओहोरदोहोर गर्ने भुइँ मानिसहरूलाई हेर्छु । सबैले कालो मास्क लगाएका छन् । बाटैमा डिभिडी-चक्का बेच्ने सिडी-मानवको मुखमा मास्क थियो । कुष्टरोगले हात र खुट्टाका जम्मै औंला सखाप पारेको भिखारी बाटो छेवै लम्पसार भुईंमा उत्तानो परी ढलेको थियो । उक्त कुष्ट-मानवको मुखमा कालो मास्क थियो । पत्रिका बेची हिंड्ने फुच्चे पत्रिका-मनुवाको मुखमा कालो मास्क थियो । "तँ भातेको नाकमा नै कुनै गम्भीर समस्या हुनुपर्छ", रूपचन्द्रले भन्यो, "नत्र यस्तो चर्को दुर्गन्धको तँलाई थोरै पनि महसुस त हुनुपर्ने हो ।"

उसले मलाई बागबजार बसपार्क छेवैको चियालयमा लगेर गयो । चियालय धुपबत्तीको मगमग वास्नामा चुर्लुम्म डुबेको थियो । चिया पारखीहरू टेबलमा आ-आफ्ना मास्क राखी चिया पिउने धन्दामा व्यस्त/मस्त थिए । साहुले कानमा तुर्लुङ्ग मास्क झुन्ड्याएको थियो । साहुले भन्यो : "हेर्नोस्न रूपचन्जी ! यो दुर्गन्धले त ज्यानै लिने भो । अगरबत्ती बाल्दैमा सास्ती !"

एउटा केटोले दुई कप चिया ल्याइदियो । उसले पनि आफ्नो कानमा कालो मास्क झुन्ड्याएको रैंछ । रूपचन्द्रको रूपलाई यसो फुर्सदमा नियाल्छु । ऊ प्रशस्त कुरूप देखिएको छ । सदावहारको आक्रोश उसको आँखामा लिपिबद्ध छ । कपालमा बुरुस -माफ गर्नुस्- काँइयो नपरेको महिनौं भएझैं देखिन्छ । विगत केही हप्तादेखि के उसले आफ्नो टिपिकल अनुहार धुन बिर्सेको हो ? खजमजिएको केश र कमिज उसको व्यक्तित्वलाई कसैगरी 'सुट' गरिरहेको थिएन ।

रूपचन्द्रको 'रूप' बिग्रेको थियो । अनि 'सार' नि ?

पटके चिया सुरूप सुरूप गर्दै उसले भन्यो :

- लौ हेर् सोम ! म अर्थात् रूपचन्द्र आज तँलाई सारको कुरा कहन्छु । यो काठमान्डु आज दुर्गन्धको राजधानी भएको छ । मानिसहरू मुखमा मास्क लगाई हिंडेका छन् । मास्क नहुनेहरू नाक थुनेर हिंडिरहेका छन् । यो दुर्गन्धको स्रोत के हो, थाहा छ ?
- शहरमा यत्रतत्र थुप्रिएको फोहोरको डङ्गुर होला नि त ! यो नगरपालिकाको कियाधरम हुनुपर्छ । शहरको आधुनिक सभ्यता यसरी गन्हाइरहेको होला ?

- तेरो कुरामा अवश्य पनि केही दम छ सोम । शहरको उत्तरआधुनिक सभ्यता यसैगरी गन्हाउँछ, होइन त, भाते !
- नगरपालिका भ्रष्ट भएपछि शहर गन्हाउने भैहाल्यो नि ! - भनें ।

केटोसित अर्को दुई कप चियाको याचना गरें । अघिका चिया पारखीहरूले टेबलबाट मास्क उठाए र मुखमा लगाए । जाँदा भए । अरू मास्कधारीहरू आउँदा भए । चिया पिउँदा भए । रूपचन्द्रका कुरा सुन्दा भए :

- यो गन्ध फोहोरको डङ्गुरबाट आइरहेको होइन । हत्तेरिका ! ब्लडी सिट ! मानिसको सिनुको दुर्गन्ध हो यो । सडेको मानव-लासको कुइगन्ध हो यो । र यो दुर्गन्ध चार राजनीतिक दलका हेडक्वार्टरबाट आइरहेको हो । राष्ट्रपति भवनबाट आइरहेको हो यो दुर्गन्ध ।

यसो भनेपछि रूपचन्द्र केही बेर फुलस्टप भयो । उसको अनुहार केही गम्भीर भैगयो । छेवैको मास्कधारीले एक खिल्ली चुरोटको धुवाँ उडायो । रूपचन्द्रले मास्कधारीलाई झपार्‍यो :

- तँ भातेले मेरो कुराको खिल्ली उडाउने ?

मास्कधारी ट्वाँ पर्‍यो र खिल्लीलाई एस-ट्रेमा किचिमिची पार्‍यो । उसलाई खसखस लागेछ क्यारे ! भन्यो, "हेडक्वार्टर अनि राष्ट्रपति भवनबाट यस्तो अचाक्ली दुर्गन्ध चैं किन आ रैछ ?"

त्यसपछि रूपचन्द्र उवाच :

- तँ भातेलाई पनि थाहा छैन ? जनतालाई उहिल्यै थाहा पाऊ, थाहा पाऊ भन्दाभन्दै म अथाह भएँ तर गाँठी कुरा तिमीहरूलाई थाहा नै छैन ।
- गाँठी कुरा चैं के हो त ? - खसखसेले पुनः सोध्यो ।
- यो कुइगन्धको स्रोत अख्तियार आयोग हो । सार्वजनिक रूपमै नैतिक स्खलन भएको जनआन्दोलनको दोषी अख्तियार प्रमुखमा नियुक्त हुन्छ भने देशमा त्यसको दुर्गन्ध फैलने नै भयो । यो दुर्गन्धको जड कथित प्रमुख चार दलका सो-कल्ड बोसहरू हुन् । ब्लडी-सिट । महामहिम राष्ट्रपति हुन् । राज्य प्रणाली हो । सत्ता हो ।
- गाँठी कुरा त यस्तो पो रैछ । - मिस्टर खसखसेको मनोदशा केही खस्क्यो तर भन्यो - त्यसैले शहर यसरी गनाएको रछ !
- शहर गन्हाएको होइन भाते ! - रूपचन्द्र भन्दै गयो - जनताको ढुकढुकी सुन्न नचाहने राज्य प्रणाली गन्हाएको हो । सडेगलेको डेडबडी काँधमा बोकी हिँड्ने चार दलका श्री ४ स्वाँठहरू गन्हाएको हो । काइते

सरकारको अनैतिकता र आडम्बर गन्हाएको हो । महामहिम राष्ट्रपतिको नपुंसकता गन्हाएको हो । भाते ! थाहा पाइयो नि अब त ! यो कुइगन्ध नवनियुक्त अदुअआ-प्रमुखबाट फैलिएको हो । यो, अदुवा गन्हाएको हो ।

रूपचन्द्रको कुरा सुनी मिस्टर खसखसे गम्भीर बन्यो । चिया सुरूपप गऱ्यो । मुख बिगाऱ्यो । चिया ल्याउने केटोलाई थर्कायो, "ओइ ब्रो ! चियामा अदुवा मिसाको छस् कि क्या हो ?" केटोले "हो हजुर" भन्यो ।

खसखसे झोक्कियो, "छिट्टै अर्को कप चिया ल्या । चियामा श्री ४ हरू गनायो । चियामा राज्य, सरकार, अख्तियार गनायो, अदुवा गनायो । आइन्दा, चियामा बिर्सेर पनि अदुवा नराख्नू ।"

- हस् हजुर ! - केटोले भन्यो ।

त्यसपछि हामी चियालयबाट बाहिरियौँ । रूपचन्द्रले बाइक स्टार्ट गऱ्यो । मास्क लगायो र अथाह-लोकतिर बेपत्ता भयो ।

***

॥ लै बरी लै ॥

पुनः ठिङ्ग उभिन पुगेँ । सडक छेउ । अनि, एउटा बुक-स्टोरको बोर्डले मेरो ध्यान प्रशस्त खिच्यो । बोर्डमा लेखिएको थियो : पन्नाकाजी किताब केन्द्र । त्यसको ठीक मुनि अझै यस्तो पो देखियो :

॥ यहाँ कथा, कविता, निबन्ध, उपन्यासहरू
सुपथ मूल्यमा बिक्री वितरण गरिन्छ ॥

यस्तो खालको फ्यान्सी पसलमा लुसुक्क छिर्न मलाई मज्जा लाग्छ । बागबजारजस्तो कर्पोरेट-गल्लीमा त्यस्तो पसल देखिनु गज्जब थियो । नयाँ रङरोगन, साजसज्जामा उक्त नवदोकान नयाँ, नवीन, नौलो पो देखियो ।

स्वभावतः लुसुक्क छिरेँ ।

किताब-केन्द्र ठूलै रै'छ । भव्य लाग्यो । काउन्टरमा एक अर्धवृद्ध मानिसलाई देखेँ । साहुजी रै'छ । पन्नाकाजी तपाईं नै हो भनी सोधी ल्याउँदा उसले "हो, म नै हुँ" भन्यो :

- पहिले पन्नालाल थिएँ । अहिले काजी भएँ ।

- लालबाट किन काजी भा'को नि ? - सोधेँ ।

- पहिले रेड बुक पढ्थें । लाल पुस्तकहरू खुप पढियो । कमरेड थिएँ नि त ! पछि कामरेडबाट रेड अलि कम भयो । देश पुँजीवादी भइसक्या रै'छ । थाहै थिएन । पन्नालालबाट त्यसैले लालको छटनी गरें । त्यसको कुनै अर्थ रहेन । पहिले लाल किताबहरूको पन्ना-पन्ना पढ्थें । त्यसैले त पन्नालाल थिएँ । पढ्न छाडिदिएँ । कुनै पन्ना नपढ्ने मानिस भुत्रोको पन्नालाल ! किताब पढ्ने चीज हैन रै'छ । बेच्ने चीज रै'छ । त्यसैले काजी बनें । पन्नाकाजी ।
- छ्या ! काजी होइन पाजी पो हुनुभएछ । - व्यङ्ग्य गरें ।

रिसाउला कि भनेको त पाजी हें हें गर्दै हाँस्न पो थाल्यो । क्वाइट एन इन्ट्रेस्टिङ गाय ! त्यसपछि किताब छनोट गर्नतिर लागें । निबन्ध शाखाबाट केही थान निकालें । प्रकाश सायमिको 'बर्सादी दिन' हातमा लिई पल्टाउँदै थिएँ । पाजीले भनी पो हाल्यो :

- मनसुनमा, काठमान्डुको बर्सातमा कुनै क्याफेमा बसी 'बर्सादी दिन' पढ्नुको मज्जा नै बेग्लै । किन्नुस्, किन्नुस् । आजकल निबन्धको भाउ केही बढेको छ । किलोको जम्मा तीन सय रुपियाँ मात्रै हो ।
- कथा कसोरी हो नि ? - सोध्छु ।
- किलोको सय रुपियाँ हो । कथाको बजार-मूल्य घटेको छ नि त !
- किन पो होला, हो गाँठे ?
- खै कुन्नि ! बजारमा गुरुप्रसाद मैनालीहरूको सङ्कट भएरै त होला नि ! तर उपन्यास महँगिएका छन् । किलोको पूरै पाँच सय ।
- बडो गज्जब !
- सबै लेखक उपन्यासतिर बरालिन थाले । लहसिन थाले । उपन्यास-लेखन बडो सेक्सी बिजनेस भा'छ अचेल । अरू सप्पै विधाका फ्याक्ट्री बन्द गर्दै लेखकहरू धमाधम उपन्यास उत्पादन गर्न थाले हजुर । मेरै पसलमा म दिनमा चालीस, पचास किलो त उपन्यास मात्रै बिक्री गर्छु । तपाईंलाई कति किलो दिऊँ ? कि धार्नी नै लानुहुन्छ ? कि एक बिसौंली उपन्यास जोखिदिऊँ ?
- एक पाउ मात्रै लान्छु । - भनें ।
- मात्र एक पाउ उपन्यास ! - पाजी आश्चर्यमा पऱ्यो, "एक पाउमा त 'उलार' मात्रै आउँछ ।
- त्यसो भए 'तोदा' पनि जोख्नुस् र दुई पाउ राखिदिनुस् भन्नुपऱ्यो ।

त्यसपछि पाजीले कथा-शाखाबाट नयनराज पाण्डेको ख्याउटे 'उलार' प्लस उमा सुवेदीको पोटिलो 'तोदा' निकाल्यो । तिनलाई विद्युतीय तराजुमा जोख्यो । म भने बायोग्राफी शाखामा पुगेँ । पाजीको अनुसार बायोग्राफीको बजार-मूल्य केही सस्तो थियो । एक किलोको दुई सय मात्र । 'चिना हराएको मान्छे' र 'डेथ अफ अ फिक्सन डिजाइनर' टिपेँ ।

कविता शाखामा केही बेर रुमल्लिएँ । छेवैमा आएको पाजीलाई सोधेँ :

- कविता पनि किलोमै बिक्री हुन्छ ?
- हो त ! डल्लै किलोमा बेच्छु ।
- कविता त तरल चीज हो क्यारे ! लिटरमा बेच्नुपर्ने होइन र ?
- आजकलका कविता कहाँ तरल हुनु नि ! सबै ठोस छन् । सोलिड छन् सोलिड ! क्या सोलिड कविता लेख्छन् आजकल कविहरू ! ठोस माललाई अब कहाँ लिटरमा बेच्नु ! कविता : पानी, आँसु र पसिना कहाँ रह्यो र ? कविता : आलु, प्याज र गोलभेँडाजस्तो पो भयो । त्यसैले सस्तो पनि छ । किलोको जम्मा पचास रुपैयाँ । ढकै उठाउनुहुन्छ भने अझै घटाइदिन्छु । भन्नुस्, कति किलो कविता जोखिदिऊँ ?

पन्नालाल किताब-केन्द्रबाट मैले त्यस दिन निम्नानुसार 'सामान' खरिद गरेको रहेछु :

१. निबन्ध	पाँच किलो	रू. १५००।-
२. कथा	दुई किलो	रू. १००।-
३. बायोग्राफी	डेढ किलो	रू. ३००।-
४. कविता	पाँच किलो	रू. २५०।-
५. उपन्यास	दुई पाउ	रू. ३००।-
	जम्मा :	रू. २,३५०/-

पन्नाललाई द्रव्यकुमारी बुझाएँ । किताबहरूलाई उसले बडो जतनका साथ पार्सलमा प्याक गरिदियो । ती 'सामान'हरूलाई उसले होम डेलिभरी गरिदिने भयो । उसलाई आफ्नो ठेगाना टिपाइदिएँ ।

- ओके मिस्टर पाजी । - जान्छु । आउँदै गरुँला । - भनेँ ।

त्यसपछि मिस्टर पाजीले लै बरी लैको भाखामा भन्यो :

- आउँदै गर्नुहोला लै बरी लै जाँदै गर्नुहोला लै बरी लै ।

***

॥ अ कप अफ टियर्स ॥

क्याफेको बरन्डामा अघिदेखि चुपचाप बसेको छु । चुप्प चाप्प ! एक्लै, एक्लै फगत एक्लै ।

कफी-मानवहरू कोही आएका छैनन् । यो कफी-पार्लरको इन्टेरियर डिजाइनले मलाई सधैं लोभ्याउँछ । मौका मिल्नासाथ म यहाँ टुप्लुक्क देखा परिहाल्दो रै'छु । शहरका कफी-कनोसायरहरू रत्न पुस्तकका गोविन्द श्रेष्ठ, नाट्यशिल्पी अनुप बराल, प्रेतकल्पी नारायण ढकालहरूसित यहाँ आउने मेरो अन्तरिम-इच्छा यथोचित् छ । कफीका डाई-हार्ड-प्रेतहरू मिस्टर शेखर खरेल एवम् नारायण वाग्ले यतैकतै काउचमा निदाउँछन् तर आज म किन एक्लो यहाँ आइपुगेको छु ? तपाईं देख्नुहुन्छ, क्याफेमा केही ट्रपिकल क्याक्टसहरू छन् । 'सिउँडी'को विमल निभाको याद दिलाउने । पार्लरको बीच भागमा एउटा स-सानो पाषाण बगैंचा छ जहाँ केही चम्किला बालुवाका पत्र छरिएका छन् । कुनामा गुलाफको झाडी छ । एउटा ठूलो ब्राउन-अजिङ्गर भित्तामुनि लम्पसार ढलेको छ । चिर निद्रामा । मानिसहरू त्यसमाथि बसी कफी पिउन सक्छन् ।

पुतली सडकको कफी-पार्लर हो । पुतलीहरू उड्ने नै भए ।

अर्डर गरेको मेरो चिसो क्रिम-कफी अझै आइपुगेको छैन । काउन्टरमा एउटा बेयरा दायाँ हातमा गाला बिसाइ उँघिरहेछ । उसको सिटिजन क्वार्जमा मध्याह्नको १२ बजेको हुँदो हो । अर्को बेयरा क्याफेको भित्तामा झुन्डिएको विशाल एवम् भव्य मुराल-पेन्टिङ हेरिरहेको छ दुवै हात नितम्बमा झुन्डिएको/टाँस्सिएको खल्तीभित्र घुसाउँदै ।

एउटी आइमाई धुमधुम्ती बसेकी छे मेचमा । अघिदेखि नै । केही उता/केही पर । आकर्षणको सप्पै केन्द्रविन्दु आफूमा प्रसार गर्दै । उसको पनि हातमा गाला अडेसिएको छ । टेबलमा, उसकै सामु काँचको गिलास छ । आइमाई गिलासमा झुम्मिएकी छे । कालो बादलझैं । बादल कहिले गर्जने हो ? यताउति घुमिहिँड्ने फिरन्ता बतासले उसको घना केशलाई उडाउँछ । लौ न है ! बादल गर्जन थाल्यो । आइमाईका आँखाबाट आँसुका दानाहरू तप्प-तप्प-तप्प झरे । गिलासमा आँसु त्यसै-त्यसै छचल्किन थाल्यो । छिल्लिन थाल्यो...

मौन छु म । बरन्डामा । अकस्मात् बर्सात हुन थाल्यो । सुरुमा हल्का 'ड्रिजल' अनि त्यसपश्चात् मुसलधारे । चोकमा मुसलधारेलाई धारे हात लगाउँदै ट्राफिक

प्रहरीले एक डोज गाली बर्सायो । मुसलधारे केही अटेरी टाइपको रै'छ । झन् बेस्सरी बर्सिन थाल्यो । पन्नाकाजी भन्थ्यो, यस्तो झरीमा कुनै क्याफेमा बसी 'बर्सादी दिन' पढ्नुको मज्जा नै बेग्लै हुन्छ तर म बसेको छु यहाँ बेमज्जासित । सडक क्षणभरमै सुनसान भयो । गाडीहरू कहाँ भागे ?

उता हेर्छु । आइमाई एक तमासले उस्तै गरी धुमधुम्ती बसेकी छे । पोइन्ट टु बी नोटेड प्रिय पाठक ! मेघ गर्जन भइरहेको छ र आइमाईको गिलासमा आँसु उसै गरी छचल्किँदै छ । लाग्छ, यस्तो अद्‌भुत दृश्यलाई क्यामेरामा कैद गर्नुपर्छ तर साथमा क्यामेरा छैन । अफसोस मात्र छ । कुनै प्रोफेसनल फोटोग्राफरले यो 'अ कप अफ टियर्स'लाई खिच्दो हो त कति भव्य खिच्दो हो ! चन्द्रशेखर कार्की, मीन बज्राचार्य या किशोर कायस्थजस्ता गड-ड्याम-फाइन फोटोग्राफरहरूलाई यो कफी पार्लरमा डाकी पठाउन पाए क्या जाती हुन्थ्यो !

पख्नुस् है पाठक ! उत्पातै विचित्रको दृश्य पटाक्षेप हुँदै छ अब ।

बेयरा ब्रोहरूले के उटपट्याङ पो गर्न थाले ! हेरौं है एकछिन । दुईछिन । तीनछिन । केटाहरू सबैले आ-आफ्नो आङबाट लुगाहरू फुकाले । टावेलले कटीलाई बाँधे । लाइफब्वाई बोकी 'ब्वाइज' सडकमा पो निस्के । मुसलधारेमा ब्याइज निस्फिक्री भिजे । आङ मिचिमिची नुहाए । पालैपालो जीउमा साबुन दले । आकासे पानीले पखालिदियो सिनित्त । पुनः आङ मऱ्याकमुरुक मिचे । मयल निकाले । पानीमा ज्यान पखाले ।

कस्तो गजबको भव्य सडक-स्नान ! चोकको ट्राफिक-बिटमुनि उनीहरूले आ-आफ्नो मैलो अन्तर्वस्त्र फुकाले । फ्रेस अन्डरवेयर लगाए । अन्डरवेयरलाई पनि लाइफब्वाईले पालैपालो सडकमा धोइपखाली गरे ।

धत्तेरिका ! क्यामेरा किन ल्याइएन छ ! नत्र फोटो खिच्नुहुन्थ्यो । पत्रिकामा छाप्नुहुन्थ्यो । पत्रिकाको फोटो-क्याप्सनमा लेख्नुहुन्थ्यो- *पुतलीसडक चोकको मुलसधारे बर्सातमा सडक-स्नान गर्दै बेयराहरू ।*

खैर, अब त बेयरा ब्रोहरू आ-आफ्नो युनिफर्ममा देखा परे । एउटा बेयरा काउन्टरको डेस्कमा दायाँ हातमा आफ्नो गाला बिसाउँदै पुनः उँघ्न थालिसकेको छ । उसको सिटिजन क्वार्जमा अहिले त मध्याह्नको तीन बजेर पन्ध्र मिनेट भएको हुनुपर्छ । अर्को बेयरा पुनः क्याफेको भित्तामा झुन्डिएको विशाल मुराल-पेन्टिङ हेरिरहेको छ- दुवै हात नितम्बमा झुन्डिएको, टाँस्सिएको खल्तीभित्र घुसाउँदै ।

अब त बिस्तारै मुसलधारे बर्सात पनि सिमसिम हुँदै छ । ठीक यही क्षण अब म पाठकलाई आफ्नो क्यामेराको लेन्स आइमाईतिर सोझ्याउन अनुरोध गर्छु ।

भर्खरै गिलासमा आँसुको अन्तिम 'ड्रप' पनि खसिसकेको छ । यतिन्जेल धुमधुम्ती बसेकी आइमाई केही चलमलाई । यताउति हेरी । यता म थिएँ, उता को थियो या कोही थिएन ! पुनः यता हेरी । म त यतै त थिएँ नि ! उसको अनुहार उदास, उजाड थियो ।

त्यस्तो उजाड अनुहार मैले कहाँ देखेको थिएँ ? त्यस्तो उदास आँखा मैले कहाँ भेटेको थिएँ ?

त्यसपछि आइमाईले गिलास उठाई । एकक्षण त्यो आँसुको प्यालालाई निर्निमेष हेरिरही । गिलासलाई ओठसम्म पुऱ्याई र घुटुक्क एक घुँटमा, सप्पै आँसु पिई ।

गिलासलाई टेबलमै छाडी ऊ, त्यसपछि फटाफट क्याफेबाट बाहिरिई ।

कस्ती अद्‌भुत आइमाई रै'छ !

उठें । टेबलसम्म गएँ । गुलाफ झाडीमा केही चलमलायो । अजिङ्गर सल्बलायो । एउटा पहेँलो पुतली झाडीबाट उड्दै आयो । गिलास र मेरो टाउको वरपर एक राउन्ड फनफनी नाच्यो र गिलासमा थपक्क बस्यो । त्यसपछि, हेर्दाहेर्दै आँखै अगाडि त्यो पुतली गिलासमा 'प्रिन्टेड' भयो ।

पुतलीबुट्टे त्यो काँचको गिलासलाई मैले आफूसितै लैजाने अठोट गरें । काउन्टरमा उँघिरहेको बेयरालाई उक्त कुरा भन्दा त्यसले भन्यो :

- लैजानुस् । तपाईंलाई उपहार भयो ।
- थ्याङ्स अ लट । ब्रदर, मलाई एउटा कुरा बताऊ । - भनें ।
- के कुरा ?
- भर्खरै गएकी आइमाईलाई मैले चिनेझैं लाग्यो । कता कता, कहाँ कहाँ देखेझैं लाग्यो । तिमी मलाई बताऊ । वास्तवमा ऊ को थिई ?
- धत्तेरिका ! - उसले आँखीभुईं खुम्चाउँदै भन्यो - चिन्नुभएन ? सुम्निमालाई चिन्नुभएन ?

म टाँयटाँय फिस्स भएँ । अघिसम्म यतै कतै बसेकी ती आइमाई वास्तवमा सुम्निमा रै'छे । उफ्ऽऽऽ त्यो उजाड अनुहार सुम्निमाको थियो । ती एक जोर उदास आँखा सुम्निमाका थिए ! हेलो मिस्टर बिपी कोइराला ! सुम्निमालाई त्यस्तो हालतमा अलपत्र छाडेर तिमी त्यसरी काउचमा किन निदाइरहेको ?

त्यसपछि, म निःशब्द भएँ । म अर्थात् सोमदत्त ।

वाचम्यान उर्फ गिद्धराम चौधरी

प्रिय पाठक !

दुर्भाग्यवश म सन्चै छु । तपाईं पनि त्यहाँ -ह्वेरेभर यु आर- कुशल-मङ्गल हुनुहुन्छ भन्ने झीनो कामना गर्छु । झीनो किन भनेको हुँ भने आजकल कामनाले कुनै सिद्धिप्राप्ति हुन छाड्यो । कामनाको इम्युनिटी पावर किन यति साह्रो झुर भएको होला !

आज सेप्टेम्बर १२, बिहीबार । माओवादी प्लस ३२ दलको ज्वोइन्ट भेन्चरमा उपत्यका बन्द छ । देशको उपत्यका बन्द भएको बखत हृदयको उपत्यका खोल्नु उपयुक्त हुन्छ सायद । पुरानो डायरी खोल्नु अझ डबल उपयुक्त हुन्छ । केही दिनदेखि म एउटा संस्मरण लेख्ने डरलाग्दो योजनामा छु । अफसोस के भने संस्मरणसित म उतिसाह्रो कम्फर्टेबल फिल गर्दिनँ । अलिकति पनि लिट्ररी कर्टसी अर्थात् साहित्यिक विनम्रता राख्ने हो भने म भन्न सक्छु -अब अरू के नै पो भन्न सकिन्छ र !- कि किनकिन संस्मरणसित झुन्डिएको 'मरण' शब्दले सदैव (हे दैव !) मेरो विवेक अपहरण गरिदिन्छ । संस्मरणमा किन मरण झुन्डिएको होला ?

इन्फ्याक्ट– यो संस्मरण एउटा वाचम्यानको हो जसको नाम 'थियो' गिद्धराम चौधरी । ऊ अब अस्तित्वमा छैन । देशको आकाशबाट भल्चरहरू बिलाएझैं ऊ पनि शून्यमा बिलाइसकेको छ । उसलाई केवल भेट्टाउँछु म आफ्नो स्वर्णिम बाल्यकालमा, यादका फुटेजहरूमा, नोस्टाल्जियाका मोन्टाजहरूमा अनि डायरीका पानाहरूमा ।

उसलाई सम्झँदा आज मेरो मन ओइलाएको छ । ओइलाएको घन्टी-फूलझैं । बेला कुबेला उसले बजाउने स्कुलको घन्टी मेरो कानमा गुन्जिन्छ । यो घन्टीको आवाज कर्णप्रिय छैन । गिद्धराम चौधरीले आफ्नै मृत्युको घन्टी बजाएझैं लाग्छ । डायरी पल्टाएको छु । उसको मृत्युलाई लिएर मैले केही लेखेको रहेछु अङ्ग्रेजीमा । तपाईंसित सेयर गर्छु । फेब्रुअरी १७, १९९९ को डायरी इन्ट्री यसप्रकार छ : 'डेथ इज अ मिस्टिक अर्गनाइजेसन । अ सिङ्गल लाइफ अलोन इज नट क्वाइट इनफ टु डिसाइफर द कोड-एन्ड-कन्डक्ट अफ डेथ ।'

यस्तो खालको सर्रियल-मृत्यु चिन्तन सके तपाईं पनि कहिलेकाहीं गर्नु हुँदो हो । खैर, छाडौं यी बकम्फुसे सन्दर्भहरू । यो संस्मरणको अनौपचारिक आरम्भ हुन्छ आमा र पुत्रको 'बाल डिस्कोर्स'बाट । स्थान : मध्यपश्चिमाञ्चलको पहाडी-प्रदेश । रुकुम जिल्ला । चौरजहारी । त्यसपछि, म तपाईंलाई लिएर दाङतिर जानेछु जहाँ यो संस्मरणको दुखी नायक वाचम्यान उर्फ गिद्धराम चौधरीको सानो संसार थियो । किंवदन्ती-संसार ।

प्लिज, बी कनेक्टेड विथ मी...

***

आमा : गिद्धराम चौधरी !

म : अँ, गिद्धराम चौधरी ।

आमा : छ्या ! त्यस्तो पनि कुनै नाम हुन्छ ? मैले आजसम्म त्यस्तो अलच्छिनी नाम सुन्या छैन ।

म : तर, आमा ऊ असल मान्छे हो । मेरो बेस्ट-फ्रेन्ड हो ।

आमा : तिम्रो क्लासमा पढ्ने हो ?

म : होइन । ऊ हाम्रो स्कुलमा घन्टी बजाउने पाले हो । वाचम्यान हो ।

आमा : अनि वाचम्यानलाई तिमीले कसरी आफ्नो बेस्ट-फ्रेन्ड बनायौ त ?

म : कुन्नि !

त्यो शरद्को एक साँझ थियो । दशैंको एकमहिने लामो बिदामा म घर आएको थिएँ । त्यो मेरो जीवनको पहिलो लामो बिदा थियो । हाम्रो परिवार त्यस बेला रुकुम जिल्लाको चौरजहारीमा बस्थ्यो । एयरपोर्टमा बुबाको दरबन्दी थियो । उहाँ प्रहरी इन्चार्ज हुनुहुन्थ्यो । लामिछाने बाजेको सिङ्गो घर बुबाले भाडामा लिनुभएको थियो । मेरो स्कुल थियो सुदूर देशमा ।

स्कुल जानका निम्ति मैले हवाई जहाज चढ्नुपर्थ्यो । रोयल नेपाल एयरलाइन्सको सानो ट्वीनअटर । आकाशमा सत्र मिनेट चानचुन उडेर, डाँडाकाँडा, पर्वत, खोलानाला पार गरेपछि नेपालगन्ज ओर्लनु पर्थ्यो । त्यो उष्णप्रदेशमा बजारलाइनको 'मुसाफिरखाना' नाम गरेको लजमा एक रात बिताएपछि एकाबिहानै कुनै दङ्गाली-दिवा-बस सेवाको थोत्रो बस समातिहाल्नुपर्थ्यो । त्यो डे-एक्सप्रेसले मलाई अपराह्नसम्ममा दाङ जिल्लाको घोराही बजार पुर्‍याइदिन्थ्यो । मसित साथमा कहिले बुबा हुनुहुन्थ्यो र कहिलेकाहीं बुबाले साथमा पठाइदिएको सिपाही हुने गर्थ्यो । साँझपखको सिनेमा हेर्ने मेरो जबर्जस्त इच्छा अवश्य पनि पूरा हुनुपर्थ्यो ।

भोलिपल्ट, घोराही बजारदेखि दक्षिणतिरको उदाङ्गो चिहान डाँडामा मलाई मिल्काएर बुबा वा सिपाही फर्किहाल्थे चौरजहारी । त्यो विशाल चिहान डाँडामा मेरो स्कुल थियो । दीपेन्द्र प्रहरी आवासीय विद्यालय । म त्यो स्कुलको प्रथम ब्याच थिएँ । ब्याच अफ नाइन्टिन एट्टी फोर । मलाई त्यो बोर्डिङ हाउसमा कक्षा तीनमा सशुल्क भर्ना गरिएको थियो । त्यहाँ नै मैले फेला पारेको थिएँ, जीवनको पहिलो बेस्ट-फ्रेन्ड । वाचम्यान उर्फ गिद्धराम चौधरी ।

पुलिस स्कुलमा पढ्ने म एक फुलिस-बच्चो थिएँ । हिमाली प्रदेश डोल्पाको दुनैमा साँवा अक्षर चिनेको मैले विभिन्न अरू प्रादेशिक-पाठशालाहरूमा छिर्नुपऱ्यो । काठमान्डु, महाराजगन्जको किन्डरगार्टेन-बच्चो भइनँ कि ! सुर्खेतमा धुलौटे विद्यार्थी भइनँ कि ! चौरजहारीमा कक्षा पाँचको चकचके बजिया भइनँ कि ! मेरो बाल्यकाल विभिन्न प्रदेशका तथाकथित पाठशालाहरूमा छिन्नभिन्न भयो ।

यसरी छिन्नभिन्न हुने भएपछि, मेरो शैक्षिक कल्याण हुने छाँट नदेखेपछि बुबाले दाङको बोर्डिङ स्कुलमा मलाई बन्द गरिदिए । दुई कक्षा घटुवा हुने गरी कक्षा तीनमा ।

गिद्धराम चौधरी कालो वर्णको पट्ठो थियो । जवान हट्टाकट्टा । गुलरिया गाउँको थारू बस्तीको आदिवासी तर ऊ केट्यौली उमेरमा कामका खातिर रूपैडिहा र बहराइचसम्म पुगेको थियो । विभिन्न भारतीय ढाबाहरूमा उसले भाँडा माझ्दै आफ्नो किशोर-आयु रित्याएको थियो । बोलचालमा ऊ हिन्दी शब्दहरू घुसाउँथ्यो । हामी बच्चाहरूलाई उसको भाषा अनौठो लाग्थ्यो । हिन्दी लवजमा ऊ बेला कुबेला भन्थ्यो : "माँ कसम ! यो स्कुलमा घन्टी बजाएर म बहोत दिन बस्दिनँ । थोडा रोपैयाँ जम्मा भएपछि यहाँबाट भागिहाल्छु । रूपैडिहा जान्छु । मैथुन चक्करवर्तीको पिक्चर हेर्छु । तिमीहरूले प्यार झुक्ता नहीं हेऱ्या छ ? माँ कसम, बहोत राम्रो छ ।"

भारतीय अभिनेता मिथुन उसको 'मनपसन्द' हिरो थियो तर मिथुनको नाम र सरनेम बिगार्थ्यो । मैथुन चक्करवर्ती भन्थ्यो । घरीघरी 'माँ कसम' भन्ने उसको चौधराइन-थेगो थियो । तनाव या उत्तेजना या आवेगमा आउँदा यो थेगोको ऊ प्रयोग गर्न रुचाउँथ्यो ।

गिद्धराम चौधरी तेलले जीउ मालिस गर्थ्यो । ऊ प्रायः गन्जी र हाप प्यान्टमा हुन्थ्यो । बायाँ सिउँदो कोरिएको उसको कपाल मात्र होइन, उसको मस्कुलर तिघ्रा, पिँडुला अनि पाखुरा पनि घाममा गजबले टल्कन्थ्यो । उसको माचो-शरीरबाट नरिवल तेलको मगमग बास्ना आउँथ्यो ।

धेरै समयपछि मात्र मैले फ्रेन्च लेखक भिक्टर ह्युगोको 'हन्चब्याक अफ नोत्रेदाम' पढेको हुँ । एक प्रकारले भन्ने हो भने उपन्यासको ट्राजिक नायक क्वासिमोडोको

म 'दिवाना' हुँ । नोत्रेदाम-गिर्जाघरको विशाल घन्टी बजाउँदा बजाउँदै क्वासिमोडो लगभग बहिरो हुन्छ र कुप्रिंदाकुप्रिंदा हन्चब्याक अर्थात् कुप्रे हुन्छ ।

हाम्रो स्कुलको घन्टी बजाउने गिद्धराम चौधरीमा कहिलेकाहीं म क्वासिमोडोको विम्ब खोज्ने गर्छु । एक आदिवासी मेटाफरलाई ओभरल्याप गरी हेर्छु । त्यो क्वासिमोडोलाई गहन प्रेम गर्ने एउटी जिप्सी नायिका थिई इज्मेराल्दा । अनि मेरो संस्मरणमा पनि कुनै जिप्सी नायिका हुनु परेन ?

प्रिय पाठक !

म अब तपाईंको परिचय एउटी आदिवासी स्त्रीसित गराउँछु जसलाई गिद्धराम चौधरी 'बठिनिया' भनी बोलाउँथ्यो । बठिनिया अर्थात् थारु भाषामा जवान एवम् रहरलाग्दी युवती । बठिनिया हाम्री सिस्टर । तिनको नाम के थियो ? मलाई कहिल्यै थाहा भएन । मैले कहिल्यै सोधिनँ पनि । हो न हो बठिनिया नै उसको नाम हुनुपर्छ भन्ने ठान्थें । गिद्धरामलाई एक दिन सोधें पनि :

- सिस्टरलाई किन बठिनिया भनेको ?
- मलाई मन परेर । - ऊ छोटो जवाफ दिन्थ्यो ङिच्च हाँसेर ।

***

हाम्रो होस्टलसितै जोडिएको एउटा छाप्रोमा गिद्धराम चौधरीको 'बसेरा' थियो । शनिबार या छोटो छुट्टीका दिनहरूमा म उसको त्यो बसेरामा गइरहन्थें । त्यो गिद्ध-कुटी मलाई ज्यादै मन पर्थ्यो ।

भुईंमा उसको ओछ्यान फिजिएको हुन्थ्यो । ओछ्यान पनि के भन्नु ! एउटा दरी, छिर्केमिर्के बाक्लो तन्ना र सिरानी आदि । त्यहाँ सिरक या ब्लाङ्केटजस्ता बुर्जुवा टाइपका जिनिसहरू कहिल्यै देखिएनन् । सिरानीमा विभिन्न रङका गम्छा अवश्य हुन्थ्यो ।

उसैको मुखबाट मैले सुनेको थिएँ कि हाम्रो स्कुल चिहानमा खडा भएको हो । उसका अनुसार त्यहाँ पहिले चिहान रहने गर्थ्यो जहाँ अधिकांश आदिवासी थारुहरूलाई गाडिन्थ्यो । चिहान डाँडालाई समतल पारेर त्यो विशाल भूक्षेत्रमा स्कुल ठड्याइएको थियो, जहाँ देशका विभिन्न कुनाकाप्चाबाट मजस्ता फुच्चे पिशाचहरू आई पढ्न थालेका थिए ।

"जमिन खन्ने हो भने यहाँ अझै पनि मान्छेका नलीहाड, करङ, खप्परहरू भेट्टिन्छन् ।", ऊ मलाई तर्साउने किसिमले सुनाउँथ्यो, "माँ कसम ! राति राति खोलामा मुर्कुट्टाहरू अझै पनि पानी खान आउँछन् ।"

गिद्धराम चौधरी आम थारूझैं भूत-देउताको पूजा गर्थ्यो तर मलाई मुर्कुट्टाहरूसित भयङ्कर डर लाग्थ्यो । पहिलोपल्ट मैले त्यस्तो डरलाग्दो भूतको नाम उसैको मुखबाट सुनेको थिएँ : मुर्कट्टा । होस्टलको करिब सय मिटरको दूरीमा एउटा सुकेनास-खोला थियो । खोँचमा । खोँचका स-साना गुफाजस्ता लाग्ने खाल्डाखुल्डीमा अजिङ्गरहरू भेटिन्थे । ती अजिङ्गर अल्छीका काल या महाकाल थिए जो निदाउन मात्रै जान्दथे । यस्तो लाग्थ्यो, ती अजीव-जीव निद्रा खपतका खातिर नै यो धर्तीमा पैदा भएका हुन् ।

खोल्सा छेवैका रूखहरू मलाई अचाक्ली मन पर्थे किनभने ती रूखका सर्पिला-हाँगामा तोपचराले गुँड बनाउँथे । रूखमा तुर्लुङ्ग झुन्डिएका पातपतिङ्गरका ती गुँड बडो कलात्मक देखिन्थे । टाढाबाट हेर्दा ती तुर्लुङ्ग झुन्डिएका गुँडहरू नवजात शिशुझैं देखिन्थे जसलाई प्रिय ममीहरूले नुहाइसकिएपछि सुकाइनका निम्ति रूखमा झुन्ड्याइदिएका हुन् ।

गिद्धरामको एउटा बानी थियो । खैनी खाने । खैनीको बट्टा उसको हाफ प्यान्टको गोजीमा सदा पुक्क उठेको देखिन्थ्यो । उसको गिद्ध-कुटीमा खैनीका प्रशस्त 'डिबिया'हरू यत्रतत्र छरिएका हुन्थे । मैले उसैको लहैलहैमा एक दिन खैनी खाएँ । शनिबारको दिन । उसको अनुसार खैनी खानु मर्दको पहिचान हो । खैनी खाएर मलाई पनि मर्द बन्न मन लाग्यो । फुच्चे नै सही । तर मेरो मर्दाङ्गी छिनभरमै टाँय टाँय फिस्स भयो ।

रसिलो थुक निल्दै म उसको गिद्ध-कुटीबाट निस्कें । मुख बेस्सरी कोक्याउन थाल्यो । केही क्षणमै टाउको फनफनी घुम्न थाल्यो । आन्द्राभुँडी बटारिन थाल्यो । दौडिँदै चौरको कुनामा रहेको धारासम्म पुगें । धारा खोलेर टुटीमै मुख जोडें । त्यसपछि शुरु भयो : एक्सप्रेस बमन । मुटु, कलेजो, फोक्सो मुखबाट निस्केर खस्लाझैं भयो । टाउको घुमी नै रहेको थियो । धारामुन्तिरै मुन्टिएँ ।

पछि होस्टल इन्चार्जले सोध्यो :

- के खाएको थिइस् ?
- खैनी ।
- जाँठाले बिताएछ ! तँलाई कसले दियो खैनी ?
- गिद्धरामले ।

त्यो साँझ गिद्धरामको रामधुलाइ भयो ।

***

एकाबिहानै होस्टलमा खैलाबैला मच्चियो ।

प्रायः बच्चाको चिचिला ओठमाथि कालो जुँगा उम्रिएको थियो । डर्मिटरीको भित्तामा झुन्डिएको लाम्चो ऐनामा मैले आफूलाई हेरें । मेरो नाकमुन्तिर पनि एकसरो जुँगा पलाएको थियो । रात्रिकालीन आकाशे नीलो छिर्केबिर्के नाइटड्रेसमा म छोटेमोटे बलभद्र कुँवरझैं देखिएँ । बडेबडे वीर-पुरुषले झैं जुँगामा ताउ लगाउँदै म ऐनामा मुस्कुराइरहेको थिएँ ।

केही साथी खिन्न भई अन्योल-मुद्रामा उभिएका थिए । कोही भने प्रफुल्ल थिए । डर्मिटरीको ढोका छेवैको कुनामा हामीसितै सुत्ने इज्मेराल्दा अर्थात् सिस्टर अचम्म मानी पालैपालो हेर्थी । यस्तैमा होस्टल इन्चार्ज (सई साप) हातमा छडी लिई प्रस्तुत भयो । गिद्धराम पनि बिहानको ब्रेकफास्टको घन्टी बजाउन बिर्सेर हामीमाझ देखा पऱ्यो । हामी सबै बच्चाहरूलाई लामबद्ध गर्दै इन्चार्ज चिच्याउन थाल्यो, "यस्तो नराम्रो काम गर्ने फटाहा को हो ?"

हामी सब तैं चुप मै चुप ! सई सापदेखि हामी सब थर्कमान हुन्थ्यौं । उसको हातमा छडी देखेपछि त झनै होसहवास पो उड्थ्यो ! उसले मायालु भाकामा भन्यो, "कसले गरेको हो खुरुक्क एक कदम अघि सर्ने । म केही गर्दिनँ ।"

म अघि सरें । जे परे पर्ला । लौ जा त !

- मूला नगरकोटी ! तँ पो होस् साथीहरूको जुँगा बनाउने ?
- हो सर !
- किन गरिस् त यस्तो नराम्रो काम ?
- कुन्नि !

मसित एउटा मार्कर-कलम थियो । त्यसलाई मैले गिद्धरामको छाप्रोमा, सिरानीछेवै भेट्टाएको थिएँ । गत राति मलाई निद्रा लागेन । के गरूँ, कसो गरूँ भयो । मसितै जोडिएको बेडमा प्रीतम शर्मा सुत्थ्यो । ऊ मस्तसित निदाइरहेको थियो । अनायास उसको नाकमुन्तिर मार्करले जुँगा कोरिदिएँ । यसो गर्दा मलाई बडो मज्जा आयो । त्यसपछि पालैपालो साथीहरूको जुँगा बनाइदिएँ । सुत्नुअघि आफूलाई पनि एक थान जुँगा बनाएँ ।

बिहान मेरो पोल खुल्यो । इन्चार्जले मेरो कान निमोठ्दै अब आइन्दा यस्तो नराम्रो काम नगर्नु भन्यो । मैले हुन्छ, गर्दिनँ भनें । अरूको जुँगा त बनाइस् बनाइस् अनि आफ्नो किन बनाइस् भनी सोध्दा मैले 'कुन्नि' भनें । उसले जुँगा बनाउनु पर्दैन, ठूलो भएपछि आफैं उम्रन्छ भनी मलाई बतायो । बरु भन्, तँलाई

यो मार्कर कसले दियो ? मैले गिद्धरामतिर आफ्नो इन्डेक्स फिङ्गर सोझ्याएँ । त्यसपछि इन्चार्ज गर्जियो ।

- मुजी गिद्धे आगे बढ् ।

बिचरो गिद्धराम चौधरी ! अगाडि बढ्यो । इन्चार्जले उसलाई झपाऱ्योः

- नगरकोटीलाई जुँगा बनाउन लगाउने तैं मुजी हैनस् ?
- होइन सर । - गिद्धरामले याचना गऱ्यो ।
- अझ झूट बोल्छस् ?
- माँ कसम । मैले झूट बोलेको छैन ।

गिद्धरामको माँ कसम व्यर्थैमा खेर गयो । गिद्धरामको रामधुलाइ भयो । हामी बच्चाहरूकै अगाडि इन्चार्जले उसको चाकमा एक छडी हिर्कायो । दुई छडी हिर्कायो । तीन, चार मैले गनें, पाँच । कान समाती उठकबैठक गर्न लगायो । १०, १५, २०, ३०, ४० । मैले गनें, ५० । त्यसपछि चाकमा अर्को छडी बर्साउँदै उसलाई भनियो- जा, अब अबेर भइसक्यो । ब्रेकफास्टको घन्टी बजा ।

डर्मिटरीको हलबाट गिद्धराम चौधरी बेपत्तासित दौडियो । बिचरो गिद्धराम ! कसोकसो उसको माया लागेर आयो । मैले त्यसरी चुक्ली लगाउन नहुने ! म किन त्यस्तो चुक्लीबाज भएको ! मेरो कारणले अझै गिद्धरामको कतिऔंपटक रामधुलाइ हुने हो ! आफैंलाई धिक्कारें । मनमनै भनें : अबदेखि चुक्ली लगाउँदिनँ । केही बेरमै ब्रेकफास्टको घन्टी बज्यो : ट्याङ ट्याङ/ट्याङ् ट्याङ/टिङ टिङ/ट्याङट्याङ । हामी सबै तितरबितर भयौं ।

ब्रेकफास्ट खाँदा आँखामा घरीघरी गिद्धरामको निन्याउरो अनुहार आइरह्यो । दूध र जाम-ब्रेड कसोकसो मन नलागी निलें । उसिनेको अण्डालाई झोलाभित्र लुकाएँ ।

साँझपख गिद्ध-कुटीमा देखा परें । ऊ आफ्नो भुईंको ओछ्यानमा ढलेको थियो मुर्दाझैं । मैले ऊसित बिहानको घटनाको निम्ति "सरी" भनें । हाफ प्यान्टको गोजीबाट अण्डा निकालेर उसलाई दिएँ । उसले बोक्रा छोडायो । उल्टै मलाई दियो । जति 'बिन्तीभाउ' गर्दा पनि उसले अण्डा खान मानेन । बरू मुखमा एक बुजो खैनी कोच्यो । भन्न थाल्यो, "माँ कसम, म अब याँ धेरै दिन बस्दिनँ । याँबाट भाग्छु । सुड्डो (पिताजी) पनि मऱ्यो । मलाई याँ कसैले मन पराउँदैन । अलिकति रोपैयाँ जम्मा होस् । रूपैडिहा जान्छु । बरू भाँडा माझ्छु । मैथुन चक्करवर्तीको पिक्चर हेर्छु ।"

- तिमीलाई बठिनियाले माया गर्छे नि त ! - भनें ।

बठिनियाको नाम सुनेपछि ऊ ङिच्च हाँस्यो । त्यो साँझ गिद्धराम चौधरीले मसित अनौठो कुरा गर्‍यो । मलाई ऊ केही रहस्यमय पनि लाग्यो । भन्यो, "सुतेको मान्छेको जुँगा बनाउनुहुँदैन ।"

- किन र ?
- किनभने सुतेको मान्छे उठ्दैन । मर्छ ।
- नचाहिने कुरा ! जुँगा बनाउँदैमा कसरी मान्छे मर्छ ?
- हंसले ठाउँ छोडेपछि माँ कसम मान्छे मर्छ ।

वास्तवमा गिद्धराम के भन्दै थियो ? हंसले ठाउँ छाडेपछि मान्छे कसरी मर्छ ? हंसले ठाउँ चाहिं कहाँ पो ओगटेको हुन्छ ? हंस भनेको के रैछ ? पहिलोपटक सुन्दै छु । मुर्कुट्टा हो ? सोधें । होइन भन्यो । बडो रहस्यमय स्वरमा उसले भन्यो, "मान्छेले सपना कसरी देख्छ, था'छ ?" मैले थाहा छैन भनी मुन्टो हल्लाएँ । उसले सपनाको रहस्य यसरी खोल्यो, "राति मान्छे निदाइसकेपछि हंस ब्युँझन्छ । हाम्रो शरीरबाट बाहिर निस्केर घुम्न निस्कन्छ । त्यसलाई कसैले पनि देख्न सक्दैन । हामीले पूजा गर्ने मूल-देवताझैं अदृश्य हुन्छ । त्यो संसारभरि बतासझैं डुलिहिंड्छ । त्यो हंस जहाँ-जहाँ जान्छ, हामी त्यसलाई सपनामा देख्छौं । पिक्चरमा जस्तो ट्याम पुगेपछि त्यो फेरि शरीरमै फर्कन्छ तर ओठैमा जुँगा बनाइदिएपछि हंसले आफ्नो अनुहार चिन्न सक्दैन । शरीरभित्र छिर्न सक्दैन । त्यसपछि हंसले ठाउँ छाड्छ । बतासमै भड्कन्छ । फर्केर कहिल्यै आउँदैन । सुतेको मान्छे फेरि कहिल्यै उठ्दैन । मरेको मर्‍यै गर्छ ।"

गिद्धरामको कुरा मेरो मनमा गढेर बस्यो ।

उसको कुराको ममाथि कस्तो प्रभाव पर्‍यो भने साथीहरूको त कुरै छाडिदिऊँ । मान्छेका चित्रहरूमा समेत मैले जुँगा बनाउने आँट गर्न सकिनँ । चित्रकलाको कक्षामा कहिलेकाहीं समस्या पर्थ्यो । पोर्ट्रेट बनाउँदा म सधैं जुँगा नभएको मानिसको स्केच गर्थें । पेन्टिङका हाम्रा गुरु सुरेश गुरुङ मेरो पोर्ट्रेट साथीहरूमाझ देखाउँदै यसोगरी मेरो बेइज्जत गर्थे, "बोयज ! अब हामीमाझ प्रस्तुत छ मिस्टर नगरकोटीले बनाएको जुँगा नभएको वीर बलभद्र कुँवरको चित्र ।"

***

गिद्धराम चौधरीले एक दिन मसित अनौठो प्रश्न गर्‍यो । उसले सोध्यो, "यो नगरकोटी भन्या चैं के हो ?"

म फसादमा परें । यसको जवाफ मसित थिएन ।

त्यसअघि म श्रेष्ठ थिएँ । कुमार श्रेष्ठ । एकाएक दाङ स्कुलमा नगरकोटी भएको थिएँ । सामाजिक पढाउने गुरु भाष्कर भट्टराई मसित ठट्टा गर्थे, "नगरकोटी कुन चिडियाको नाम हो ?" म यस्तो बेला चिडिया अर्थात् तोपचरालाई सम्झन्थें जो रुखका सर्पिला हाँगामा तुर्लुङ्ङ झुन्डिने गुँड बनाउँथे । म पनि आफूलाई त्यही तोपचरो ठान्थें जसले मेरो जीवनको रुखमा 'नगरकोटी' नाम गरेको गुँड बनाइदिएको छ । तुर्लुङ्ङ झुन्डिने गरी । जसलाई मैले जीवनपर्यन्त झुन्ड्याइरहनुपर्नेछ ।

भाष्कर सरले सोधेको प्रश्नको जवाफमा म केवल दुई शब्द उच्चारण गर्थे : कुन्नि ! गिद्धरामले राखेको जिज्ञासामा पनि मैले भनें : कुन्नि !

- आफ्नो जात/थरबारे तिमीलाई केही था' छैन ? म चौधरी हुँ । गिद्धराम चौधरी । म थारू हुँ । तिमी चैं के हौ ?
- कुन्नि !

एक रातको घटनाले यो थारूको जीवन पूरै तहसनहस भयो ।

त्यो रातको सम्झना गर्दा मलाई अझै पनि जीउभरि सर्प सलबलाएझैं लाग्छ । वास्तवमा यो संस्मरणको सबैभन्दा महत्त्वपूर्ण अंश पनि यही नै हो । त्यो रहस्यमय रात आजसम्म मेरो स्मृतिको नेपथ्यमा कैद छ ।

यसो गर्छु । अब नेपथ्यको पर्दा उघार्छु ।

त्यो रात किनकिन म निदाउन सकिरहेको थिइनँ । चकमन्न थियो रात । डर्मिटरीका सम्पूर्ण प्रेतात्माहरू निदाइसकेका थिए । खोंचमुनिको खोलामा पानी खान आउने मुर्कुट्टा पनि सायद निदाइसकेको थियो अजिङ्गरसितै । अँध्यारोको चुक हलभरि घोप्टिएको थियो । सिस्टरको बेडछेवै पिलपिल गर्दै एउटा पिलन्धरे लालटिन जलिरहेको थियो ।

बिस्तारै ढोका खोलेर हलभित्र एउटा छाया प्रवेश गर्‍यो । सुटुक्क चाल मारेर त्यो कालो छाया सिस्टर अर्थात् बठिनियाको ओछ्यानतर्फ बढ्यो । छाया का दुवै हात एकछिनपछि बठिनियाका शरीरमा बिस्तारै चलमलाउन थाले । स्त्री शरीर पनि चल्मलाउन थाल्यो ।

क्षणभरमै लालटिनको छिपछिपे प्रकाशमा दुई अतृप्त आत्मा छिल्लिन थाले । बठिनियाले छाया को कानमा के साउती गरी कुन्नि त्यसपछि त्यो छाया लालटिन बोकेर हाम्रो डबल-डेकर बेडमा पालैपालो उक्लन थाल्यो । सबै विद्यार्थीको अनुहारमै लालटिन सोझ्याउँदै हेर्न थाल्यो । एक बेडबाट अर्को बेड गर्दै त्यो छाया सबै विद्यार्थी सुतेको, नसुतेको चियो गर्दै थियो । जाँच/पडताल गर्दै थियो ।

मेरो बेडमा पनि त्यो छाया चढिसकेपछि मैले आँखा चिम्म गरें । मेरो मुटु जोडजोडले ढुकढुक गर्न थाल्यो । त्यस्तो डर त्यसअघि कहिल्यै लागेको थिएन । लालटिनले मेरो अनुहार छुँलाछुँला जस्तो गऱ्यो । त्यसको न्यानो प्रकाश अनुहारभरि महसुस गरें । केही समयपछि मैले आँखा उघारें । लालटिन अब त साबिक ठाउँमै थियो । मधुरो मरन्च्याँसे प्रकाश अझै पिलपिल गर्दै थियो । त्यसपछि ओछ्यानमा दुइटा छाया सर्पझैं चलमलाउन थाले । एकअर्कामा खप्टिएका ती नाङ्गा आदिम-शरीर मद्धिम प्रकाशमा स्फटिकझैं चम्किरहेका थिए । ती चिल्ला आदिवासी तिघ्रा एवम् फिलाहरूमा प्रकाश घरीघरी चिप्लिरहेको थियो ।

दुई छाया एकाकार भएका थिए । मध्यरातको त्यस्तो रहस्यमय 'ढिकिच्याउँ/ ढिकिच्याउँ' खेल मैले त्यसअघि कहिल्यै देखेको थिइनँ । मायावी छाया हरूको त्यो 'चर्म-घर्षण' तीव्र आवेग एवम् उच्छ्वासका साथ जारी थियो । सन्नाटाको गहिराइमा केवल स्याँस्याँ र सुँसुँको सित्कार थियो । यस्तो लाग्थ्यो, हजारौं मानिस एकैपटक फोक्सो सुकाउँदै श्वास फेरिरहेछन् । निश्वास छाडिरहेछन् ।

केही बेरपछि ओछ्यानको ज्वारभाटा सामसुम भयो । छाया ले कट्टु लगायो । हाफ प्यान्ट लगायो । अर्को छाँयाले पेटिकोटमुनि साऱ्यो । त्यसपछि दुवै छाया ढोकासम्म पुगे । ढोकाबाहिर बिलाउनुअघि एउटा छाया ले बोलेका शब्दहरू मेरो कानमा ठोक्किन आए,

- माँ कसम बठिनिया ! बहोत मज्जा आयो ।

***

त्यो रातको रहस्यमय छाया को 'चर्म-घर्षण'को कथा मैले प्रीतमलाई सुनाएँ । प्रीतमले जुम्लाको जनकलाई सुनाएछ । जुम्लीले हुम्लाको देवराजलाई सुनाएछ । हुम्लीले सल्यानको चूडामणिलाई सुनाएछ । सल्यानीले मैलाई सुनाइदियो, "थाहा छ कुमार ! सिस्टरको बेडमा हिजो राति भुईंचालो आएछ ।"

त्यो गोप्य घटना आखिर गोप्य रहेन ।

एक कान, दुई कान हुँदै मैदानसम्म पुग्यो । फुटबलको मैदानसम्म । फुटबलको कोचले मसित सोध्यो :

- तैंले देख्या होस् ?
- हो, मैले देख्या हो ।
- आफ्नै आँखाले देख्या होस् ?
- हो, आफ्नै आँखाले देख्या हो ।

– कस्ती छड्डुँल्नी रैंछ ! मलाई मात्र दिन्छे भनेको अरूलाई पनि दिंदिरैंछे !

त्यो दिन कोचले हामीलाई राम्रोसित फुटबल खेलाएन । केवल गोलपोस्टको छेउमा झोक्राएर बसिरह्यो नुन खाएको कुखुराझैं । उसको 'पोस्ट'मा गिद्धरामले गोल गरिदिएको थियो, गत राति ।

अर्को बिहान होस्टलमा इन्चार्जले मसित भन्यो, "साँचो कुरा भन् कुमार । म तँलाई केही गर्दिनँ ।" मैले साँचो कुरा गरें । सबै कुरा सुनिसकेपछि उसले मलाई "जा, त्यल्लाई बोलाएर आ" भन्यो । मैले सिस्टरलाई बोलाएर आएँ । ऊ मेरो पछिपछि आई । कोठामा छिर्नासाथ इन्चार्ज ठूलो भयङ्कर आवाजमा बठिनियासित गर्जियो, "तँलाई मेरो स्वाद चाख्न पुग्यो हैन अब ? हुँदाहुँदा गिद्धेसित पनि सुत्न थालिस् ।"

त्यसपछि, जे नहुनु थियो, भयो । गिद्धराम चौधरीको दुर्दशा शुरू भयो । उसलाई प्रचण्ड गर्मीमा दिनभर उभ्याइयो । उसको शरीरभरि नीलडाम हुने गरी छडी बर्साइयो । ऊ घोर अपमानित भयो । म मरेतुल्य भएँ । बिचरो गिद्धराम ! मेरो कारणले अझै कति दुःख पाउने हो ! धेरै रात उसको सातोपुत्लो उडेको कालो अनुहारले मलाई सपनामा डस्न आयो ।

मनमनै प्रण गरें : म आइन्दा गिद्धरामविरुद्ध चुक्ली लगाउँदिनँ ।

त्यो घटनापश्चात् गिद्धराम चौधरी स्कुलमा देखिएन । बठिनिया पनि कुन्नि कता गई ! दुवै देखा पर्न छाडे ।

क्यालेन्डरमा महिनाहरू बदलिए । मौसम बदलिए । ग्रीष्मका उजाड ग्रीष्मिल दिनहरू बदलिए । वृक्षका हाँगामा तुर्लुङ्ग झुन्डिएका तोपचराका गुँडहरू बदलिए । ती गुँडमा निदाउने चराका बचेराहरू बदलिए । घन्टी बजाउने वाचम्यान बदलियो । म स्वयम् बदलिएँ ।

धेरै समयपछि एक साँझ म गिद्ध-कुटीमा देखा परें । त्यहाँ खैनीका डिब्बाहरू थिएनन् । खैनीको 'सुगन्धित' वास्ना थिएन । नरिवलको तेलको वास्ना थिएन । गिद्धराम थिएन । नयाँ बूढो वाचम्यान थियो । दैलेखतिरको । ऊसित मैले सोधें, "गिद्धराम काँ छ आजकल ?"

"मऱ्यो !", उसले झर्केर जवाफ दियो । म झसङ्ग भएँ ।

***

मेरा प्रिय पाठकहरू कहिलकाहीं मसित सोध्ने गर्छन्, "हेलो फिक्सन डिजाइनर ! तपाईंका रचनाहरूमा अक्सर गिद्धहरू किन डुल्छन् ?"

जवाफमा म केवल दीर्घ निश्वास छाड्छु । म स्विकार्छु : मेरा क्याजुअल लेखहरूमा, लिट्रेरी कथाहरूमा गिद्धहरू भेटिन्छन् । मभित्र किन यति साह्रो गिद्ध-मोह ! आफैंसित कहिलेकाहीं प्रश्न गर्छु । मेरो कथासङ्ग्रह 'फोसिल'भित्र पनि गिद्धका कथाहरू छन् । त्यहाँ भल्चरहरू आकाश-गङ्गाबाट ओर्लन्छन् काठमान्डुका भल्चरल-गल्लीहरूमा । यो गिद्ध-अब्सेसन आफूभित्र मात्र सीमित भइदिए त कुरा ठीकै हुन्थ्यो तर केही दिनअघि भैरहवाका एकजना पाठकले फोनमा भने, "म एउटा सिडी पसल खोल्दै छु । पसलको नाम भल्चर डिभिडी-सप राख्दै छु ।"

मेरो गिद्ध-कनेक्सन यस्तै अजीवोगरिब छ । मलाई लाग्ने गर्छ मेरो गिद्ध-मोह कताकता, अवचेतनभित्र गिद्धराम चौधरीसित जोडिएको छ । मभित्र सायद एउटा पश्चात्ताप छ जसलाई म आरोपित गर्छु आफ्ना भल्चरल-टेक्स्टहरूमा, कथाहरूमा गिद्धमार्फत् । साइकलजीमा यसलाई कन्डिसन-रिफ्लेक्स भनिन्छ ।

त्यो रातको रहस्यमय घटना पनि अब त सुदूर अतीतको 'दस्तावेज' भइसक्यो । करिब ३० वर्ष । मलाई कहिलेकाहीं लाग्छ, उसको मृत्युको कारण मै हुँ । आंशिक नै सही । यसो सोची बस्छु : रातको त्यो घटनालाई मैले कसैलाई नभनेको भए के हुन्थ्यो ? चुक्ली नलगाएको भए के हुन्थ्यो ! म त्यस्तो चुक्लीबाज नभएको भए के हुन्थ्यो ? यो कन्फेसनल-संस्मरण पढ्दो हो त गिद्धराम के सोच्थ्यो ?

खैर ! गिद्धराम चौधरी स्वर्गमा होला आफ्नो भूत-देवतासित । त्यो वाचम्यानले माथिबाट मलाई गिद्धेदृष्टिले हेर्दो हो ! मलाई 'वाच' गर्दो हो ! म पनि त यदाकदा रातको मध्यप्रहरमा चर्म-घर्षणको मायावी अभ्यास गर्छु । गिद्धराम चौधरी भूत-देवतासित गुनासो गर्दो हो :

- हेर् देउता ! त्यो 'ढिकीच्याउँ ढिकीच्याउँ' गर्ने मान्छे चुक्लीबाज हो । त्यसले चुक्ली नलगाइदिएको भए म आज याँ हुने थिइनँ । रूपैडिहामा हुन्थें । म त्यो बठिनियासित माँ कसम सादी गर्थें । एक दर्जन छौंडाछौंडीको सुड्डो बन्थें । बठिनियासितै बसी मैटनी सोको पिक्चर हेर्थें । मैथुन चक्करवर्तीको प्यार झुक्ता नहीं...
  माँ कसम ! बहोत मज्जा आउँथ्यो ।

सोम्नाम्बुलिस्ट : लस्ट इन अक्षरगन्ज

साहित्यको रङ कस्तो हुन्छ ? भन्नुस् न ड्याडी । साहित्यको रङ कस्तो हुन्छ ? लौ सुन् । साहित्यको रङ सप्तरङ्गी हुन्छ । बुझिस् ?

फर इक्जामपल ?

लौ सुन् । उपन्यासको रङ पहेँलो हुन्छ । बुझिस् । बुझेँ । कविताको रङ नीलो हुन्छ । तेरो नीलो आँखाझैँ । बुझिस् । बुझेँ । कथाको रङ हरियो हुन्छ । बुझिस् ? बुझेँ । निबन्धको रङ रातो हुन्छ । बुझिस् ? अँ बुझेँ । नाटकको रङ कलेजी हुन्छ । बुझिस् ? बुझेँ/बुझेँ । समालोचनाको रङ बैजनी हुन्छ । बुझिस् हैन त ? बुझेँ ड्याडी बुझेँ । संस्मरणको रङचाहिँ खैरो हुन्छ । बुझिस् ? अँ बुझेँ । यी सप्पै सात रङ मिलेर साहित्य सप्तरङ्गी हुन्छ । इन्द्रेणीको जस्तो । इन्द्रधनुषको जस्तो । रेन-बोको जस्तो । बुझिस् ?

यु मिन 'रेम्बो' ? अङ्ग्रेजी फिल्म रेम्बो ?

होइन लाटा । रेन-बो । बुझिस् ?

बुझेँ । अनि ड्याडी ! बायोग्राफीको रङ कस्तो हुन्छ ? जीवनीको रङचाहिँ कस्तो हुन्छ ?

जीवनीको रङ डार्क हुन्छ, माई सन ! कालो । गाढा कालो । भन् तेरो फेभरेट रङ कुन हो ?

ग्रे ।

ग्रे फिक्सनको रङ हो । तँ फिक्सन डिजाइनर बन्छस् । बुझिस् ?

बुझेँ ड्याडी ।

***

तिमी आफ्नो किताबमा समर्पण किन लेख्छौ ? आफ्नो लेखनमा समर्पित भई गरेको काममा, अरू कसैको नाममा तिमी समर्पण किन लेख्छौ ? तिमीले शहीदलाई समर्पित गरेको उपन्यास पढी व्यर्थैमा म किन शहीद हुनुपर्ने ? तिमीले आफ्नो इष्टदेव, राजा, महाराजालाई समर्पित गरी सभक्ति चढाइएको

कवितासङ्ग्रहलाई मैले बिनाकारण किन पढिदिनुपर्ने ? आफ्ना पूजनीय माता/पितालाई समर्पित गरिएको तिम्रो कथासङ्ग्रहलाई म कुन मुखले पढूँ ? सबैलाई थाहा भएकै कुरा हो कि तिम्रो जन्म हुनुमा कुनै न कुनै हैसियतले तिम्रो पिताको जबर्जस्त 'भूमिका' थियो, त्यसो भन्दैमा आफ्नो निजी पिताश्रीलाई समर्पित गरिएको तिम्रो खण्ड-अखण्ड-खण्ड-काव्यलाई मैले पढ्नुपर्ने के बाध्यता छ ? आफ्नी अर्धाङ्गिनीप्रति समर्पित तिम्रो महाकाव्यलाई पढ्न म किन अभिशप्त हुनुपर्ने ? आफ्नो समर्पणको 'नोट अफ डिसेन्ट' तिमी आफैं राख । मलाई केवल एक सग्लो किताब पढ्न देऊ । ओ लेखक ! मेरो प्रिय ? मलाई आफ्नो समर्पणबाट तिमी मुक्त गरिदेऊ !

- तेरो यत्रो आँट । यस्तो दुस्साहस । भन् ए अज्ञानी स्वाँठ ! तँ को होस् ?
- म तिम्रो किताबको अन्तिम पाठक हुँ ।

***

दायाँ हातले चस्माको डन्डीलाई उपल्लो भेगमा सार्दै खगेन्द्र संग्रौलाले भने : यार बिरलाकोटी ! खुक्स जाओस् न अब ।

आफ्नो पठान-कमिजको खल्तीबाट खुकुरी निकालें । एउटा उनलाई दिएँ । एउटा आफैंले लिएँ । आ-आफ्नो थुतुनोमा पवित्र धुपबत्तीको अग्निदाह गरेपछि हामी अरू मनुष्यजनहरूलाई पर्खन थाल्यौं ।

- यात्रामा नारान छैन ? - उनले भने ।
- को नारान ? - सोधें - ढकाल कि वाग्ले ?
- दुवै ? छन् कि छैनन् ?
- वाग्ले अम्रिकातिरको पल्पसा क्याफेमा छन् । ढकाल आउँदै होलान् । - भनें ।

तर, हाम्रो अगाडि ठिङ्ग उभिन आइपुगे अर्का नारायण । अमृत । सलाईका काँटी समान ज्यानका धनी अमृतले मसित सलाईको काँटी नै सोधनी गरेः

- कोटीजी ! काँटी छैन काँटी ?

उनलाई सलाईको काँटी दिएपछि उनले पनि खुक्सको कोटीहोम लगाइहाले । मलाई धन्यवाद दिँदै, काँटी मार्फत् आफू जल्न पाएकोमा एक डोज धन्यवाद दिँदै अमृत नारायणले भने- "कोटीजी ! तपाईंलाई कोटीकोटी प्रणाम !"

त्यो साँझ हामी जम्मा भएका थियौं प्रज्ञाप्रतिष्ठानको पूर्वकथित 'राजकीय' प्रतिष्ठानमा । त्यहाँ लिट्रेरी-पर्सोनाहरूको जमघट हुँदै थियो । हामीलाई निम्तो आएको थियो अक्षरगन्जबाट । हामीहरूको निम्ति त्यो एकप्रकारको लिट्रेरी-

भ्याकेसनजस्तै थियो । अक्षरगन्जमा बसोबास गर्ने डेड-अथरहरूसित हामी जीवित-अथरहरूको अदभुत गेट-टु-गेदरको अभूतपूर्व आयोजना गरिएको थियो । हामी त्यहाँ एक हप्ता बिताउनका निम्ति जाँदै थियौं ।

लेखकहरू क्रमशः जम्मा हुँदै गए । कल्याङमल्याङ बढ्दै गयो ।

चिन्डे टाउको पछाडि लामपुच्छ्रे ताराझैं श्वेत-जुल्फी झुन्ड्याएका अभि सुवेदीले बडेबडे जिज्ञासु नेत्र फैलाउँदै यसो भने, "मिस्टर नगरकोटी ! यो ओडिसीको- हाम्रो यो महायात्राको- गन्तव्य कतातिर हो ?"

- अक्षरगन्ज - भनें ।
- गुड, भेरी गुड - उनी गडगडाए ।

लाग्छ, यी कलरव-जेन्टलम्यानलाई हामी कता जाँदै छौं कुनै थाहा/पत्तो थिएन । साहित्यिक प्रोग्राम, सेमिनार-गोष्ठी, प्रवचन-दानहरूमा कार्यपत्र पेस गर्न भनी कहिले कुन लोक, कहिले कुन लोक भौंतारिइरहन्छन् आफ्नो ढाडमा झोली-तुम्बी बोकी ! हरे ! मानिसको दुखिया जीवन ! बूढाको माया लागेर आउँछ ।

श्यामल हतारहतार आइपुगे । सेतो टाइट टिसर्ट र ब्लु जिन्स एन्ड एडिडास सुजमा आज उनी केही ह्यान्डसम देखिएका छन् । फ्रेन्च कट ह्वाइट-दाह्री एवम् कालो गगल्समा अद्‌भुत देखिएका विमल निभाले फ्याट्ट भनिहाले, "श्यामल हतारमा यात्रा गर्दै छ । रित्तो गाउँतिर हिंड्या जस्तो छ ।"

बेल-बटम-प्यान्ट र डिङ्गो जुत्तामा नारायण ढकाल सत्तरीको दशकमा झोछेँको फ्रिक-स्ट्रिटतिर देखापर्ने हिप्पीजस्तै हिप-हप देखिएका छन् । शार्दुल भट्टराईले टिप्पणी गरे- इन्द्रजाल भनेको यही हो । आज देख्न पाइयो !

रोशन शेरचनको धोवीघाट एक्सप्रेस हामीलाई अक्षरगन्जको यात्रा गराउन एकेडेमीको पार्किङ-लटमा तम्तयार अवस्थामा छ । ड्राइभरचाहिं बेपत्ता छ । लापता छ । रोशन भन्छन् :

- कुमार, जाने बेला भएन र ? हामी कसलाई पर्खिरहेका छौं ?
- खल्लुलाई, खल्लु भाइलाई ।
- को खल्लु ? को खल्लु भाइ ?
- खलिल जिब्रान । धोवीघाट एक्सप्रेसको ड्राइभर । - भन्छु ।

महेशविक्रम शाह, अमर न्यौपाने एवम् राजन मुकारुङ आफ्ना आगामी किताबहरूबारे मौन चर्चा गरिरहेछन् । घाँसे मैदानमा पलैंटी मारेर । प्रज्ञाप्रतिष्ठानको मूत्रालयमा प्रायः आफ्नो समय बिताउने झल्ला प्राज्ञतर्फ हरि अधिकारीको ध्यान जान्छ । राजवसित भन्छन्, "यो ट्वाइलेट-प्राज्ञ-साब कुन राजनीतिक कोटाबाट

प्राज्ञ भएका रै'छन् ?" मूत्र-सदनबाट भर्खरै निस्केको उक्त ट्वाइलेट-प्राज्ञ बडो करुण-रसमा आफ्नो धोद्रे आवाज निकाल्दै गीत गाउँदै एकसुरमा हिँडिरहेछ-

ऽऽऽचरी मर्‍यो सिसैको गोलीले
क्या गर्न्या हुन्
दुखिया ओलीले
भन्द्यौ सुटुक्कऽऽऽ

चिन्तित मुद्रामा अमर गिरीले भने :

- यो पागलले खुश्बु ओलीको कुरा गर्‍या हो कि कमरेड ओलीको ?
- जसको गरे पनि कुरा एउटै हो । - पुरुषोत्तम सुवेदीले भने ।
- लौ भन्नुस् सुवेदीजी ! झुसिलदा, सरीसरी माफ गर्नुस् । सुशील दा र पुकदामा के समानता छ ?
- सुशील दा सुस्केरा हाल्छन् । पुकदा पुकार गर्छन् ।

साँच्चि ! यो गजबकै कुरा भयो । हाँसोको फोहोरा छुट्यो । नेताहरू यसरी हाँसोको पात्र बन्नु देशका लागि हानिकारक हो भन्ने थाहा हुँदाहुँदै पनि हामी हाँस्यौं । गणतान्त्रिक देशको ट्याक्स-फ्री हाँसो !

यस्तैमा खलिल जिब्रान टुप्लुक्क आइपुग्यो । आफू ढिला हुनुको कारण भन्यो, "बडो तनाव भयो । नेपाली साहित्यको राम्रोसित अध्ययन गर्नका निम्ति के के किताब पढ्ने होला भन्ने टेन्सन भयो । किताब किन्न गा'को के के पो किन्ने ? रिफरेन्स नै भएन । बडो तनाव भयो ।"

बिचरो खलिल ! रणभुल्लमा परेछ । उसको तनाव घटाउन दीपक सापकोटा अघि बढ्यो । उसले उपाय सुझायो :

- नयनराज पाण्डेको निदाएँ जगदम्बा पढ्या हो ?
- होइन । फेरि भन्नुस् त ! को निदाए रे ?
- जगदम्बा ।
- रानी जगदम्बा भन्या हो ?
- होइन । नयनराजको पात्र हो जगदम्बा । खुरुक्क त्यो किताब पढ्ने । पाण्डेले जुन जुन किताबहरू खाल्डोमा गाडेर पुरेका छन् तिनलाई निकाल्ने । उत्खनन गर्ने । तिनलाई आफ्नो लाइब्रेरीमा जतनका साथ सजाएर राख्ने । तिनलाई पढ्ने । उत्खनन कार्य गर्न म बरू तिमीलाई सहयोग गरुँला ।

खलिल ढुक्क भयो । अनुहारलाई हँसिलो बनाउँदै भन्यो, "त्यसो भए जाऔं नयनराजको खाल्डो खन्न । खाल्डोबाट किताबहरू निकाल्नुपर्‍यो । जाऔं ।" दीपकले सम्झाउनुपर्‍यो, "अहिले होइन खलिल । अक्षरगन्जबाट फर्केपछि खनौंला । हो कि होइन पाण्डे दाइ ?"

- हो, हो । म पनि खाल्डो खन्न हेल्प गरूँला । - पाण्डेले सान्त्वना दिए ।
- होइन भने हाम्रा लेखकहरूले तिमीलाई यहीं यो प्रज्ञाप्रतिष्ठानको चिहानमा गाडिदेलान् नि ! होस गर जिब्रान ! - दीपकले सम्झायो ।

प्रज्ञाप्रतिष्ठानको चिहानमा गाडिने अप्रिय कुरा सुनी खलिल बेस्सरी तर्सियो । कोही कोही भन्ने गर्छन् : प्रज्ञाप्रतिष्ठान दलदल हो । विभिन्न दलका दलदलेहरूले रजाइँ गर्ने दलदल । दलदलमात्र नभई एकेडेमी त चिहान पनि हो भन्ने कुरा सुनी खलिल साँच्चि नै भसक्कै डरायो । ऊ त्यसपछि खुरुक्क गई गाडी स्टार्ट गर्न थाल्यो ।

धोवीघाट एक्सप्रेस गुड्न थाल्यो । साँझ झमक्क परेको छ । गाडी तेज रफ्तारमा हुइँकिंदै छ । काठमान्डु पर, पर अझै पर राजधानीको खाल्डोमा छुटिइसकेको छ । आ-आफ्नो सिटमा हामी अब भुसुक्क निदाउने उपक्रम गर्न थाल्दै छौं । अमर न्यौपाने भन्छन् :

- कुमारजी ! हामी कतिन्जेलमा अक्षरगन्ज पुग्छौं ?
- भोलि बिहान मिर्मिरेमै ! - भनें ।
- हेर्नुस् न ! मलाई यात्रामा निद्रा नै लाग्दैन । के पो गर्ने होला ?
- कुनै प्लटको कल्पना गर्दा कसो होला ?
- बडो गज्जब होला ! (महेशविक्रम शाह रैंछन् । बोले) मलाई पनि यात्रामा निद्रा लाग्दैन । स्लिपिङ ट्याब्लेट खान पाए क्या दामी हुन्थ्यो ।
- मेरो पनि त्यस्तै हालत छ । राजन मुकारुङ बोले । - निद्रै लाग्दैन ।

किशोर नेपालले एक टुक्रा डायलग कम्पोज गरेर फ्याँकिहाले, "मदन पुरस्कार पाएपछि यस्तै हुन्छ केटा हो । सितिमिति काँ निद्रा लाग्छ र ? निदरी र चैन सब हराउँछ । लौ, मसित केही स्लिपिङ-पिल्स छन्, खाओ ।

- यो पिल्स भन्या त आइमाई-मान्छेले खाने होइन र ? - सुविन भट्टराईले भने ।
- स्लिपिङ पिल्स निद्राका लागि हानिकारक हुन्छ (बोली पठाउने युग पाठक रैंछन्) एकपटक यस्तो भयो ।
- कस्तो भयो ? - मैले सोधें ।
- उर्गेनको घोडा लेखिसिध्याएको साँझ म स्लिपिङ-पिल्स सेवन गरी सुतें । उठ्दा त मेरी बास्सै । म अर्कै युगमा पो थिएँ ।

ये हुई न बात ! यो युग-वाणी इन्ट्रेस्टिङ थियो । खलिल जिब्रानले गीत लगायो । बच्चु कैलाश बसभरि गुन्जिन थाल्यो :

ऽऽऽटाढा टाढा जानु छ साथीऽऽऽ

***

आँखा उघार्दा पछिल्लो सिटमा आफूलाई नितान्त एक्लो पाएँ ।

सबै कता गएछन् ? गाडी त फगत मेरो हृदयको गोदाम-घरझैं रित्तो फगत रित्तो फगत खाली खाली थियो । बसमा ओहोरदोहोर गरें । चालकको सिटमा बसें । गाडी चलाउने असफल प्रयास गरें । हर्न बजाएँ । टाढा टाढासम्म हर्नको ध्वनि फैलियो । ध्वनि अनुगुञ्जित हुँदै पुनः फर्केर आयो र बसको विन्डस्क्रिनमा बजारियो । सिसा अलिकति चर्कियो ।

बसबाट ओर्लें । मसित झोला थिएन । कृष्ण धरावासीले बिर्सेर मेरो झोला बोकी गए हुनन् ! झोलामा मैले केही सामान राखेको थिएँ । बर्बाद भयो । त्यसमा केही उपहार थिए । उता काठमान्डुमा दिवङ्गत भएका जगदीश घिमिरेका निम्ति एउटा मफलर ल्याएको थिएँ । बूढालाई उपहार दिउँला भनी । गोविन्द वर्तमानका निम्ति हरियो स्वेटर एवम् हरियै रङको सिग्नेचरको लार्ज बोतल थियो ।

कृष्णभूषण वललाई दिउँला भनी सुन्तला/स्याउ र केही सिग्रेटका प्याकेट राखेको थिएँ । झोला छैन । बर्बाद भयो । अब कृष्ण धरावासीलाई खोज्न म कहाँ पो जाने होला ? लीला भनेको यही होला । श्रीकृष्णजीको लीला अपरम्पार छ, बाबै !

बसमा चढें । आफैंलाई धिक्कारें । कस्तो भसक्कै निदाउन सकेको ? यो पक्कै पनि युग पाठकको काम हुनुपर्छ । हिजो राति स्लिपिङ पिल्सको कुरा चलेको थियो । पक्कै पनि युगले मलाई झुक्याएर खुवाएका होलान् ! म त अर्कै युगमा पो आएँ कि !

बसलाई अक्षरगन्जको चिहान-पार्कमा छाडी हिंड्न थाल्छु । बिहानको नवजात शिशु– जसलाई घाम भनिन्छ– पूर्वको क्षितिजमा भर्खरै जन्मेको छ । मन्द मन्द बतास छ र म केही हतास छु । सुनसान गल्लीमा केही समय ओहोरदोहोर गर्छु ।

र, यो क्याफेभित्र छिर्छु । भुईं र टेबलभरि कुकुरका काला बच्चाहरू छन् । बिरालाका काला किटनहरू छन् । अनुहारमा कालो मास्क लगाएको वेटर नजिक उभिएको छ । उसको काँधमा कालो रङको बिरालो छ । कालो कफी ल्याऊ । उसलाई भन्छु । ऊ लगत्तै कफी लिएर फर्कन्छ । ट्रेमा खबरकागज पनि छ । टाइम्स अफ अक्षरगन्ज । पत्रिका पढ्न थाल्छु ।

अक्षरगन्जवासी लेखकहरू काठमान्डु प्रस्थान

अक्षरगन्ज संवाददाता, असोज ४

काठमान्डु लिट्रेचर फेस्टिभलको विशेष आतिथ्य स्वीकार गर्दै अक्षरगन्जका लेखकहरूको समूह असोज ३ गते काठमान्डु प्रस्थान गरेको छ । प्रत्येक वर्ष आयोजना हुने उक्त फेस्टिभलमा यसपटक अक्षरगन्जका डेड-अथर हरूको विशेष प्यानल-डिस्कसन हुने निमन्त्रणापत्रमा लेखिएको जानकारी कवि सिद्धिचरणले गराएका हुन् । उनले भने, "काव्य परिचर्चाको डिस्कसनमा म नयाँ छिमलका भाइबैनाहरूसित संवाद गर्नेछु ।"

आफ्ना पुराना साथीभाइहरूसित भेटघाट गर्ने यो उपयुक्त अवसर हो भनी कथाकार गोविन्द 'गोठाले'ले यसलाई व्याख्या गरे । उनी त्यहाँ न्युरोडको पीपलबोट पुग्नेछन् र शैलेन्द्र साकार, गोपाल पराजुली एवम् मोहनराज शर्मासित नजिकैको क्याफे-कर्नरमा आख्यान विमर्श गर्नेछन् । अतिरिक्त उत्साहका साथ उनले थपे, "साँझपख भाइ विजय मल्लसित मख्खन गल्लीको अनुराधा रेस्टुरेन्ट एन्ड बारमा ऐलाको प्याउली-प्यालाको प्यास मेटाउनेछु ।"

लेखकहरूले आफूसित उपहार पनि लिएर गएका छन् । ताना शर्माका लागि कवि गोपालप्रसाद रिमालले आफ्नो हस्ताक्षरयुक्त नयाँ कवितासङ्ग्रहको पाण्डुलिपि लगेका छन् । मदनमणि दीक्षित, बैरागी काइँला एवम् इन्द्रबहादुर राईलाई दिन भनी कवि ईश्वर वल्लभले तीनवटा मोन्टब्ल्याङ्क पेन आफ्नो कोटको भित्री जेबमा घुसारेका थिए । ब्लु/ब्ल्याक/रेड । हृदयचन्द्रसिंह प्रधानको सुटकेसमा क्याडबरी चकलेटहरू थिए भने नयाँ कथाकारहरूलाई दिन भनी गुरुप्रसाद मैनालीले आफ्नो झोला नोटबुक एवम् डायरीहरूले भरेका थिए । तपाईंचाहिँ के उपहार लाँदै हुनुहुन्छ भनी सोध्दा विश्वेश्वरप्रसाद कोइरालाले यसो भने, "केही आशीर्वाद र शुभकामना बोकेको छु ।"

***

समाचार पढिसक्दा कफी पनि सकियो । यो कस्तो अनर्थ भयो ! यात्रामा फेर परेछ । यताका उता र उताका यता पो भइयो । लिभिङ र डेड-अथरहरूबीचको एक्सचेन्ज अफरजस्तो ! अक्षरगन्जमा डेड अथरहरू भेट्ने कुनै छाँटकाँट देख्दिनँ । कालो मास्क लगाएको यो मास्कवादीलाई सोध्छु :

- म काँ जाऊँ ।
- तपाईं म्युजियम जानुस् । हिँड्नुस् म तपाईंलाई पुर्‍याइदिन्छु । - भन्यो ।

क्याफेको ढोकै अगाडि एउटा बग्गी थियो । चारवटा काला घोडाहरू तैनाथ थिए । मास्कवादी ड्राइभरको फराकिलो कौचमा बस्यो । उसको काँधमा कालो बिरालो चुपचाप उसैगरी बसेको थियो । म पछाडिको कौचमा बसें । यसै बेला क्याफेभित्रका जम्मै कुकुर एवम् बिरालाका बच्चाहरू उफ्रँदै आए र बग्गीमा चढे । काला कुकुरहरू मास्कवादीसित बसे । काला बिरालाहरू मसित झ्याम्मिए । एउटा आँखा फुटेको कानो बिरालोले मलाई भन्यो :

- म बालकृष्ण समको घरपालुवा बिरालो हुँ ।
- अच्छा ! तिम्रो एउटा आँखा कसले फुटाइदियो ? - भनें ।
- फुटेको होइन । मेरो आँखै एउटा हो ।
- अच्छा ! हाउ स्विट !
- अनि तिमी चैं कसको बिराला हौ ? - सोध्यो ।
- म बिरालो होइन । मान्छे हुँ । - भनें ।
- तिम्रो र मेरो समस्या एउटै रैं'छ ! म पनि आफूलाई पहिले पहिले मान्छे नै ठान्थें । - भन्यो ।

बिरालो त्यसपछि चुप लाग्यो । काला घोडाहरू बग्गीलाई तान्दै हिनहिनाउँदै दगुर्न थाले । मास्कवादीचाहिँ लगामलाई बेलगाम तान्न थाल्यो ।

***

म्युजियम अफ कन्टेमपोररी नेपाली अथर्स

म्युजियम फ्रेन्च वास्तुशास्त्रको मोडलमा बनेको विशाल संरचना थियो । त्यसमा गोथिक कलाको समिश्रण थियो । भित्र छिर्दा मलाई यो भवन ब्राम स्टोकरको ड्राकुला बस्ने क्याथिड्रलझैं लाग्न थाल्यो । भयप्रद । भित्ताभरि नेपाली किंवदन्तीका भैरव, किरातेश्वर, लाखेहरूका मुराल-पेन्टिङ कोरिएका थिए ।

सङ्ग्रहालयमा मैनका मूर्तिहरू थिए । लन्डनमा रहेको म्याडम टुसाडको विश्वचर्चित मैन सङ्ग्रहालयजस्तो । त्यहाँ विश्व सेलिब्रेटीहरूको मैनका मूर्तिहरू राखिएका छन् । यो म्युजियममा चाहिँ नेपाली लिभिङ-अथरहरूको मैन-मूर्ति-सोकेस/डेमोन्स्ट्रेट गरी सजाइएका छन् ।

आउनुस् मूर्ति हेरौं । हातमा 'मेरी नीलिमा' बोकी उभिएका यिनी मदनमणि दीक्षित हुन् । त्यो उत्तानो मूर्तिचाहिँ सत्यमोहन जोशीको हो । तपाईं छेवै उभिएका मनु ब्राजाकी हुन् । मूर्तिलाई नचलाउनुस् । ढल्ला ।

गोल्डेन पिलरमा अडेस लागी उभिएका छन् बुद्धिसागर हातमा 'कर्नाली ब्लुज' लिई । बडी ल्याङ्वेज बुझ्दा यिनी कसैलाई पर्खिरहेका छन् झैं लाग्छ । उनीसितै टाँसिएर फोटो खिचाउन चाहनुहुन्छ ? एकछिन है । उता जाऔं । ग्यालरीको पश्चिमी कर्नरमा तपाईं ल्याम्प-पोस्ट देख्दै हुनुहुन्छ । त्यसको मुनि मनु मञ्जिल उभिएका छन् । सिग्रेटसितै । अर्को हातमा उनले 'ल्याम्प-पोस्टबाट खसेको जून' च्यापेका छन् । मूर्तिकारको एस्थेटिक-सेन्स तपाईंलाई गज्जब लागेन त ? मनुका लागि ल्याम्प-पोस्ट नै बनाइदिएछ ।

ग्यालरीभित्र सब थोक छ । बगैंचामा फूलहरू छन् । फूलमुनि लस्करै गोलाकारमा पलैंटी मारी बसेका छन् श्रवण मुकारुङ, स्वप्निल स्मृति, विनोदविक्रम केसी, चन्द्रवीर तुम्बापो । केही पर 'च्याउको जङ्गल' छ । विप्लव ढकाल मसरूम गोडमेल गर्दै छन् । जङ्गलमै सञ्जीव उप्रेती, उपेन्द्र सुब्बालाई केही भनिरा'जस्ता देखिन्छन् । केही सुनाइरा'जस्ता लाग्छन् । सिद्धान्तका कुरा होला !

'गुड मर्निङ मिस्टर नगरकोटी', कसैले पछाडिबाट हठात् 'विस' गऱ्यो । फर्की हेर्छु । कुमार आलेलाई पो देख्छु । उनको काँधमा क्यामेरा झुन्डिएको छ । लिट्रेरी प्रोग्रामहरूमा लेखकहरूको विभिन्न मुद्राको फोटो खिच्ने मिस्टर आलेलाई यहाँ देख्दा अचम्म पर्छु । कमलमणि दीक्षितले यिनलाई फोटो-कविको उपाधि दिएका हुन् । बिचरा आले ! हामी लेखकहरूको कुन जुनीको ऋण खाएका थिए कुन्नि ! हाम्रो फोटो खिच्न अभिशप्त छन् । सोधैं :

- तपाईं यहाँ अक्षरगन्जको म्युजियममा के गर्दै हुनुहुन्छ ?
- म यहाँ कमाल गर्दै छु । (उनी सुनाउँछन्) म यो म्युजियमको हेरचाह गर्छु । लेखकहरूको मैनका मूर्तिहरू मैले नै बनाउन लगाएको हुँ माइकल एन्जेलोलाई । माइकललाई मैले हायर गरेको छु । उसलाई म लेखकको फोटो र कन्सेप्ट दिन्छु । उसले मूर्तिमा उतार्छ । मिस्टर नगरकोटी, तपाईंको मूर्ति चैं यहाँ छैन । माइकललाई तपाईंको अनुहार भयानक सिरियस लाग्यो रे ! भन्थ्यो-
- के भन्थ्यो ? - बीचैमा सोधैं ।
- आई हेट सिरियस लुकिङ फेस ।

मलाई खुशी लाग्यो । मलाई पनि आफ्नो सिरियस लुकिङ फेस मन पर्दैन । के गर्नू ? अब आफ्नो अनुहार चेन्ज गर्न मिल्दैन । आलेसित मनमा खट्किएको कुरा गर्छु, "यत्रो म्युजियममा कुनै पनि लेडी अथरको मूर्तिचाहिं छैन । किन पो होला ?"

"लेडी अथरहरूको मूर्ति माथि बुइँगलको ग्यालरीमा छ ।"

बुइँगलमा अर्को दिन चढ्नुपर्ला । आलेले मेरो फोटो खिच्ने रहर गरे । छेवैमा शेखर खरेलको मूर्ति रै'छ ! मिस्टर खरेल 'मैले नदेखेका हिप्पी' हातमा लिई हिप-हप शैलीमा ठिङ्ग उभिएका छन् ।

फोटो खिच्दै कुमारले भने, "तपाईं पनि हिप्पी नै होइन त, कुमारजी ?"

"हो, कुमारजी ! हिपहिप हुर्रे !", भनें । अविनाश श्रेष्ठको मूर्तिलाई अङ्कमाल गरी फोटो खिचाएँ । कुमारले सोधे, "तपाईंको पहिलो कथा छाप्ने अविनाश नै होइनन् त, कुमारजी ?"

"हो कुमारजी !", भनें । "माइकललाई अविनाश श्रेष्ठको मूर्ति बनाउन बडो आनन्द आयो । उसले धेरै कप कफी खायो । कफी कप नै हातमा थमाइदिऊँ कि भन्यो । मैले हुँदैन भनें । अविनाशको हातमा 'तान्या, इन्द्रकमल र अन्धकार' नै सुहाउँछ भनें । मैले कस्तो सल्लाह दिएँ कुमारजी ?"

"तपैंले भेरी गुड सल्लाह दिनुभयो कुमारजी !", भनें ।

- हो र कुमारजी ! - आले ।
- हो नि त कुमारजी !

***

म्युजियमबाहिर बग्गी थियो । मास्कवादी मलाई नै कुरी बसेको थियो । म बग्गीको काउचमा बसें । कुमार आलेलाई 'म्युजियम अफ कन्टेम्पोररी नेपाली अथर्स'मा छाडी म निस्केको छु । म अब केही दिन अक्षरगन्जमै बस्नेछु । यस्तो लाग्छ यो यात्रा निद्रामा गरिएको सोम्नाम्बुलिस्टिक जर्नी हो ।

घाँटीमा रूद्राक्षको माला लगाउने, हातमा लाम्चोलाम्चो औंलाहरू जडान गरेका रङवादी कवि चन्द्रवीर तुम्बापो कहिलेकाहीं मलाई सोधी बस्छन् :

- कुमार दाइ ! तपाईं सोम्नाम्बुलिस्ट हो ?
- यस ब्रदर ! म सोम्नाम्बुलिस्ट हुँ । अ स्लिप-वाकर ।

प्रिय पाठक !

आई एम अ गड-ड्याम-सोम्नाम्बुलिस्ट । लस्ट इन अक्षरगन्ज । आउनुस् हामी दुवै मिली यो क्याजुअल लेख लेख्ने तथाकथित कुमार नगरकोटीलाई खोजौं, अक्षरगन्जमा ।

आर यु रेडी ? ओके । अन योर मार्क, गेटसेट, गो ।

घाट

धेरै दिनपछि आज मलाई आफ्नो घरको याद आयो र सीधै लागें घाटतिर !

घटा गणेशको मार्कसिट

कहिलेकाहीँ आफ्नो खप्पर मलाई ब्ल्याक-बक्सजस्तो लाग्छ । एरोनटिकल इन्जिनियरिङमा ब्ल्याक-बक्सको ठूलो महत्त्व हुने गर्छ । कुनै 'चीलगाडी' क्र्यास हुँदा सर्वप्रथम ब्ल्याक-बक्सको खोजीकार्य तीव्र रूपमा हुन्छ ।

कहिलेकाहीँ मेरो खप्पर पनि क्र्यास हुने गर्छ । यस्तो बखत ब्ल्याक-बक्समा सुरक्षित मेमोरीहरूको म जाँच/पड्ताल गर्ने गर्छु । ब्ल्याक-बक्समा टङ्कण गरिएका स्मृतिका डिजिटलाइज्ड भर्सनहरूको म उत्खनन गर्छु । यसरी एउटा क्याजुअल लेखको पोस्टमार्टम-प्रतिवेदन तयार पार्छु ।

केही समयअघि एउटा नाटक लेख्ने गोरखधन्दा आइलाग्यो । शिल्पी थिएटरका घिमिरे युवराजले मभित्र रहेको साइकोसिसलाई आक्रमण गर्दै भने, "कुमार सर ! एउटा क्रेजी नाटक चाहियो । फुल अफ म्याडनेस !" मेरो तमाम पागलपन मेरा तमाम क्याजुअल लेख, फिक्सन प्लस कविताहरूमा तमामपटक आइसकेका छन् (घिमिरेलाई भनेकै हुँ) त्यतै खोज्नुस् । "माई सो-कल्ड बुक्स स्पिक अ भोल्युम अफ माई म्याडनेस !" तर, उनले मानेनन् । भने, "फ्रेस म्याडनेस चाहियो । अनपब्लिस्ड । जे तपाईंको ग्ल्यामरस-खप्परमा आउँछ । कागजमा उतार्नुस् । म त्यसलाई मञ्चमा उतार्छु ।"

त्यसपछि, केही काल आफूलाई बन्धक बनाएँ । नाटकको मानसिक प्रजननमा बेस्सरी छटपटाएँ । स्वयम्लाई अपहरण गरेँ । यस्तो आत्म-अपहरण बडो पीडादायी हुने गर्छ । बेला बेला मिस्टर घिमिरेले फिरौती मागिरहे । फोनमा धम्क्याउन थाले, "ओ मिस्टर फोसिल नगरकोटी ! नाटक तयार भो ?"

फोसिल नगरकोटी ! यो अजबको नाम लाग्यो । नाटकको स्वरूप तयार भएपछि त्यसको नाम राखेँ- कोमा...

'कोमा' लेख्ने अवधिभरि मलाई के भ्रम हुन थाल्यो भने मेरो खप्पर एक ब्ल्याक-बक्स हो । जहाँ मैले सङ्गत गरेका मेरा साथीसङ्गीहरूका यावत् स्मृतिले क्र्यास ल्यान्डिङ गरेका छन् । केही पात्र 'कोमा'मा देखा परे, चलमलाए ।

केही छुटे । वास्तवमा यो मेमोयर मेरो जीवनको एउटा मोडमा छुटिगएको साथीको 'तपसिल-राइटिङ' हो ।

***

ऊ मेरो साथी थियो किनभने म उसको साथी थिएँ । उसको अफिसियल नाम गणेशसिंह साउद थियो तर म उसलाई 'दाउद' भन्ने गर्थें । दाउद इब्राहिमसित उसको कुनै लेनादेना त थिएन तर म उसलाई बेला-कुबेला भन्ने गर्थें, "ओइ दाउद ! आइज, म्यारिज खेलौं ।"

हामी यदाकदा म्यारिजको खालमा भेला हुन्थ्यौं । तास खेल्थ्यौं । शहरमा नयाँ गेम आफ्नो सम्पूर्ण औरा एन्ड अरोमाका साथ इन्ट्रोड्युस भएको थियो- म्यारिज र मलाई यो खेलको नाम बडो सेक्सी लाग्थ्यो । वास्तवमा, शहरका धेरै नौजवानहरू, ब्याच्लर एवम् डिभोर्सीसमेत 'म्यारिज'प्रति अद्‌भुत रूपले आकर्षित हुँदै थिए ।

चाखलाग्दो कुरा के भने यो 'म्यारिज'का लागि कुनै मङ्सिर या माघको 'बेसब्री से इन्तजार' गर्नु पर्दैनथ्यो । सो-कल्ड वेडिङ-सिजनको त बालै थिएन । वैवाहिक संस्थाको भविष्य जेजस्तो देखिए पनि 'म्यारिज' खेलको भविष्यचाहिँ हामी ब्याचलरहरू बडो उज्ज्वल देख्थ्यौं । त्यसमा हाम्रो पुस्ता पूर्ण रूपले कमिटेड थियो । त्यसो त 'कमिना'हरू त्यसै पनि कमिटेड हुने भइहाले ।

***

दाउद मेरो तुलनामा बढी नै कमिटेड थियो । उसले एक दिन तासको खालमा यसो भन्यो, "यो म्यारिज गज्जबको चीज हो । मेरा बाउआमाले पनि म्यारिज गरेका थिए तर मेरो बाउले जीवनमा ठूलो भूल गरे । बाउको कन्डम नफुटेको भए म जन्मनै पाउँदिनथें । यसरी आज तिमीहरूसित बसी म्यारिज खेल्न पाउँदिनथें । म्यारिज र कन्डम ! कस्तो वाहियात कुरा ! ओइ मस्तमौला ! के भन्छस् तँ ? यो म्यारिज र कन्डम कस्तो फन्डा हो ?"

"यो फन्डा !", म भन्थें, "फन्डामेन्टल फन्डा हो ।", दाउद मलाई मस्तमौला भन्न रुचाउँथ्यो । किन भन्थ्यो, गड नोज ! ऊ अलि लोभी थियो, मालको । यो माल, वास्तवमा कमालको चीज थियो । म्यारिजसितै यो शब्द भित्रिएको थियो । साहित्यमा नयाँ शब्द भित्रिंदा साहित्यकारहरू अति खुशी हुने गर्छन्, त्योभन्दा तुलनात्मक रूपले यो 'माल' शब्दले तासप्रेमीहरूमा बढी नै उत्साह, खुशी, जाँगर

ल्याइदिएको थियो । अँ तऽऽऽ दाउद यो 'माल' को लोभी थियो । हातको सफाइ गर्नमा ऊ माहिर थियो ।

यो दाउद कालान्तरमा 'घटा गणेश'को नामले टोलमा लोकप्रिय भयो । यसको किस्सा रोचक छ ।

चाकुपाटको मेरो डेराछेवैको गल्लीमा हामी क्यारेमबोर्ड पनि धुमधामले खेल्थ्यौं । क्यारेममा म छोटेमोटे उस्ताद थिएँ । दाउद प्रायः मेरो पार्टनर हुन रुचाउँथ्यौं । हामी दुई जनाको हातमा 'स्ट्राइकर' आयो भनेजस्तै मै हुँ भन्ने परचक्रीहरू पनि आच्छुआच्छु हुन्थे । उसको पालो आउँदा गोटी घटाउनका निम्ति म उसलाई जोडतोडले हौस्याउँदै भन्ने गर्थें, "घटा गणेश, घटा ।"

टोलमा, यसरी ऊ 'घटा गणेश'को नामले चर्चित भयो ।

***

यो सब बाउन्न/त्रिपन्न सालको कुरा हुनुपर्छ । एकाउन्न पो हो कि ! मलाई प्रायः समयको हेक्का रहँदैन । समय आफ्नै गतिमा हिंडोस्, म आफ्नै गति या अगतिमा हिंडूँ भन्ने अड्बाङ्गे टाइपको परें । त्यसैले कहिल्यै घडी लगाउने रुचि पनि भएन । क्यालेन्डर पनि उतिसाह्रो रुचाउँदिनँ । डेटलाइन र डेडलाइनमा म सधैं कन्फ्युज्ड हुन्छु । अभि सुवेदीको स्तम्भ 'समय रेखा' हेर्दा/पढ्दा म प्रायः पक्क पर्छु । आफ्नो जीवनको समय-रेखा कोर्न खोज्छु- हिसाबकिताब कहिल्यै मिल्दैन । आफ्नो गएगुज्रेको गणित-अज्ञानले पुलकित पनि हुन्छु ।

गणेश उर्फ दाउद उर्फ घटा गणेशको हिसाबकिताबचाहिं असला माछाझैं असली थियो । एक रात उसले मेरो कोठामा एक बोरा काउली लिएर आयो । भन्यो, "बुझिस् मस्तमौला ! एक महिनासम्म अब तरकारीको नो टेन्सन ! तरकारी किन्ने तेरो पैसा मैले जोगाइदिएको छु । मलाई थ्याङ्क यु भन् ।"

मैले थ्याङ्क यु भनें । सबै काउलीलाई उसले खाटमुनि फिजाएर राख्यो । त्यो रात उसैले काउली पकायो । हामीले काउलीकै दाल, भात, तरकारी, अचार खायौं । काउली-भक्षणपछि उसले भन्यो, "यतिका काउली काँबाट ल्याइस् भनी सोध्दैनस् ?"

- काँबाट ल्याइस् ! भन् न त ! - सोधें ।
- बारीबाट । - पो भन्छ त !
- कसको बारीबाट ? - सोधें ।
- तेरै घरबेटीको बारीबाट ।

बिताउने भयो बजियाले । धन्न, मेरा घरबेटी असल मिजासका मनुवा थिए । मलाई माया गर्थे । देश खाएर शेष भा'का ! म उनलाई बा भन्थें । भाडामा कहिल्यै किचकिच गर्दैनथे । त्यो महिनाको घरभाडा बुझाउँदा घरबेटी बालाई एक्स्ट्रा पैसा हातमा थमाउँदै मैले भन्नुपऱ्यो, "बा ! मेरो साथीलाई काउली खान मन लागेछ । राति काउली कतै नपाएपछि तपाईंको बारीबाट काटेर ल्याएछ । एक बोराजति ।"

घरबेटी बा चकित परे । भने, "गज्जब भएछ ! तर, कुमार बाबु ! यसरी आइन्दा नचोर्नुस्, खान मन लागे बरु मसित माग्नुस् । म दिन्छु ।" यस्तो पो काइदा ! उक्त कुरा घटा गणेशलाई सुनाउँदा ऊ खिन्न भयो । "भूल गरिएछ यार" भन्यो ।

***

घटा गणेश सुदूरपश्चिम कैलालीको बेरोजगार युवा थियो । आफ्ना आफन्तहरूसित बस्थ्यो । चाकुपाट, पाटनमा । त्यही इलाकाको एउटा डेरामा, भनिहालें, मेरो पनि बसेरा थियो । ऊ गोरो वर्णको हट्टाकट्टा थियो । टोलमा, परेका बेला सबैलाई सहयोग गर्थ्यो । बाँसुरी राम्रो बजाउँथ्यो । उसले बाँसुरी बजाउँदा म हिन्दी फिल्म 'हिरो'का ज्याकी श्राफलाई सम्झन्थें । फिल्ममा मिस्टर श्राफले बजाउने बाँसुरीको धुन घटा गणेशले 'डिट्टो' बजाउँथ्यो । मलाई भन्थ्यो, "हेर मस्तमौला ! बाँसुरी बजाउन सिक् । तँलाई म मुफ्तमा सिकाइदिन्छु । केटी पट्याउन सजिलो हुन्छ ।"

मैले सिकिनँ । मलाई लाग्यो सायद, यो महाभारतको युग पनि त होइन नि ! कृष्णले बाँसुरी बजाएपछि गोपिनीहरू तँछाडमछाड गर्दै आएझैं । म त बरु गितार बजाउँथें । गितारकै जमाना थियो । बाँसुरीको प्वालमा मैले आफ्ना औंलाहरूको सन्तुलन मिलाउन कहिल्यै जानिनँ तर घटा गणेशको बाँसुरी-सङ्गतले गर्दा म त्यो बाजाबाट निस्कने धुनको प्रशंसकचाहिँ अवश्य बनें । हरिप्रसाद चौरसिया प्लस नवाङ खेचगका 'फ्लुट-ट्युन'को दिवाना बनें ।

घटा गणेश नजिकैको पाटन बहुमुखी क्याम्पसको ब्याचलरीय विद्यार्थी थियो । भविष्यप्रतिको उसको एउटा ग्रान्ड डिजाइन थियो । त्यो के भने ऊ लोकसेवा लडेर नेपाल सरकारको सचिव हुन चाहन्थ्यो तर बाधा के मात्रै थियो भने अङ्ग्रेजीको परीक्षामा सधैं गुल्टिन्थ्यो । उसको लोकसेवा तयारी देख्दा मलाई यस्तो लाग्थ्यो, ऊ सचिव भइसकेको छ । मेरो कुराचाहिँ अलि बेग्लै थियो । नेपाल सरकारले मलाई कहिल्यै आकर्षित गरेन ।

घटा गणेश तीन/चार वर्षले 'सिनियर' थियो तर आत्मीयताको घनत्व कस्तो थियो भने हामी एकार्कासित तँ तँ म म गर्दै मःमः खान्थ्यौं । कहिलेकाहीँ

गल्लीको भुस्याहा कुकुरझैं ङ्यारङ्र गर्थ्यौं । दारु लागेको साँझ ऊ प्रायः उही फुटेको कन्डमसित आफ्नो जन्मको, जीवनको, भवितव्यको बारेमा कुरा गर्न अघि सर्थ्यो । भन्थ्यो, "बुझिस्, मस्तमौला ! यो अङ्ग्रेजीले मेरो जीवन तहसनहस गर्ने छाँट देखायो । कसरी पो पास गर्ने होला ! सरकारी हाकिम बन्ने इच्छा यही मूला अङ्ग्रेजीले चौपट पारिदिने भयो ।"

घटा गणेशलाई जुल्फी लर्काउँदै हिंड्न मन पर्थ्यो । मेरो कोठामा आउँथ्यो र खानासाना खाएको छैन भने एकछिनमै खानासाना पकाएर कुपुकुपु खान थाल्थ्यो । मेरो कोठामा मोटामोटा ग्रन्थहरूको चाङ हुन्थ्यो । मलाई जिस्काउँथ्यो, "यस्तो मोटो किताब पढेर पनि तँ किन दुब्लाउँदैनस् ?"

उसलाई साहित्य, कला, दर्शनतिर कहिल्यै रुचि जागेन । फिल्मचाहिं खुब हेर्नुपर्थ्यो । पाटनको सिनिमा-दुकानमा उसले थुप्रै टिकट ब्ल्याकमा पनि बेच्यो तर प्रोफेसनल्ली होइन । ऊ र म जाँदा ऊ सधैं चारवटा टिकट लिन्थ्यो । अरू दुइटाचाहिं ब्ल्याकमा बेच्थ्यो । त्यसबाट ऊ मःमः खाने पैसा 'कमाउँथ्यो' ।

कहिलेकाहीं आफ्नो स्वभावअनुसार म गितार बोकी, कम्बल ओढी अबेर रात नजिकैको घाटतिर जान्थें । घाट-मण्डपमा बसी गीत गुनगुनाउथें । ऊ पनि मसितै हिंडिदिन्थ्यो । म गीतमा मस्त रहँदा ऊ घाटछेउछाउ उम्रेका गाँजाका हरिया पातहरू टिप्थ्यो ।

सँगै फर्कन्थ्यो मध्यराततिर कोठामा । गाँजाका पातलाई ऊ डेक्चीमा खन्याउँथ्यो । स्टोभमा 'दम मारो दम' गर्थ्यो । गाँजाका पातहरू 'फ्राइड' हुन्थे डढेर । कक्रक्क परेका पातहरूलाई हत्केलामा राखी मिचमाच गर्थ्यो र 'प्रसाद' तयार पार्थ्यो । एक स्टिक गाँजा तानेपछि भन्थ्यो, "ओइ मस्तमौला ! गीत लगा न, एक डोज नाच्छु ।"

म आफ्नो फेभरेट ब्यान्ड 'भेङ्गा बोइज'को चक्का फिलिप्सको टेपरिकर्डरमा घुसाउँथें । गीत गुन्जिन्थ्यो कोठाभरि-

माई हार्ट गोज सालालाला ला
सलाला इन द मर्निङऽऽऽ

घटा गणेश त्यसपछि नाच्न थाल्थ्यो । खुट्टा घुमाउँदै । कम्मर मर्काउँदै । उसको नृत्यको खुबीचाहिं के थियो भने अङ्ग्रेजी गीतमा मात्रै होइन कि ऊ त अनुप जलोटाको भजनमा पनि नाचिदिन्थ्यो । त्यो पनि देउडा-नाच !

***

एक दिन कमाल भयो ।

हामी केही साथीहरूलाई उसले आफ्नो जन्म दिनको पार्टी दियो- मेरो कोठामा । बङ्गुरको स्वादिष्ट मासु घटा गणेश आफैंले बनायो । त्यसले गाँजामा अलि जोड गऱ्यो । मैले दारूको जल तरङ्गमा । नाच गान राम्रै चल्यो । तर घटा गणेश रुन पो थाल्यो । धुरुधुरु । बेला बेला ऊ ट्वाइलेट जान्थ्यो । फर्कन्थ्यो र धुरुधुरु रुन थाल्थ्यो । सोधें,

- ओइ घटा ! के भो ? किन रुन्छस् ?

"म बर्बाद भएँ, म लुटिएँ !", भन्यो र झन् जोडजोडले तमासा देखाउन थाल्यो । एकोहोरो रूपले ऊ 'बर्बाद' भएको कुरा गर्दै थियो । धेरै बेरपछि भन्यो, "मेरो लिङ्ग हरायो !"

"म बर्बाद भएँ । म लुटिएँ । ट्वाइलेटमा गई छामी हेरें । छैन", पो भन्छ । भएछ के भने ऊ ट्वाइलेटमा गई फस्नर खोल्न चाहँदो रै'छ तर उसले लगाएको थियो ट्र्याक सुट । जति खोज्दा पनि ट्र्याकमा फस्नर नपाएपछि ऊ भ्रममा पऱ्यो कि उसको लिङ्ग हरायो । ऊ बर्बाद भयो !

प्रिय पाठक !

'फोसिल' कथा-सङ्ग्रहमा एउटा कथा 'गिद्धहरूको नाच' छ । त्यसमा पुरुष पात्रहरूको लिङ्ग हराएको अजीवोगरिब प्रसङ्ग आएँछ । तपाईंलाई आज भनिहालूँ । त्यो प्रसङ्गको आदिस्रोत वास्तवमा घटा गणेश नै थियो, जो त्यो रात आफ्नो लिङ्ग हराएकोमा आफू बर्बाद भएको ठान्थ्यो ।

***

एक दिन घटा गणेशले मेरो गितार बेचिदिएछ ! केही दिनका निम्ति म यायावर बन्ने आफ्नो स्वभावमा फर्केको थिएँ र आफ्नो कोठाको जिम्मा घटा गणेशलाई दिई घुम्न निस्कें । लोकसेवाको राम्ररी तयारी गरोस् । केहीले उसलाई डिस्टर्ब नगरोस् भनी मैले आफ्नो कोठा उसलाई जिम्मा लगाई म पूर्वी पहाडी नेपालतिर बरालिन हिंडें एक्लै । धरान, धनकुटा, हिलेतिर आफ्नो फकिरगिरी चालू राखें । मलाई बिना योजना, त्यसरी निस्फिक्री यात्रा गर्न ज्यादै मन पर्छ । करिब एक साता म काठमाज्डुबाट भूतजस्तै बिलाएँ ।

एकाबिहान म आफ्नो कोठामा देखा परें । घटा गणेशले भन्यो, "मैले तेरो गितार बेचिदिएँ ।"

"किन बेचिस् त ?", सोधें, "हेर न यार् ! तँ गएपछि मलाई जन्डिसले भेट्यो । पैसा भएन । नरिसा !" टेबलमा हेर्छु । औषधिका सिसी अनि रङ्गीचङ्गी दबाईका खोलहरू । उसको अनुहार हेर्छु, मलीन छ । मैले गितारको माया मारिदिएँ किनभने

मेरो साथीको ज्यान बाँच्यो । घटा गणेशले सान्त्वना दियो, "पर्खी न ! मलाई नेपाल सरकारको सचिव त हुन दे ! यस्तो गितार तँलाई दुइटा किनिदिउँला ।"

मलाई त बरू उसको बाँसुरीको माया/टिठ लागेर आयो । बाँसुरी बेचेको भए कति नै पैसा आउँथ्यो होला र ! गितार बेच्यो, ठीकै गऱ्यो ।

***

एक दिन घटा गणेशलाई पुस्तक प्रदर्शनी लिएर गएँ । सभागृह भृकुटीमण्डपमा । त्यहाँ मैले 'कम्प्लिट वर्क्स अफ विवेकानन्द'को आठवटा भोल्युमको प्याकेज किनें । उसले मलाई आर्थिक सल्लाह दियो, "किताबमा यति धेरै किन खर्च गर्छस् यार ? यत्तिका पैसाले त बरू हामीलाई दुई महिना मःमः खान पुग्छ ।"

घटा गणेशलाई मैले बताउनुपऱ्यो, "हेर् घटा ! किताबले ज्ञान दिन्छ । अनि ज्ञानको कुनै मूल्य हुँदैन । हु केयर्स अबाउट मार्केट प्राइस ? दुई-चार सय पर्ने किताबमा तैंले दुई-चार करोडको ज्ञान पाउन सक्छस् । किताबको भौतिक मूल्यसित आध्यात्मिक मूल्य जोड्नु हुँदैन ।"

"तर पनि यार", उसले खिन्न हुँदै भन्यो, "किताबले मःमः त खुवाउँदैन नि !" उसको मःमः प्रेम वास्तवमा प्रेमिल थियो ।

क्यारेम बोर्डमा हामी दुश्मनहरूसित बाजी खेल्थ्यौं । प्रायः जित्थ्यौं । कहिलेकाहीं दुश्मनका अड्डाहरूमा गई बैरीहरूलाई मात खुवाउँथ्यो । जितेको पैसाले हामी मःमः खान्थ्यौं । घटा गणेशलाई पाटनका मःमःचा पसलहरूको 'चप्पाचप्पा' ज्ञान थियो । मलाई कहाँ कहाँ लैजान्थ्यो !

खैर ! त्यो दिन मेरो एक जोर आँखा अर्को एउटा अनाथ पुस्तकमा पऱ्यो । ओल्टाइपल्टाइ गरें । शान्ता केलकरद्वारा लेखिएको उक्त किताबको नाम थियो 'द सेज एन्ड द हाउसवाइफ' । युजी कृष्णमूर्तिबारे लेखिएको शान्ता केलकरको संस्मरण । किताबको पछाडिको ढाडमा सुन्दर कुराकानीको 'सिनोप्सिस' थियो । उठीउठी पढें :

शान्ता : गुरु ! प्रत्येक पाइलामा म काँडासित ठोक्किन्छु । काँडाहरूसित जुध्ने कुनै दह्रो बुटजुत्ता छैन ?

युजी : वास्तवमा, काँडा भन्ने त्यस्तो कुनै चीज छैन ।

शान्ता : तर गुरु ! पाइला पाइलामा म काँडा देख्छु ।

युजी : गुलाफलाई हेर्न छाडिदेऊ । काँडा कतै छैन ।

युजीको कुरा गर्दा म प्रायः एक प्रिय कविलाई सम्झन्छु : रमेश केसी । ती ज्यादै सुन्दर कविता लेख्थे । सिर्जना आर्ट ग्यालरीमा एकपटक उनको कविता

प्रदर्शनी भएको थियो । त्यो एक प्रयोग थियो । उनले अर्का पेन्टरसित आफ्नो पोयट्रीको 'सिम्फोनी' क्रियट गरेका थिए । चित्रहरू कविताअनुसार कोरिएका थिए । मिस्टर केसीका कविताहरू लोक्ताका कागजमा लेखिएका थिए सुन्दर हस्तलिपिसहित ।

ग्यालरीको भित्तामा झुन्डिएका ती कविता कहाँ होलान् अचेल ! कालान्तरमा मिस्टर केसीले युजीमाथि एउटा किताब लेखे : अविचार । अविचारसहित त्यसपछि एउटा प्रिय कविको अन्त्य भयो । अविचार, वास्तवमै अविचारहरूको सङ्ग्रह नै थियो । माइन्ड इज अ मिथ । माइन्ड इज योर इनेमी भन्ने युजी मलाई विचित्रका सन्त लाग्छ ।

केही यस्ता मानिसहरू हुन्छन् जसको बारेमा मलाई सुन्न मन लाग्छ । रमेश केसी आजकल सिजोफ्रेनिक भएको दुःखद कुरा सुन्छु । एउटा प्रतिभाशाली कविको ट्राजेडीबारे म चुपचाप सोची बस्छु । सुनी बस्छु : अविनाश श्रेष्ठको मुखबाट । रोशन शेरचनको मुखबाट, अनि अनुप बरालको मुखबाट ।

खैर ! यति बेला त अब पुनः घटा गणेशकै कुरा गरूँ क्यारे ! शान्ता केलकर र युजी कृष्णमूर्तिको अङ्ग्रेजी वार्तालाई नेपालीमा रूपान्तर गरी उसलाई सुनाएँ । उसले त यसो पो भन्यो, "त्यो मूला युजीलाई बुटजुत्ता र काँडाबारे के थाहा ? बुट लगाएर कसैको बगैंचाबाट गुलाफ चोर्नुको मज्जाबारे युजीलाई तातो न भुत्लो !"

त्यो दिन त्यस्तै भयो । शान्ता केलकरको किताब मैले किनिनँ । भनूँ, किन्नलाई पैसा पुगेन । मेरो पैसा त विवेकानन्दले सफाचट् गरिसकेका थिए ।

त्यसको भोलिपल्ट गज्जब भयो । त्यही युजीको किताब हातमा लिएर घटा गणेश मेरो कोठामा हाजिर भयो । मलाई किताब दियो । ज्यादै सहज तालले भन्यो, "हिजै झ्याप हान्दिएको मैले ।"

किताबभित्र यस्तो लेख्न पनि भ्याइहालेको रै'छ- मस्तमौलालाई मेरो सानो उपहार... । त्यसको मुनि उसको एक दनक सिग्नेचर पनि थियो बाङ्गोटिङ्गो । त्यो दिन मलाई घटा गणेश अचम्मको लाग्यो । भनें, "किन झ्याप हानिस् यार ! नराम्रो काम गरिस् ।"

"तेरो माया लागेर आयो यार । तँसित किन्ने पैसा थिएन । त्यसैले झ्याप हान्दिएँ । तँ यो किताब राम्रोसित पढ् र युजी बूढाको जीवन-दर्शन के हो, मलाई पनि बता । ज्ञान बाँडेर बढ्छ, बुझिस् ?"

***

घटा गणेशले एक साँझ बडो करुण रसमा मसित बिन्तीभाउ बिसायो, "यार मस्तमौला ! मलाई अङ्ग्रेजीमा पास गराइदे । यो अन्तिम मौका परीक्षा हो । मलाई पक्का था'छ यो मूला अङ्ग्रेजीमा म कहिल्यै पास हुने होइन । मेरो परीक्षा तँ दे । मेरो सट्टा । त्यसको सबै बन्दोबस्त म गरिहाल्छु । कम्तीमा मेरो बीए पासको मार्कसिट मेरो बुबाआमाले हरेर मर्न पाउन् ।"

उसले बडो भावुक हुँदै आफ्नो पीडाका तानाबाना बुन्यो : मौका परीक्षामा पनि फेल भएँ भने मैले आमाबुबालाई कसरी मुख देखाउने ! मेरो बूढा बाउआमाले समाजमा कसरी मुख देखाउने ! यो मूला अङ्ग्रेजी नजान्नु पनि ठूलै अपराध गरिएछ कि जस्तो भो ! मेरो डुङ्गा पार लगाइदे ! जीवनभर तेरो ऋणी हुनेछु । इत्यादि ।

म उसको कुरामा पग्लिएँ । पग्लिएँ मात्र होइन, अपितु उसको परीक्षा आफैँले दिएँ पद्मकन्या क्याम्पसमा गई । एक दिनका निम्ति म गणेशसिंह साउद बनेँ । विडम्बनाचाहिँ के मात्र थियो भने म स्वयम्चाहिँ आईएको मनमौजी विद्यार्थी थिएँ तर परीक्षा दिइरहेको थिएँ बीएको अङ्ग्रेजी । भन्छन् नि मानिसहरू : दोस्तों के खातिर जान क्या चीज है !

परीक्षाको भोलिपल्ट घटा गणेशले मलाई दक्षिणकाली लिएर गयो । एकाबिहानै । पूजा, अर्चनाका निम्ति घन्टौं लाममा उभियो । पूजा, अर्चनामा मलाई कहिल्यै रुचि जागेन । घटा गणेशले त्यो बिहान मन लगाएर देवीको आराधना गऱ्यो । नरिवल फुटायो । फूल र फुल (हाँसको) चढायो । धुपको मुठा सल्कायो ।

मलाई टीका लगाइदियो । भन्यो, "हेर् मस्त मौला ! भगवान्सित भाकल गरेको छु । यो अन्तिम मौका परीक्षामा पास भएँ भने हाँस चढाउँछु भनेको छु । भगवान्सित तेरो पनि सिफारिस गरेको छु ।"

- भगवान्सित मेरो सिफारिस ! कस्तो हाँसउठ्दो कुरो ! - भनेँ ।
- नहाँस् न ! हिंड्, आज तँलाई हाँसको छोयला खुवाउँछु ।
- हाँसको छोयला आज नखाने । तँ पास भएपछि हाँसको बलि दिइहालिन्छ क्यारे ! त्यही हाँसलाई काटकुट गरी घरैमा छोयला बनाई खाने, बुझिस् त ? - मैले भनेँ ।
- बुझेँ, बुझेँ । तर मौला ! के म पास त हुन्छु ?
- हन्ड्रेड पर्सेन्ट । - भनेँ ।

***

समय क्रमशः बितिरह्यो । म कहिलेकाहीं चापागाउँबाट हिंडेर साँझपख आफ्नो डेरा फर्कन्थें । बाटोमै उसको अफिस पर्थ्यो । छिर्थें । हाई-हेलो गर्थें । एक साँझ त्यसैगरी हाई-हेलो गर्न छिरें । वाचम्यानलाई गणेशलाई बोलाइदिनुस् त भनें । वाचम्यानले उदास अन्दाजमा भन्यो, "गणेश सर त जानुभयो ।'

- काँ जानुभयो ? - सोधें ।
- उहाँ त हामी सबलाई छाडी जानुभयो ।
- त्यही त ! काँ जानुभयो ? - पुनः सोधें ।
- उहाँ त बित्नुभयो ।

वाचम्यानले त्यसो भनेपछि म छाँगाबाट खसें । हाँगाबाट झरें । समाउने ठाउँ कहीं भेटिनँ । वाचम्यानले बतायो, "तपाईं पाटन अस्पताल जानुस् । उहाँको लास त्यहीं राखिएको छ ।"

मनमा अनेक कुरा खेलाउँदै झमक्कै रात पर्ने बेला म पाटन अस्पतालको परिसरमा पुगें । खोजी गरें । उसका आफन्तजनहरू पनि भेला भइसकेका रहेछन् । शव-गृहमा मलाई लगियो । एउटा ठूलो खालको किङसाइज्ड बाकसमा मेरो साथी, घटा गणेशको लास राखिएको थियो ।

उसका आँखाहरू बन्द थिए । ऊ चिरनिद्रामा सुतेको थियो । उसलाई डिस्टर्ब गर्न मन लागेन ।

***

घटा गणेशको मृत्यु रहस्यमय पहेली बन्यो । वाचम्यान भन्थ्यो, उहाँले आत्महत्या गर्नुभएको हो । कोही भन्थे, "उसको हत्या भएको हो ।" जे होस्, हत्या या आत्महत्याको 'पजल'मा मलाई कुनै गजल लेख्नु थिएन । क्यारेमबोर्ड छुट्यो । म्यारिज छुट्यो । घटा गणेश मेरो जीवनको एउटा गल्लीबाट, एउटा मोडबाट छुट्यो सदा सदाका निम्ति ।

केही दिनअघिको शनिबार यो 'पोस्टमार्टम लेख' लेख्ने मुड बनाएँ । म ती पुराना लोकेसनहरूमा डुल्न निस्कें, जहाँ १७ वर्षअघि म घटा गणेशसित डुली हिंड्थें । ती पुराना गल्लीहरूमा पुनः हिंडें एक्लै । पाटन म्युजियमको अगाडिको काठको बेन्चमा धुमधुम्ती, चुपचाप बसिरहेथें । एउटा सानो बालक म्युजियम अगाडि टक्क उभियो र मलाई केही बेर एकनासले ट्वाल्ल हेर्‍यो । मेरो पहिरनले उसलाई सके आकर्षित गरेको हुनुपर्छ ।

कालो ओभरकोटमाथि एक थान चिन्डे टाउको देखी ऊ दङ्ग परेको हुनुपर्छ। उसको हातमा नीलो रङको प्लास्टिक ब्याग झुन्डिएको थियो।

फटाफट मसामु आयो। सोध्यो, "अङ्कल, तपाईं भिलेन हो ?"

- हो। - मैले छोटो जवाफ दिएँ।
- मलाई भिलेन मन पर्छ। एकछिन म तपाईंको टाउको छुन्छु, ल !
- ल ल। - भनें।

फुच्चेका औंलाहरू मेरो चिन्डे टाउकोमा केही बेर चलमलाए। उसको हत्केला मैले आफ्नो तालुमा महसुस गरें। मलाई त्यो मुलायम, निश्छल स्पर्श स्वप्निल लाग्यो। शीतल लाग्यो। फुच्चेलाई सोधें, "तिम्रो झोलामा के छ ?"

- मार्कसिट छ। आज रिजल्ट थियो सेकेन्ड टर्मको। म पास भएँ नि ! - फुच्चेले बतायो।

मैले घटा गणेशको मार्कसिटलाई सम्झें। उसको मृत्यु भएको धेरै समयपछि एक दिन म उसको क्याम्पस छिरेको थिएँ। मेरो हातमा प्रवेशपत्रको अधकट्टी थियो। परीक्षा शाखाको झ्यालबाट त्यसलाई छिराएँ। बदलामा, कर्मचारीले मलाई घटा गणेशको मार्कसिट थमाइदिएको थियो।

घटा गणेश अङ्ग्रेजीमा ६१ अङ्क ल्याएर पास भएको थियो तर भविष्यको सचिवको चाहिं कहीं कतै अत्तोपत्तो थिएन। यतिका वर्षपश्चात् आज पनि जब म घटा गणेशको मार्कसिट हेर्छु, तब लाग्ने गर्छ कि ऊ कुनै दिन आउने छ मकहाँ काउलीको बोरा लिएर।

... र आफ्नो मार्कसिट माग्नेछ।

शङ्कर सिम्फोनी

सुधार-गृह शान्त छ ।

मजस्तो मनमौजी ड्रिमर (ड्रिम चेजर होइन नि !) का निम्ति घर/परिवार सुधार-गृह नै त हो । फुच्चे गुरु रिम्पोचे जाडो-बिदा मनाउन उसकी आमा सावित्री कार्कीसित रामेछाप गएको छ । आफ्नो मामाघर । मामाघरलाई ऊ आमा-घर भन्छ । पापा-घरमा चैं पापा एक्लो छ ।

कोठाको वास्तुशास्त्र केही समययता देशको कन्फ्युज्ड राजनीतिझैं लथालिङ्ग छ । ह्याङ्गरमा झुन्डिएका पोसाकहरूले झुन्डिएर आत्महत्या गरेका प्रियजनहरूको सुसाइडल विम्बानुभूति दिने गर्छन् ।

कोठाको यो शाश्वत आर्य-मौनमा म अनुभूतिका 'डेड-बडी'हरूसित ध्यानस्त छु । पुस्तकहरू युद्धभूमिमा यत्रतत्र ढलेका लासझैं फिजिएका छन् । चलाउँदिनँ/अहँ चलाउँदिनँ । सेलफोन पनि 'क्लिन डेड' छ । जिन्दगीले मिस्ड-कल गर्दैन । मृत्युको एसएमएस-टेक्स्ट नआएको पनि धेरै भयो ।

सावित्री कार्कीको ड्रेसिङ-टेबल मौन छ । यताउति ढलेका लिपस्टिकहरू पनि त चलमलाउँदैनन् । विभिन्न पर्फ्युम-पटमा नारी-गन्ध छ । सुँघ्छु । सरकारी-गन्धभन्दा नारी-गन्ध पो उत्कृष्ट हुँदो रै'छ ! ड्रेसिङ-टेबलको चतुर्भुज ऐनामा नजर पर्छ ।

ऐनामा केही दृश्य देखा परे । केही दृश्य चलमलाउन थाले । चुपचाप हेर्छु ।

ऐनाभित्र रिमझिम बर्सात भइरहेछ । कस्तो मुसलधारे बर्सात ! तपाईंलाई यो बर्सातले अकिरा कुरुसावाको 'रासोमन' फिल्मको बर्सातको झझल्को दिन सक्थ्यो । त्यो बर्सातमा अघिदेखि एउटा गाडी जलमग्न सडकमा गुडिरहेथ्यो ।

सडकछेवैमा अहिले गाडी टक्क रोकिएको छ । गाडीभित्रको मानिसमा मेरा आँखा पनि टक्क रोकिएका छन् । ढोका खोली त्यसले सीधै मलाई सम्बोधन गर्छ :

- हेलो मिस्टर नगरकोटी ! कस्तो मस्त-बर्सात हो यो ? के म अहिले तिमीकाँ आउन सक्छु ?

चकित परें म । अन्योलमा सोध्छु :

- मलाई बताऊ । तिमी को हौ ?
- बाफ्रे ! चिनेनौ ? म शङ्कर... ।
- को शङ्कर ? भोले बाबा शङ्कर भनेको हो ? महादेव शिवजी भनेको हो ? त्यसो हो भने भगवान्, ईश्वरहरूलाई त मेरो कोठामा इजाजत छैन ।
- धत्तेरिका ! टु हेल विथ् भगवान् । म शङ्कर क्या ! शङ्कर लामिछाने । कस्तो नचिनेको ? आऊँ तिम्रो कोठामा ?

अनुमति दिएको छैन । तर ऊ त ऐनाबाट फुत्त हाम फालेर कोठामा प्रवेश गर्छ । आफ्नो ओभरकोट टकटकाउँछ । त्यसलाई ह्याङ्गरमा झुन्ड्याइदिन्छु । ओभरकोटबिनाको शङ्कर त सलाईको काँटीझैं देखिन्छ । दुब्लो/पातलो । जस्ट लाइक अ म्याचस्टिक ! लाइक अ सिग्रेट-स्टिक !

- के गरिरा'थ्यौ ? - सोध्छ ।
- तिम्रै 'गौंथलीको गुँड' पढिरा'थें । कफी पिउँछौ ?
- अफकोर्स यस !

किचेनमा गई कफी बनाउँछु । उसलाई एक मग टक्र्याउँछु । शङ्कर ओछ्यान अनि भुईंमा ढलेका किताबहरूलाई उठाउँछ । हेर्छ 'गौंथलीको गुँड'लाई नयाँ संस्करणमा, नयाँ गेट-अपमा । मुस्कुराउँछ । प्रकाश सायमिद्वारा सम्पादित शङ्कर-स्मृति किताबलाई सुमसुम्याउँछ ।

- यो प्रकाश सायमि को रहेछन् ? - अलमलिएर सोध्छ ।
- तिम्रो कस्मिक-फ्यान हुन् । हेर शङ्कर, कस्मेटिक जमानामा कस्मिक फ्यान पाउनु दुर्लभ चीज हो ।

अरू थप्छु, "तिमीलाई पुनः जन्माउनमा यी कस्मिक-फ्यानले अथक प्रयास गरेका छन् । तिम्रा जम्मै कृतिहरू अब नयाँ संस्करणमा जन्मिएका छन् । कमल दीक्षितको भनाइमा तिमी 'रि-क्रिस्चनाइज्ड' भएका छौ ।"

- कमलबाबु अझै छन् !
- हो त ! मदन पुरस्कार गज्जबले बाँडिरा'छन् ।
- इन्ट्रेस्टिङ !

ऊ खुशी भयो । खुकुरीको बट्टाबाट एउटा चुरोट निकाली, सल्काउँदै भन्यो :

- तिम्रो पाटनमा मैले आफ्नो जीवनको अन्तिम कालखण्ड बिताएको थिएँ । थाहा छ ?
- अफकोर्स थाहा छ । त्यसैले त म पाटनमा छु । यहाँका टोल, गल्ली, दारूमहल, भुस्याहा कुकुर, पाटी-पौवा, ढुङ्गेधारा सबसित मेरो आत्मीयता

गाँसिएको छ किनभने कुनै दिन यी सब चीजसित तिम्रो पनि त आत्मीयता गाँसिएको थियो । पाटनको मौसम, रङ र गन्धसित तिम्रो र मेरो आत्मा गाँसिएको छ ।

- अनि ताहाचल नि !
- ताहाचल त अहिले अलि कस्मेटिक भएको छ । त्यहाँ आजकल मेरो आत्मा रमाउन छाड्यो । कृष्णचन्द्रसिंह प्रधान पनि रहेनन् । - बेवास्तापूवर्क भन्छु ।
- कस्तो दु:खद कुरा, हगि कुमार ! खैर, भैगो । छाडौं यी कुरा । तिमीसित जोन एलोन छैन ?
- जोन एलोन ? यु मिन बिटल्सको जोन लेनन ?
- ऊ एलोन हो । एक्लो हो तिमी र मझैं । ड्रिमरहरू एक्लो/एलोन हुन्छन् कुमार ! इम्याजिन, देअर इज नो हेल, नो रिलिजन, नो हेभेन ! जस्ट इमाजिन, कुमार !

शङ्कर आध्यात्मिक मुडमा देखा पऱ्यो । मैले सिडी प्लेयरमा 'इमाजिन'को चक्का घुसाएँ । आई एम अ ड्रिमर भन्दै जोन 'एलोन' कोठाभरि अझै भनूँ नगरकोटीको स्वर्ग/नर्कमा गुन्जिन थाल्यो । सोधें :

- शङ्कर ! आज तिम्रो बर्थ-डे ! चियर्स नगर्ने ?
- जरूर जरूर, क्यों नहीं दोस्त !

भ्याट सिक्स्टी नाइन खाने कि ! ब्ल्याक लेबल ! कि नेवा: ऐला ! सिग्नेचर कि भोड्का ! के खाने शङ्करलाई सोध्छु । "तिमीलाई के मन पर्छ ?", ऊ मलाई सोध्छ । म भन्छु :

- मलाई त 'ह्वीस्परिङ सोल' मन पर्छ ।
- ह्वीस्परिङ सोल ? नयाँ माल हो ? - शङ्कर सोध्छ ।
- हो । यो माल कमालको छ ।

दुई काँचको गिलासमा ह्वीस्परिङ सोल खन्याउँछु । गिलास ठोक्काउँदै चियर्स गर्छौं । म गुनगुनाउँछु :

ऽऽऽये ग्लुमी शाम
थिरकते हातमे लिए दो जाम
लामिछाने और नगरकोटीके नामऽऽऽ

शङ्कर "क्या बात/क्या बात" भन्दै मस्तसित हाँस्छ । लाफिङ-बुद्धझैं...

शङ्कर बुक-सेल्फमा घोरिएको छ । न्याकबाट जम्मै पुस्तकहरू निकाल्दै भुईंमा राख्छ । ओह्रान पामुकको 'अदर कलर्स', लोसाको 'स्टोरी टेलर', मुराकामीको 'नर्वेजियन वुड्स'लाई छुट्याउँछ । सम्भवतः ती पुस्तकलाई उसले आफूसितै लैजाने भयो ।

मदन पुरस्कार-सेक्सनबाट उसले दमिनी भीर/सेतो धर्ती/पल्पसा क्याफे निकाल्यो । एक घुट घुटुक्क पारेपछि पल्पसा क्याफेको आवरण देखाउँदै यसो भन्यो :

- कस्तो सुन्दर नाम ! पल्पसा...

तर, त्यस्तो सुन्दर नामको छेवै प्रिन्टेड 'मदन पुरस्कार विजेता' भन्ने भद्दा लोगोले ऊ विकर्षित भयो । नाक खुम्चायो । लोगोलाई पुछेझैं गऱ्यो । जसरी तपाईं आफ्नी प्रेयसीको आँसु पुछ्नुहुन्छ । दमिनी भीर र सेतो धरतीको लोगोलाई पनि उसले त्यसैगरी पुछिदियो । उसले भन्यो :

- किताबमा यस्तो दाग मलाई मन पर्दैन । कतिपय सुन्दर किताबहरूलाई यसैगरी दाग लगाइन्छ । कहिले मदन पुरस्कारले दाग लगाउँछ । कहिले नोबल प्राइजले । कहिले पुलित्जरले । म्यान बुकर प्राइजले पनि किताबमा दाग लगाइदिन्छ । यो दागलाई निरमा सर्फले धोए पनि जाँदैन । मलाई त असलमा बेदाग किताब पढ्न मन पर्छ ।
- शङ्कर ! – म भन्छु । – असलमा यो असल कुरा पो गऱ्यौ त ! अर्को पेग थपूँ ?
- जरुर ! जरुर ‼ खैर, मलाई पुराना दिनहरूको याद आयो । मैले भूमिका लेखेको 'शिरीषको फूल'ले पनि मदन पुरस्कार पाएको थियो । गज्जब छ यार कुमार ! मेरो भूमिकाबिना नै पल्पसा क्याफे/सेतो धरती/दमिनी भीरहरूले मदन पुरस्कार पाएछन् !
- शङ्कर ! तिम्रो भूमिका वास्तवमा सुन्दर अतीत भइसकेको छ । खै, त्यो गिलास यता बढाऊ । अलिकति ह्वीस्परिङ सोल थपूँ है त !
- जरुर जरुर, क्यों नहीं दोस्त । मै आगामी अतीत हुँ । मेरी जिन्दगी आगामी अतीत है । मेरी भूमिकाएँ- सब आगामी अतीत है । चियर्स अगेन ।

आगामी अतीत ! बडो सुन्दर लाग्यो । शङ्कर त्यसपछि केही बेर मौन रहन्छ । म सोध्छु, "तिमी गाडीमा कता जाँदै थियौ ?"

- म फ्रान्ज काफ्कालाई भेट्न गइरहेको थिएँ ।
- फ्रान्ज काफ्का ?
- हो । फ्रान्ज काफ्का । भर्खरै उसले एउटा कथा लेखिसिध्याएको रैछ । असलमा, ऊ त्यही कथा मलाई सुनाउन चाहन्थ्यो । अघि ऐनामा तिमीले जुन शहरको सुनसान गल्ली देख्यौ, त्यो प्राग शहर हो ।

- काफ्काको स्वास्थ्य कस्तो छ आजकल ?
- त्यो ठिस त्यस्तै हो, जहिले पनि ।

त्यसपछि शङ्करले सिग्रेट सल्कायो । अब त साँझ पर्दै छ । बाहिर हेऱ्यो । अँध्यारो, अँध्यारो अनि केवल अँध्यारो छ । भित्र उज्यालो छ । भुईंमा ह्वीस्परिङ सोलसितै प्याला छन् । शङ्कर त्यसपछि 'नन-स्टप' बोल्न थाल्छ :

- सबै अविस्मरणीय हुँदा रहेछन् । यस जगत्मा बिर्सन लायकका, विस्मरणीय घटनाहरू केही छैनन् । आफ्नो साहित्यिक युगको सम्झना हुन्छ । कुमार, वो भी क्या जमाना था ! हम भी कभी कवि थे । तिमीले मेरो 'नजन्मेको छोरालाई' भन्ने कविता पढेका छौ ? संसार सुन्दर बन्छ सुन्दर रचनाहरूबाट । लैनसिङ, अम्बर, भूपि, पारिजात, भाइ पिटरहरूलाई सम्झन्छु । मान्छे अहङ्कार लिएर बाँच्छ र अस्तित्वको सौन्दर्यबाट वञ्चित हुन्छ । हेर न कुमार, म यहाँ तिम्रो कोठामा पिइरहेछु ।

  आज, आकाशमा जून छैन तर हृदयमा भने नोस्टाल्जिक-मनसुन छ । आज मेरो बर्थ-डे ! माघ १० गते । के बार हो रे आज ! बाँच्नु जीवनको रोमाञ्चक अनुभूति हो । मलाई थाहा थियो, मेरो मृत्युपछि शङ्कर लामिछाने ज्यादै एक्लो हुनेछ । एक्लो को छैन ? आई एम अ ड्रिमर लाइक यु । लाइक जोन एलोन । जन्म जीवनको सुरुवात होइन र मृत्यु जीवनको अन्त्य पनि होइन । तिम्रो कथित मृत्युपछि पनि सूर्यास्त हुन्छ । सूर्योदय हुन्छ । बरसात त्यसैगरी रिमझिम-रिमझिम गरिरहन्छ । फूल फुली नै रहन्छन् । झुसिलकीरा क्रमशः पुतली बनी नै रहन्छन् ।

इत्यादि ।

शङ्कर अनायास किन यसरी पराया कोठामा भावुक बनिरहेछ ? उसको भावुकता मेरो पनि भावुकता हो सायद । मौन रहन्छु । आज यस्तै भइदियो । दुइटा सिग्रेट सल्काउँछु । एउटा उसलाई दिन्छु । कोठाभरि धुवाँका पत्रहरू एकापसमा जोल्ठिएर बस्छन् । ती धुवाँ बाफ भई अनि त्यसपछि शीतका थोपा बनी हाम्रा मदिरा प्यालामा कहिले झर्लान् ?

हामी थुप्रैपटक चियर्स चिच्याउँछौं । शङ्कर भन्छ : "मोजार्ट छैन ? कितारो छैन ? अम्बर छैन ? विथोवन छैन ?" सिडी प्लेयरमा सिम्फोनी बजाउँछु । विथोवेनको सिम्फोनी नं ३, ५, ७ ।

झ्यालमुनिको सडकबाट भर्खरै एक हूल मलामी हिंडे । बाटोभरि धान र सिक्का छर्दै । शङ्कर र म झ्यालैमा अडेस लागेर शव-यात्रा हेर्‍यौं । घाट

छेउछाउ बसोबास छ मेरो । दिनहुँ घाटतिर गएको हुन्छु । ज्यूँदै । सावित्री कार्की भन्छे : डेरा सरौं ।

डेरा सर्न मनले मान्दैन ।

विथोवनको फिफ्थ सिम्फोनी गुन्जिरहेछ । सेलफोन चिच्याउँछ । उठाउँछु । आमा-घरबाट गुरु रिम्पोचेले हेलो पापा भन्दै छ । हाई-हेलो भन्छु । पापा, मलाई ममीले कथा सुनाउनुहुन्न भन्ने गुनासो गर्छ । यसो सोची ल्याउँछु : यो समय गुरु रिम्पोचेको 'बेड-स्टोरी-टाइम' पो हो । हरेक दिन सुत्नुअघि उसलाई कथा सुनाउनुपर्छ । फोनमै कथा सुनाउनुस् न पो भन्छ । म भन्छु :

- मलाई डिस्टर्ब नगर । तिमी आमा-घरबाट आएपछि कथा सुनाउँछु । अहिले म शङ्कर अङ्कलसित छु ।
- को शङ्कर ? पापाको साथी हो र ? - ऊ सोध्छ ।
- हो, पापाको पुरानो साथी हो । आज उहाँको बर्थ-डे हो ।
- बर्थ-डे-अङ्कलसित म पनि कुरा गर्छु । - पो भन्छ त !

शङ्करलाई फोन दिन्छु । उसले इसाराले "को हो ?", भनी सोध्छ । म भन्छु : "तिम्रो नजन्मेको छोरा हो ।" गुरु रिम्पोचे र शङ्करको वार्ता सुनी बस्छु :

गुरु रिम्पोचे : अङ्कल ! तपाईं मेरो तक्लु पापाको साथी हो ?

शङ्कर : हो, हो । म तिम्रो पापाको साथी हो ।

गुरु रिम्पोचे : आज तपाईंको बर्थ-डे हो ।

शङ्कर : हो नि त !

गुरु रिम्पोचे : ह्याप्पी बर्थ डे अङ्कल ! तपाईं पापासित बसी रक्सी खाइरा' हो ।

शङ्कर : हो नि त !

गुरु रिम्पोचे : बर्थ-डेमा त केक पो खानुपर्छ । रक्सी खानुहुन्न ।

शङ्कर : अच्छा ! तिमीलाई कसले भन्यो यस्तो कुरा ?

गुरु रिम्पोचे : मम्मीले भनेको । रक्सी खाएपछि मान्छे मोर्छ रे ! अङ्कल तपैं केक खानुस् न ! पापाले तपाईंलाई केक किनिदिनुहुन्छ । केक कस्तो मीठो हुन्छ ! केकसित बरु कोक खानुस् । रक्सी नखानुस् । रक्सी खाएपछि मान्छे मोर्छ ।

***

...त्यसपछि शङ्कर उठ्यो । उसले छुट्याइराखेका किताबहरूलाई एउटा झोलामा राख्यो । ओभरकोट लगायो होइन कि ओभरकोटभित्र छिऱ्यो । कुमार जान्छु अब त, भन्यो । "फ्रान्ज काफ्काकहाँ अहिलेसम्म त निर्मल बर्मा, अल्वेयर कामुहरू पनि आइसके होलान्' भन्यो, "काफ्काले हामीलाई डिनरका निम्ति बोलाएको छ । म तिमीकाँ यसरी अल्झिएँ । आज फ्रान्ज काफ्काको नयाँ कथा सुन्नु छ । तिम्रो चुरोट एउटा दिन्छौ कि !"

शङ्करलाई एउटा सिग्रेट दिन्छु ।

धुवाँ उडाउँदै शङ्कर ड्रेसिङ टेबलको ऐनाभित्र छिऱ्यो । एक झोला किताब बोकी । त्यहाँ मुसलधारे बर्सात अझै जारी थियो ।

म चुपचाप हेर्दो छु :

गाडी बिस्तारै अगाडि बढ्छ । ड्राइभिङ-सिटमा स्टेरिङ रमाइरहेको शङ्कर मलाई हात हल्लाउँछ । ऐनाअघि उभिई म पनि हात हल्लाउँदै शङ्करलाई बिदाइ गरिरहेछु ।

कस्तो अद्भुत झरी आकाशबाट यसरी झरी !

ऐनामा म प्राग शहरको सुनसान झरीग्रस्त गल्ली देखिरहेको छु । शङ्कर फ्रान्ज काफ्काको नयाँ कथा सुन्न गइसकेको छ, मेरो अर्ध-मौन कोठालाई लथालिङ्ग पार्दै ।

गाडी क्रमशः अघि बढ्छ र एउटा गल्लीबाट बिलाउँछ ।

ऐनामा रिमझिम बर्सात भइरहेकै छ ।

म ह्वीस्परिङ सोलको बिर्को बन्द गर्दै छु । शङ्कर सिम्फोनी सुन्दै छु । अलिकति पिउँदै छु । अलिकति जिउँदै छु ।

जीवनको खित्का

जीवन ज्यूँदै थियो ।

...र ओछ्यानमा लम्पसार ढली संस्कृत महाकवि बाणभट्टको 'हर्ष चरित्र' पढिरहेको थियो । ढोकामा केही कालदेखि उभिएको मलाई उसले देखेन । वास्ता गरेन । त्यसो त वास्ता गरिनुपर्ने कुनै काल पनि त म थिइनँ । वर्तमान, भूत या भविष्य, कुनै काल थिइनँ म सायद ।

सरासर कोठाभित्र छिरेँ । कस्तो गुम्सिएको कोठा ? पर्दा सारिदिएँ र झ्याललाई पनि उदाङ्गो पारेँ । झ्यालबाहिरको एक टुक्रा साँझ बिस्तारै कोठाभित्र छिर्न खोज्यो ।

मैले सिग्रेट सल्काइसकेपछि मात्र ऊ केही चल्मलायो । बाणभट्टलाई कुनामा मिल्काइदियो । मसित हात मिलायो । मैले भनेँ :

- कस्तो ताज्जुप यार ! तपाईं त ज्यूँदै हुनुहुन्छ !

जीवित जीवन दुई मिनेटजति फिस्स-फिस्स फिस्सियो ।

***

जीवन, इनफ्याक्ट एक अल्पभाषी, ज्यादै अनौपचारिक 'जिनिस' थियो । उसको तथाकथित थर श्रेष्ठ थियो, जसरी मेरो नगरकोटी छ । हामी हँसी मजाक गर्थ्यौं नामलाई लिएर । म भन्थेँ : "अरे यार ! जीवन र मृत्युको पनि कुनै थर हुन्छ ? यस्तो अगतिलो नाम बोकी हिँड्न बन्द गर्नुस् । जीवन, त्यो पनि कस्तो भन्दा श्रेष्ठ । श्रेष्ठ जीवन आजसम्म मैले देखेकै छैन ।"

ऊ मेरो पनि गजबले गिल्ला गर्थ्यो । भन्थ्यो, "जुन मूलाको कुमारत्वको कुनै ग्यारेन्टी छैन, उसैको नाम कुमार !" जुन गोरुको सिङ छैन उसैको नाम तीखे ! अझ तपाईंको त नाममै 'कु' छ । अनेक थरी 'कु' गर्दै हिँड्नु हुन्छ । नेपाली साहित्यमा पनि 'कु' नै गर्ने त होला नि ! कि कसो ?"

ये हुई न बात ! दङ्ग पर्थें म । त्यसपछि खितखित खित्का छाड्दै ऊ केही बेर उत्साहपूर्वक खितखिताउँथ्यो । हाँसो उठ्थ्यो । कुमार नगरकोटीको कु-साहित्य ! यो गजबको समालोचकीय टाइटल हुने थियो ।

एनी वे ! जोक्स अपार्ट । वास्तवमा, जीवन जीवन थियो । तर त्यो साँझ जब ऊसित तपाईं त ज्यूँदै हुनुहुँदो रै'छ भनी आफ्नो आश्चर्य एवम् खुल्दुली प्रकट गरें, ऊ त केवल फिस्स फिस्सियो । सोचें :

- तपाईंको खित्का कहाँ गयो यार ?
- मेरो खित्का जन्डिसले लग्यो । - उसले यति मात्र भन्यो ।

हो त, साँच्ची । मैले याद गरेको रहेनछु । जन्डिसले गर्दा ऊ पहेंलपुर भएको रै'छ । तोरीको तेल फुलेझैं । बिचरो, पीत-मानव ! माया लागेर आयो ।

उसको अनुहार त तत्कालीन नेपाल राजकीय प्रज्ञाप्रतिष्ठानले छापेको 'हर्ष चरित्र'को पहेंलो खोलझैं पो छ त ! "कति भो ?", सोधें ।

"१६, १७ दिन भयो । औषधि खाइरा'छु ।", पो भन्छ त बजियाले ।

"तपाईंको जन्डिसको कुरा कसले गऱ्या छ र ?", मैले भनें, "हर्ष चरित्र पढ्न थालेको कति भो पो भनेको ? खै कुरा बुझेको ?"

"त्यस्तै १६, १७ दिन भयो कि !" भन्यो ।

मैले उसलाई सम्झाउनुपऱ्यो, "हेर्नुस् जीवनजी ! यस्तो जन्डिसको रोग सल्काउने किताब किन पढेको ! यसलाई पढ्न छाड्नुस् । जन्डिस मूलाले पनि तपाईंलाई छाड्नेछ । आजैदेखि कट्टी गर्नुस् । जन्डिस र तपाईं दुवैको कल्याण हुनेछ । मेरो आइडिया कस्तो लाग्यो ?"

इनफ्याक्ट, मेरो आइडिया उसलाई झुर लाग्यो । त्यसै त ऊ श्याम वर्णको मनुवा ! त्यसमाथि पहेंलो रङ मिसिइँदा उसको अनुहार कुरूप देखियो । केही बेर केही बोलेन । सोधें, "जुस खानुहुन्छ ? हिंड्नुस्, तपाईंलाई उखुको जुस खुवाउँछु । जन्डिसवालाहरूलाई ज्यादै सुट गर्छ ।"

उसलाई जिस्काएजस्तो पो भएछ झन् । उसको अनुहार अझै विकृत देखियो । निन्याउरो मुख लगाएर भन्यो, "तपाईंसित बसी कसरी जुस खाने ? त्यो पनि यस्तो सेक्सी साँझमा ! कुमार नगरकोटीकै बेज्जत ।"

- हु द हेल केयर्स अबाउट कुमार नगरकोटी ! - भनें ।
- तैपनि ?
- ह्वाट तैपनि ?

उसले उखुको जुस नखाने अनफ्रुटफुल लिंडेढिपी गरेपछि मैले भनें, "तो फिर भोड्का हो जाए, क्या बोल्ते हो ?"

उसले केही बोलेन । भोड्कासितै अरू तपसिलका पदार्थहरू लिएर आएँ नजिकैको पसलबाट । उसले पनि दारु पिउने (अलिकति) अतृप्त इच्छा व्यक्त

गऱ्यो । वैधानिक प्रावधानजस्तै स-साना टिप्स उसलाई सुनाएँ : "पिउनुस् । तर मैले सुनेको छु जन्डिसवालाहरूले दारू सेवन गरेपछि मर्छन् । डाक्टरहरू यसै भन्छन् । जीवनजी कथम्कदाचित भोलि तपाईं मर्नुभयो भने मलाई केही भन्ने होइन नि ! मैले पहिल्यै भन्द्या छु । जीवन मऱ्यो भने म अर्थात् मृत्युले यो संसारमा एक्लै के पो गर्ने होला ?"

***

क्रियटिभ इम्पल्सको कुरा गर्ने हो भने मेरो सत्सङ्ग प्रायः मृत्युजनिन सन्दर्भ सामग्रीहरूसित हुने गर्छ तर जीवनसित मेरो सत्सङ्ग या भनुँ कुसत्सङ्ग मलाई प्रिय नै लाग्छ । उसलाई मैले चिनेको पचासको दशकको सुरुतिर हो । यस्तै २०५२ सालतिर ।

यहाँनेर अब फ्ल्यासब्याकतिर बरालिनु उचित हुनेछ । ताना शर्माको बेलायततिर बरालिंदाजस्तै तर मैले जीवनलाई बेलायतको 'स्पिकर्स कर्नर'मा भेटेको भने होइन । उसलाई त मैले पाटनको गल्लीमा भेटेको हुँ । यो गल्ली-मानव अजीवको पात्र थियो । या भन्नुस् कु-पात्र ।

चाकुपाट, पाटनको घरमा लगातार वर्षदिनजति सँगै बस्दा पनि ऊसित मेरो कुनै हाई-हेलो चलेन । म उसलाई प्रायः मौन देख्थें । एक साँझ यो कुपात्र मेरो कोठामा लुसुक्क छिरेको थियो । ऊ केही किताब पढ्न चाहन्थ्यो । किताबमार्फत ऊसितको मेरो परिचय सुदीर्घ रहन पुग्यो ।

अर्घाखाँचीको यो नेवार जमिनदारको नाति थियो । उसैको शब्द विन्यासमा भन्ने हो भने बाजेसित उसले विद्रोह गरेको थियो । आर्थिक विद्रोह । तानाशाही बाजेको रु. एक लाख चोरेर (एसएलसीपछि) ऊ काठमान्डु आएको थियो इन्जिनियर बन्न । यो काठमान्डु अजीव शहर हो । धेरैलाई यसले आफ्नो मोहजालमा फसाउँछ । सबैलाई केही न केही बन्न यहाँ आउनुपर्छ ।

व्याभिचारी, भ्रष्टाचारी, दलाल एवम्रीतले सभासद अनि प्रधानमन्त्री इत्यादि बन्न मानिसहरू काठमान्डु आउने गर्छन् । कसैलाई कवि बन्नु छ, कसैलाई सचिव ! कहिलेकाहीं यसो सोची बस्छु : मोफसल वैधानिक अर्धाङ्गिनी हो भने काठमान्डु अवैधानिक प्रेमिका । एक अवैध अर्धाङ्गिनी । जीवनलाई इन्जिनियर बन्नु थियो । यता आयो । भन्थ्यो : "बुझ्नुभो ! बाजेको एक लाख चोरेर मैले आफ्नै घरबाट विद्रोह गरेको हुँ ।"

म भन्ने गर्थें : "यार, तपाईं त खान्दानी कंग्रेस । विद्रोह त कम्युनिस्टहरू पो गर्छन् । मार्क्सवादीहरू गर्छन् ।" ऊ भन्थ्यो, "म मार्क्सवादी कंग्रेसी हुँ नि त !"

म उसको सातो उडाउँथें : “तपाईंलाई कसरी विद्रोही भन्ने ? पैसा चोर्नेलाई त चोर पो भनिन्छ । अब भुत्रोको विद्रोही ! अझै आफ्नै घरको पैसा चोर्नेलाई त डाँकु भनिन्छ । असलमा तपाईं डाँकु हो ।”

“थ्याङ्क यु !” ऊ भन्थ्यो र जोडजोडले खित्का छाडी हाँस्थ्यो ।

मलाई उसको खित्का मन पर्थ्यो । म उसको खित्काको फ्यान थिएँ ।

यो डाँकु मसित घुम्न औधी रुचाउँथ्यो । यो डाँकुसित मिलेर नेपालका विभिन्न ठाउँमा मैले डाँका डालेको कुरा साँचो हो । यायावरी-यात्रा गरेको कुरा हन्ड्रेड पर्सेन्ट ट्रु हो । जसलाई तपाईंले यही किताबको १३ औं पेज ‘जिन्दगीः एक मिस्टिक जर्नी’ नामक यात्रा संस्मरणमा अवश्य पनि पढिसक्नु भएकै होला ।

यो डाँकु इन्जिनियर बन्ने मनोकांक्षाले उत्प्रेरित थियो । पुल्चोक इन्जिनियरिङ क्याम्पसमा त्यस बेला ऊ ओभरसियरको अन्तरिम-अध्ययनमा जुटेको थियो । तर म ऊसित प्रायः ठट्टा गरिरहन्थें र उसको बायाँ हातका रेखाहरू हेर्दै एक दिन उसलाई मैले प्याच्च भनें, “यो जन्ममा तपाईं इन्जिनियर बन्ने कुरा गाईजात्रे पारा हो । डेस्टिनी बदल्नुस् । यो कु-मारको कु-रा सुन्नुस् । तपाईंको जिन्दगीमा इन्जिनियरको योग छैन ।”

- डेस्टिनी कसरी बदल्न सकिन्छ ? यो मान्छेको हातमा छैन । - उसले भन्यो ।
- डेस्टिनी तपाईंको आफ्नै हातमा छ । नपत्याए हातका रेखाहरू हेर्नुस् ।

उसले हात झट्कार्‍यो । कालान्तरमा त्यो मैले गरेको कागे-भविष्यवाणी या भनूँ ठट्टा सही निस्क्यो । जीवनले आफ्नो जीवनमा डेस्टिनेसनहरू बदलिरह्यो । ऊ इन्जिनियर बन्न सकेन । बन्न रुचाएन सायद ।

एक दिन ओभरसियरको नियुक्तिपत्र लिएर बरु दोलखा रवाना भयो । मेरो आफ्नो अराजक जीवनशैली आफ्नै अलमस्तपनामा बित्दै गयो । त्यो अराजक-राजमार्गमा कुनै स्पिड-ब्रेकर थिएन र जेब्रा-क्रसिङको कुरा त झन् कल्पनाभन्दा दूर-दूर सुदूरवर्ती थिए ।

एक साँझ जीवन मलाई लिन आइपुग्यो । बेरोजगार थिएँ । उसले मेरा निम्ति रोजगार लिईं आयो । जागिर लिईं आयो । कुन्नि कता गई गिर्नुपर्ने भयो । उसले भन्यो :

- चरिकोटको एउटा हाइस्कुलमा अङ्ग्रेजी शिक्षक चाहिएको छ । मैले सबै बन्दोबस्त गरी आएको छु । तलब राम्रो/दामी छ । हावापानी पनि राम्रो/दामी छ । म तपाईंलाई लिन आएको । भोलि नै हिंडौं ।

यो एक किसिमले सु-समाचार (उसैको शब्द-विन्यासमा) थियो । कु-मारका निम्ति सु-समाचार ! मानौं, प्रभु यशु सशरीर प्रकट भएका छन् र मसामु आफ्नो पवित्र-राज्यमा हिंड्न प्रेरित गर्दा छन् । यशु मसामु ङिच्च हाँस्दै आज्ञा गर्दा छन् :

- माई सन् । कम, फलो मी ।

म भोलिपल्टै यशुसित जाने भएँ ।

दुइटा झोला प्याक गरें । एउटामा वस्त्रहरू । अर्कोमा डायरी एवम् किताबहरू । कोठामा ताल्चा मारें । भोटेताल्चा त थिएन । बरू एउटा मोटेताल्चा ठोकें । घरबेटीलाई एउटा साँचो दिई आफू प्रभुको राज्यमा जान लागेको सु-समाचार सुनाएँ । घरबेटी बा केही दुखी भए ।

पुरानो बसपार्कबाट बस चढ्यौं चरिकोटसम्मको । भाडा यशुले बुझाउँदा भया । आफ्नो मिसन सफल भएकोमा ऊ केही दङदास पर्दा भया तर यो दङदासीपन कति अल्पायुको थियो भन्ने कुरा न उसलाई थाहा थियो, न त मलाई नै ।

गाडी बनेपामा रोकियो । सिग्रेट पिउन गाडीबाट ओर्लें ।

सिग्रेटको भर्जिनिया टोबाकोमा केही धुवाँ बाँकी थियो । एकजना अपरिचितले आफ्नो चुरोट सल्काउन मसित मेरो सिग्रेट माग्यो । लाइटर, सलाई र अगुल्टो नबोक्ने सिग्रेटवालाहरू एस्थटिक रूपले गएगुज्रेका लबस्तरा-स्वाँठ हुन् भन्ने पवित्र सूत्र गुनगुनाउँदै अपरिचित सिग्रेट-मनुवालाई आफ्नो जुठो चुरोट दिएँ ।

लबस्तरा-स्वाँठले आफूलाई केही पर्सेन्ट सल्कायो । धन्यवाद भन्न बल्ल मलाई हेऱ्यो । मैले उसलाई चिनें । उसले मलाई चिन्यो ।

मेरो अगाडि हिरो उभिएको थियो, विज्ञान कार्की ।

कुनै जमानामा एउटा फिल्मको निर्देशन गरेको थिएँ । फिल्मको नाम थियो, 'आँसु' । त्यो फिल्म कहिल्यै रिलिज भएन । विज्ञान कार्की त्यो फिल्मको हिरो थियो । मेरो स्कुले साथी । हिरोले फ्याट्ट भन्यो :

- हेर न कुमार ! मेलम्चीमा एउटा स्कुल खोल्या छु । एउटा टिचर घर गा'थ्यो । फर्केर आएन । नयाँ फ्रेस टिचर खोजी रा'छु ।
- म पनि नयाँ फ्रेस टिचर हुँ । - भनें ।

त्यसो भए जाऔं मेलम्ची भन्यो । लौ त जाऔं भनें । विज्ञानले ढुङ्गा खोज्दा देउता मिलेजस्तो भयो भन्यो । मैले उसलाई चुप लाग, देउताको व्यर्थैमा किन बदनाम गर्छौ यार भन्नुपऱ्यो ।

बसको सिटमा उँघ्न थालेको जीवनलाई भनें, "जीवनजी ! तपाईंलाई सायोनारा, गुडबाई इत्यादि भन्नुपर्ने भयो । तपाईं जानुस् । एक्लै । म त लागें मेलम्चीतिर ।"

जीवन हाँस्यो मात्र । मलाई मेरा झोलाहरू ह्यान्ड-ओभर गऱ्यो । छुट्टिने बेला कमसल खालको गुनासोचाहिँ एक डोज गऱ्यो, "मैरै गल्ती थियो । तपाईंजस्तो मनमौजी फकिरलाई आफूसितै हिँडाउन खोज्नु मैरै गल्ती थियो । जे होस्, अल द बेस्ट ।"

त्यो मनमौजी फकिरले मेलम्चीको बाहुनेपाटीमा हिरोको अङ्ग्रेजी स्कुलमा दुई, तीन महिना अङ्ग्रेजी व्याकरण पढायो ।

***

जीवनलाई एक दिन पुलिस बन्न मन लाग्यो ।

ऊ सल्लाह लिन प्रायः मसित आइपुग्थ्यो । उसलाई सधैं कहिले के कहिले के बन्ने भूत सवार भइरहन्थ्यो । जिन्दगीलाई ऊ अनुभवको सङ्ग्रहालय भन्न रुचाउँथ्यो । अ म्युजिअम अफ इक्सपिरियन्स ।

उसले मसित एक दिन भन्यो :

- मलाई पुलिस बन्न मन लाग्यो । कस्तो लाग्यो मेरो आइडिया ?
- यो फुलिस आइडिया हो । तपाईंलाई सुहाउँदैन । - भनें ।

तर, ऊ अटेरी थियो । जिद्दी थियो । स्टुपिड एरोगन्ट क्रियचर ! उसले अन्ततः प्राविधिकतर्फ सब इन्स्पेक्टरमा नाम निकाल्यो । मैरै आँखाअगाडि मूला सईसाब त प्रहरीको युनिफर्ममा अदबका साथ ठमठम हिँड्न पो थाल्यो । म ऊसित ठट्टा गर्थें :

- तपाईंलाई सरकारले जागिर दिएर राम्रो काम गरेको छ । कमसेकम मैले आफ्नो सुरक्षाका निम्ति एउटा सोलिड् बडीगार्ड पाएको छु ।

बडीगार्ड खित्का छाडी हाँस्थ्यो ।

बडीगार्डले एक दिन यसो भन्यो, "कुमारजी ! सईसाब त भइयो तर प्राविधिक डिपार्टमेन्टमा कुनै एड्भेन्चर नै भएन ।"

- एडभेन्चर काँ छ ? - सोधें ।
- सशस्त्रमा छ । त्यता जाऊँ ?

जानुस् भनें । गयो पनि । बडीगार्ड त इन्स्पेक्टर पो भइगयो । त्यो पनि सशस्त्रको । कुनै बेला चप्पल र मैलो जिन्समा पाटनका आदिवासी गल्लीमा हिँड्ने मेरो साथी त्यसपछि चिनियाँ मोटरसाइकल चढी मलाई भेट्न आउन थाल्यो । महिनाको सप्ताहन्तमा ऊ अटुट रूपमा मकहाँ आउँथ्यो र मलाई घुमाउन लगिहाल्थ्यो । कहिले नगरकोट, कहिले दोलालघाट, कहिले दक्षिणकाली, कहिले त्रिशूली ।

उसको भटभटेको पछिल्लो सिटमा बसी यात्रा गर्न मलाई सुखद लाग्थ्यो । ऊ वास्तवमा मलाई विचित्रको प्राणी ठान्थ्यो । साहित्य, कला, दर्शन, अध्यात्म, सेक्स, सङ्गीत, सिनेमाका कुराहरू मसित घन्टौं सुनी बस्थ्यो । ऊ वास्तवमा गजबको श्रोता थियो ।

एक दिन जीवन सदाझैं मकहाँ आयो । हौसिँदै भन्यो :

- तपाईंलाई यो ल्याइदिएको छु । तपाईंको किताब छाप्न यति पैसाले पुग्छ होला । अब तपाईंको कथासङ्ग्रह छाप्नुपर्छ । बुझ्नुभो ? मेरो आइडिया कस्तो लाग्यो ?
- झुर लाग्यो । - भनें ।

ऊ खिस्रिक्क पऱ्यो । नेरू १००० को पचास थानको बन्डल समाती ऊ केही बेर उदास भइगयो ।

यो कुरा साठी सालतिरको हुनुपर्छ । वास्तवमा आफ्नो किताब छाप्ने सात्विक इच्छाप्रति म उदासीन थिएँ । कालान्तरमा, रत्न पुस्तक भण्डारले 'मोक्षान्त : काठमान्डु फिभर' छापिदियो । पब्लिकेसन नेपालयले 'फोसिल' छापिदियो । शिल्पी थिएटरले 'कोमा : अ पोलिटिकल सेक्स' छापिदियो । साङ्ग्रिला बुक्सले 'अक्षरगन्ज' छापिदिने भयो । घरीघरी ट्वाँ परी बस्छु । जीवनमा कुनै किताब छापिएला, यस्तो काल्पनिक इच्छा थिएन । एकपछि अर्को गर्दै घटना बढ्दै गए । कहिलेकाहीं आफ्नो आदिम मनलाई सम्झाउँछु : अरे यार मिस्टर नगरकोटीको चारोटा पुस्तक ! यो त अति भयो । अचाक्ली भो । साहित्यकै अतिक्रम भो ! स्टप नाउ । अन्टसन्ट लेखेर कोही लेखक भइहाल्दैन । छोड यी सब बकबास ।

जीवनले त्यसपछि मेरो किताब छाप्ने युटोपियन-रहर कहिल्यै गरेन । ऊ बारातिर सरुवा भयो । उतै केही वर्ष बस्यो । केही समय मेरो टाइम एन्ड स्पेसबाट अन्तर्ध्यान भयो ।

***

धेरै समयपछि जीवन मकहाँ आयो उही चिनियाँ मोटरसाइकल चढी । उसले नयाँ कुरा सुनायो :

- बुझ्नुभो ! मलाई चिनी रोग लाग्यो नि !
- चिनियाँ मोटरसाइकल चढेपछि मान्छेलाई लाग्ने भनेकै चिनी रोग हो । जीवनजी ! तपाईंको शरीर ज्यादै डिजिज फ्रेन्ड्ली छ । बडो रोग-मैत्री । कहिले जन्डिस, कहिले चिनी रोग । रोगबिना त बाँच्नै

सक्नुहुन्न कि क्या हो ? एनी वे, मीठो रोग लागेछ ! स्विट एन्ड सेक्सी ! कङ्ग्राचुलेसन् ।

- थ्याङ्क यु । - जीवनले भन्यो ।

वास्तवमा जीवन त्यो दिन कन्फ्युज्ड-स्टेट-अफ-माइन्डमा थियो । मसित सल्लाह लिन आएको थियो । भन्यो, "तपाईंसित गाँठी कुरा गर्नुपऱ्या छ आज । चाँडै डीएसपी हुँदै छु । प्रमोसन लिस्टमा नाम माथि गइसक्या छ ।"

- यही हो गाँठी कुरा ? - सोधेँ ।
- होइन, गाँठी कुरा अर्कै छ । मलाई पुलिस भइरहन मन लागेन । राजीनामा दिन मन लाग्या छ । डिमार्टमेन्टका सबैले मलाई मूर्ख नबन्नुस् भन्ने अर्ती दिए । आफन्तहरूले दिमाग खुस्क्यो कि समेत भने । तपाईंसित सल्लाह लिनुपऱ्यो भनी आ'को । म के गरूँ ?
- राजीनामा दिनुस् । - भनेँ ।

उसले राजीनामा दियो । केही समयको आनाकानीपछि उसको राजीनामा स्वीकृत भयो । ऊ भूतपूर्व पुलिस बन्यो र अभूतपूर्व रूपले खुशी भयो । आफ्नो खुशी एक साँझ बानेश्वरको एलिनाज बेकरीमा उसले प्रकट गऱ्यो । यसरी :

- म मुक्त भएँ । मैले आफ्नो मनको आवाजलाई ढिलो गरी चिनेँ । आखिर चिनेरै छाडेँ ।

उसको कुरा सुनी मलाई जङ्गबहादुर राणा उर्फ जबरा बन्ने फ्यान्सीले छपक्कै छोप्यो । म जङ्गिएँ :

- कृतघ्नताको पनि हद हुन्छ नि यार ! मेरो आवाज सुनेर राजीनामा गर्ने । मुक्त हुने तर भन्ने बेलाचाहिँ मूला मनको आवाज सुनेँ भन्ने । दिस इज पोलिटिकल्ली इनकरेक्ट । आफ्नो घिसापिटा मनको आवाजलाई तु सच्याउनुस् ।

***

जीवनलाई एक दिन विवाह गर्ने मन लाग्यो ।

सदाझैं मसित सल्लाह लिन आइपुग्यो । एकप्रकारले भन्ने हो भने म जीवनको अघोषित सल्लाहकार नै थिएछु । सल्लाहकार मृत्यु ! यो वास्तवमा गजबको फेनोमेनल सम्बन्ध हो ।

- कुरा कुमारजी, सिरियस छ । - उसले सुरुमै भन्यो ।
- तपाईंको सिरियस कुरा मैले किन सुन्ने ?
- तपाईंले सुन्नैपर्छ । भ्याट सिक्स्टी-नाइन खुवाउँछु । कुरा अलि रोमान्टिक पनि छ ।

उसले सविस्तारमा आफ्नो प्रेमको रामकहानी सुनायो । अधैर्यका साथ उसलाई सुनी बसेँ । एउटी विधवासितको उसको प्रेम स्तुत्य थियो । के मेरो साथी समाजको स्थापित सो-कल्ड मान्यताहरूको विरुद्ध विद्रोह गर्दै थियो ? यो कंग्रेसी-दोस्त बेला कुबेला विद्रोही बन्छ ? विधवाका दुई सन्तान थिए । एक थान छोरा र एक थान छोरी ।

- विधवासित विवाह गरूँ भन्छु । के गरूँ । सल्लाह पाऊँ, बोस ।
- विवाह गर्नुस् । - भनेँ ।

जीवनले विवाह गर्‍यो र स्वाभाविक थियो, विवाह लामो समय टिकेन । सार्वजनिक हितका निम्ति गरिने कतिपय कल्याणकारी उपाय, व्यवस्था कति निकम्मा एवम् विसङ्गत हुने गर्छन् भन्ने कुराको उदाहरण मेरो मित्र थियो । जीवन टाट पल्टियो । जीवनकी जीवन-सङ्गिनी सङ्गिनी-सुई लाउने बहानामा टाढा-टाढा हुँदै गई । जीवन कङ्गाल भयो र यो कङ्गालले मसित एक बिहान बडो भावुक हुँदै भन्यो :

- विदेश जाने सुर छ अब । जाउँ कि नजाउँ ? सल्लाह पाउँ, बोस ।
- जानुस् । - भनेँ ।

मेरो प्रिय मित्र ओभरसियर उर्फ चिनी रोग/जन्डिसको पेसेन्ट उर्फ बडीगार्ड उर्फ कङ्गाल उर्फ जीवन श्रेष्ठ मकाउ जाने भयो, सेक्युरिटी गार्डमा । क्यासिनोमा । देशलाई रेमिटेन्सको ठूलो खाँचो जो छ ! यो जमिनदारको नातिले साथीभाइसित पैसा खोजखाज गर्‍यो । ज्ञानेश्वरको म्यानपावर कम्पनीलाई पैसा बुझायो ।

अनि चिनियाँ मोटरसाइकलको किस्सा चाहिँ के भयो नि ?

पर्खनुस् । बताउँछु । जीवनले निर्लज्जताका साथ मलाई भन्यो :

- मिस्टर फकिर ! यो बाइक तपाईंलाई उपहार भयो ।
- यो मूला मेसिनको मलाई के काम ? चिनियाँ बाइक चढी व्यर्थैमा किन चिनी रोगी बन्नु ?

मैले भनेको यति मात्रै हो । त्यसपछि एक दिन जीवन मकाउ उड्यो । चिनियाँ बाइकको चिन्ता हरायो । त्यो जिनिस कुनै कबाडी-ग्यारेजमा थन्कियो ।

***

जीवनले आफ्नो डेस्टिनी बदल्यो । पटक-पटक डेस्टिनेसनहरू पनि बदल्यो । आजकल ऊ मकाउमै छ । नेरू एक लाखभन्दा बढी मासिक तलब बुझ्छ । कहिलेकाहीँ फोन गर्छ । तपाईंलाई के चाहिन्छ भनी सोध्छ । के पठाइदिऊँ भन्छ ? मलाई केही चाहिँदैन भन्छु ।

गत चैतमा उसको फोन आयो दिउँसो । तपाईंको नाटक 'कोमा : अ पोलिकलक सेक्स' हेर्न आउँदै छु भन्यो : एउटा टिकट राखिदिनुस् ।

- मकाउबाट कोमा हेर्न आउने ? - सोधेँ ।
- म काठमान्डुमै छु, बोस । एक महिनाअघि आएको छुट्टीमा । आजै फर्कंदै छु, साँझको फ्लाइटमा ।

ऊ आयो साँझपख । शिल्पी थिएटरमा 'कोमा : अ पोलिकल सेक्स' हेर्‍यो । नाटकमा आफैं पनि कलाकार थिएँ । थिएटरबाट बाहिर निस्कँदा ऊ हिँडिसकेको थियो । स्वाँठले जान्छु पनि भनेन ।

केही दिनअघि फोन गर्‍यो । साँझतिर भन्यो :

- म अहिले ग्रेटवालमा छु ।
- कस्तो ग्रेटवाल ? - सोधेँ ।
- चाइनाको ग्रेटवाल, बोस । मकाउबाट घुम्न आ'को । एक्लै । तपाईंसित एउटा सल्लाह गर्नु थियो । यो मूला चाइनिज गाइडले भरे सर्पको परिकार खुवाउने कुरा गर्दै छ । सर्पको सेक्सी सुप खाऊँ कि नखाऊँ ?
- अफकोर्स खानुस् । - भनेँ ।

जीवन त्यसपछि अनायास खित्का छाडी हाँस्न थाल्यो । सेल-फोन डेड भइसकेपछि पनि उसको खित्का नोकियाको स्पिकरमा धेरै बेर गुन्जिरह्यो ।

उफ्ऽऽऽ

यो नोकिया-नाद !

***

क्लोज-अप

कहिलेकाहीं यस्तो लाग्छ, जीवनको खित्कालाई आफ्नो सेल-फोनको रिङ-टोन बनाऊँ । मृत्युलाई यसैगरी आदिवासी-सङ्गीत सनाइरहूँ...

लोप

सिनिमा दुकान

फिक्सन गल्लीमा चप्पलको फित्ता चुँडियो ।

तैपनि आफूलाई घिसार्दै लगेँ सिनिमा दुकानतिर । गुण हल तर मानिसको कुनै चहलपहल छैन । फिल्ममा चाख लिने एक्का, दुक्का 'सिने-गोअर्स' सिमेन्टको पेटीमा फुर्सदिलो मुद्रामा बसेका छन् । काउन्टरमा बसेको 'टिकट-मानव' पनि फुर्सदमा छ किनभने उसलाई थाहा छ अब हलमा भीडका भीड मानिसहरू ओइरो लाग्ने 'उहिल्यै'को समय रहेन । ब्ल्याक टिकट बेच्ने ब्ल्याक-मानवहरू पृथ्वीबाट डाइनोसरझैं लोप भइसकेका छन् । 'सिनिमा-कल्चर'को त्यो ग्ल्यामरस समय भित्तामा टाँसिएका रङ खुइलिएका पोस्टरझैं असामयिक भइसकेका छन् ।

सिनिमा दुकान मुर्दाघरझैं सुनसान छ ।

धेरै समयपछि हलमा फिल्म हेर्न आएको छु । म देवनागरी चलचित्रको इमानदार दर्शक होइन तर पछिल्लोपल्ट निश्चल बस्नेतको 'लुट'ले मलाई लुटेको अवश्य हो । त्यो फिल्म किन हेर्न गएको थिएँ भने थिएटरका क्रिम कलाकारहरू दयाहाङ राई, सौगात मल्ल सिनिमा दुकानतिर छिरेका थिए । सोचेको थिएँ, अब देवनागरी फिल्म 'फ्याक्ट्री'ले थियटर एवम् गुरुकुलहरूलाई 'नोट अफ थ्याङ्क्स एन्ड ग्राटिट्युड' पढेर सुनाउनुपर्नेछ ।

सयको नोट प्वालबाट छिराउँछु । टिकट-मानव सोध्छ, "कुन फिल्म हेर्ने हो ?"

- जोली एलएलबी । सबभन्दा पछाडिको रोको टिकट दिनुस् । - भन्छु ।
- जहाँ बसेर हेरे पनि हुन्छ । हल खाली छ । - उत्तर पाउँछु ।

नयाँ निर्देशक सुभाष कपुरको यसअघिको फिल्म 'फस गए रे ओबामा' डीभीडीमा घरैमा हेरेको थिएँ । गज्जबको कमेडी । यो निर्देशकमा मैले प्रशस्त इनोभेटिभ खुबिलिटी देखेको थिएँ र मिसेज् नगरकोटीलाई मैले भनेको थिएँ, "यो डिरेक्टरको अर्को फिल्म म सिनिमा दुकानमै गएर हेर्छु ।"

तसर्थ, आएको छु मिस्टर कपुरको नयाँ कमेडी हेर्न । तर सिनिमा दुकान, भनिहालें, मुर्दाघरझैं सुनसान छ । मुर्दाघरमा कमेडी-सो ! क्या गज्जब ! पेटीमा एउटा केटा हातमा सिग्रेट र अर्को हातमा कोकको बोतल समाई बसेको छ । कलेजको युनिफर्ममा, ब्यागसितै आएको छ । कोक घुटुघुटु पिउँछ । यसो सोची ल्याउँछु- यो कोक-मानवको झोलामा पक्कै पनि कोकशास्त्रको किताब होला !

सिनिमा दुकानको ग्रिल-गेट खुलेको छैन । कोक-मानव छेवै ठिङ्ग उभिएको छु । केटो सोध्छ दाइ ट्याम के भो ? नाडीमा कहिल्यै घडी नबाँध्ने हुनाले नोकियाको भित्तोमा ट्याम हेर्छु र केटालाई समयको हिसाबकिताब बुझाउँदै भन्छु, "कलेज युनिफर्ममै आइएछ नि भाइ !"

- अँ दाइ । कलेज बङ्क गद्र्या आज ।
- गर्लफ्रेन्डबिनै बङ्क गद्र्या ! - सोध्छु ।

"ऊ छड्के भा'छे ।", उसले यसरी भन्यो मानौं उसकी गर्लफ्रेन्ड अलि उता पर सरेकी छे, नछुने भा'की छे । मासिक-ऋतु-चक्रमा फसेकी छे । मा(न)सिक धर्म, कर्ममा व्यस्त छे । मैले यसै ठानें । होइन रै'छ । उसकी गर्लफ्रेन्ड क्युएफएक्समा 'छड्के' फिल्म हेर्न गा रै'छे ।

यस्तैमा, सिनिमा दुकानको ग्रिल-गेट खोल्दै द्वारपाले चिच्यायो- क र ख वालाहरू हातमा टिकट बोकी आउनुस् । पधार्नुस् । म परें 'क' वाला । हलभित्र छिर्छु तर यो के ? हलमा कोही छैन । पछिल्लो लहरको दोस्रो कोलमको २७ नम्बरको सिटमा बसेको छु चुपचाप । उहिल्यै, यही सिटमा बसी थुप्रै नाइट-सो हेर्ने गर्थें । फिल्मको बीचबीचमा, ओभरकोटको भित्री खल्तीबाट 'भोड्का' को मिनी-बोतलको घाँटी उघार्थें र आफ्नो घाँटीभित्र घुटुक्क छिराउँथें दिव्य-जल । हल जीवन्त हुन्थ्यो । दर्शकहरूको कोलाहलले, सिट्टी, तालीहरूको गुञ्जनले हलमा ससानो भुइँचालो जान्थ्यो ।

लभ-स्टोरीमा उतिसाह्रो मरिहत्ते नगर्ने म आर्ट-हाउसका प्यारालल सिनेमा हेर्न रुचाउँछु । रोबर्ट ब्रेसन, इङ्मार वर्गम्यान, गोन्जालेज, अब्बास किरूस्तामी, क्वेन्टिन टोरन्टिनो, अनुराग कश्यप, श्याम बेनेगल, झाङ यिमाउ, गुरुदत्त इत्यादि फिल्ममेकरहरूको म जबर्दस्त फ्यान । ड्यानियल-डे-लेविस, रोबर्ट डि निरो, मार्लन ब्रान्डो, ओम पुरी, टम ह्याङ्क्स, नसिरुद्धिन शाह, अल पचिनो, नाना पाटेकर, इरफान खान, अमोल पालेकरजस्ता अद्भुत कलाकारहरूको म जबर्दस्त प्रशंसक । मेरिल स्ट्रिप, स्मिता पाटिल, शवाना आजमी, नन्दिता दासहरूको म

जबर्दस्त 'दिवाना' तर म सधैं यस्तो अडबाङ्गे मानिस कहाँ थिएँ र ! क्लासिक फिल्म हेर्ने, क्लासिक चित्रकला, सङ्गीत, फिलोसफी, स्पिरिचुआलिटी रुचाउने यस्तो खुस्केट/ठिस म सधैं कहाँ थिएँ र !

***

यो डेढ दशकअघिको कुरा । डिल्लीबजारको ओरालोमा एक दिन करिश्मासित भेट भयो । त्यसताका म श्री ट्रेडर्स नाम गरेको फर्निचरको पसलमा काम गर्थें । म वास्तवमा एक सेल्सम्यान थिएँ । हलिउड अभिनेत्री मर्लिन मुनरोको 'वान-अफ-द लोग्नेज्' अर्थर मिलरले उहिल्यै १९४९ तिर 'डेथ् अफ अ सेल्सम्यान' लेखेको थियो । त्यो प्रख्यात नाटकले पुलित्जर पनि जितेको थियो । त्यसमाथि फिल्म पनि बनेकै थियो तर म भने त्यो मूला अर्थर मिलरले भन्दैमा सेल्सम्यान काँ मर्छु भनेजसरी सेल्सम्यानको नोकरी खाइरहेको थिएँ ।

मेरै पसलको सडक पारिपट्टिको ओरालोमा ती नायिका कुन्नि कसलाई कुरी बसेकी थिइन् । ती पहिले केसी थिइन् । पछि कुन्नि के कारणले हो मानन्धर बनिन् । मलाई थर/जातमा कहिल्यै रुचि जागेन । मानिसको गोत्रमा मलाई कहिल्यै रुचि भएन । करिश्मा आज पनि उस्तै करेस्मेटिक सुन्दर छिन् । अनि त्यस्तो करेस्मेटिक सौन्दर्यको पनि कुनै थर हुन्छ ? ह्वाट ननसेन्स ? कहीं गुलाफ कार्की हुन्छ ? कतै ट्युलिप नगरकोटी हुन्छ ? लालीगुराँस झा हुन्छ ? हातको नोटबुक तेर्स्याउँदै करिश्मासित भनें, "अटोग्राफ प्लिज !", थपें, "म तपाईंको फ्यान !"

- मेरो कुन फिल्म हेर्नुभा'छ ? - उनले सोधिन् ।

"मनकामना" थपें "सन्तान पनि हेऱ्या छु ।" ती अभिनेत्रीले मेरो नोटबुकका पाना पल्टाइन् । त्यहाँ मेरा ननसेन्स कविता थिए । केही खनिज-लेखहरू थिए । उनले मलाई कवि पो हो कि भनी सोधिन् । "होइन, म सेल्सम्यान हुँ ।", भनें, "म फर्निचर बेच्छु । भुवन केसीले 'सपना' भन्ने फिल्मका लागि मेरै पसलबाट कुर्सीहरू किनेका थिए । तपाईं पनि आउनुस् कहिलेकाहीं । अरूलाई दश पर्सेन्ट छुट । तपाईंलाई बीस पर्सेन्ट डिस्काउन्ट !"

- मलाई चाहिं किन यति धेरै छुट नि !

"म तपाईंको फ्यान हुँ नि त !" भनेको थिएँ । ती नायिका खुशी भइन् । हाँसिन् । मुस्कुराइन् । म पनि खुशी भएँ । अरूलाई खुशी तुल्याउनु/हँसाउनु भनेको संसारको सुन्दर कृत्य हो । मेरो नोटबुकमा तिनले हस्ताक्षर गरिदिइन् ।

त्यो हस्ताक्षर/त्यो नोटबुक आज पनि मैले बाकसको पीँधमा जतनसाथ राखेको छु । समय आफ्नै आँखाअगाडि बूढो हुँदै गयो । केही दिनअघि सुनें ती नायिकाको 'मायाज् बार' शहरमा खुब चलेको छ । के गर्नु ? जानुहुन्थ्यो ! तर, दारूसितको तामसिक सङ्गत छुट्यो । दारूमहलतिर ओहोरदोहोर गर्न छाडिदिएँ । नत्र 'मायाज् बार'मा अवश्य पुग्थें र मदिराको अर्डर गर्थें । नोस्टाल्जियाको दुईचार पेग यसो घुट्क्याउँथें र आफ्ना मीतज्यूलाई सम्झन्थें ।

***

क्यामेरा, मीतज्यू र वनभोज

मेरो सुगा चिच्याउँदै भन्थ्यो, "कुमार यता आइज ।" म उता जान्थें । सुगाको पिँजडामा हरियो खुर्सानी राखिदिन्थें । सानो बटुकामा पानी थपिदिन्थें ।

मैले धेरै जिद्दी गरेपछि बुबाले एउटा भोटेसित त्यो सुगा किनिदिनुभएको थियो । यो कुरा हो चौरजहारी, रुकुमको । चालीस सालतिरको । सुगाले मात्र मेरो सैतान मन कहाँ मान्थ्यो नाइँ ! भोटेसित बुबाले भोटेकुकुरको छाउरो पनि किन्नुपऱ्यो । त्यो छाउरोसित म नाखिरा गाउँ डुलिहिँड्थें । एयरपोर्ट छेवैको फाँटमा जब कऱ्याङकुरुङ चराहरूको सम्मेलन हुन्थ्यो तब आमा काँक्रो, फर्सीको बियाँ खोज्न थाल्नुहुन्थ्यो । घरपछाडिको करेसाबारीमा छर्नुहुन्थ्यो । ती बियाँहरू केही दिनमै हरियो बेर्ना बन्थे । धर्तीमा टुस्सटुस्स उम्रन्थे । धर्तीमुनिबाट ती कसरी उब्जिए हुनन् भनी म घोर आश्चर्यमा पर्थें । केही हप्तामै ठूलै झाडी घरपछाडिको बारीमा झ्याम्मिन्थे । साँढेको आकर्षक अण्डकोशझैं काँक्राहरू झाडीमा लत्रन्थे । तिनै काँक्रा झोलामा राखी हामी वनभोज जान्थ्यौं ।

हामी आठ-दश जना साथी जम्मा हुन्थ्यौं । सन्तोष बुढा, गीता, सरस्वती, शुकदेव शर्मा इत्यादि । मेरो झोलामा आमाले एक कचौरा चामल राखिदिनुहुन्थ्यो । एक मुठी मासको दाल । दुइटा आलु । बेसारको सानु पोको । यस्तो पोको अरू पनि हुन्थ्यो । अदुवा, जिरा, खुर्सानी, प्याज, दुई तीनटा ढिक्के नुनको डल्ला । अरू साथीहरूले पनि यसै गर्थे । मेरो भागमा प्रायः कसौडी पर्थ्यो । अरूले पालैपालो डाडु, पन्यु, डेक्ची ल्याउँथे । त्यो दिन हाम्रो टोलीको विशेष वनभोज थियो । म र शुकदेव शर्मा मीतज्यू हुँदै थियौं ।

बुबाले हामी दुवैलाई मीत लगाइदिनुभयो । एकार्काको जुठो भात खायौं । टाउको ठोक्कायौं । बुबाले यासिका क्यामेराले हाम्रो 'फुटा' खिच्नुभयो । भोटेकुकुरलाई काखमा राखेर हामीले पोजपोजका सामूहिक 'फुटा' खिचायौं । अरू बालसखाहरूले ताली बजाए । यसरी हामी मीत बन्यौं । जनमभरको मितेरी साइनो कायम भयो । बुबाले हामीलाई सम्झाउनुभयो, "तिमीहरू आजका दिनदेखि मीत भयौ । नमरुन्जेल तिमीहरू मीत रहनेछौ । अब एकार्कालाई तँतँ मम गर्ने होइन । मीतको रीतिअनुसार एकार्कालाई तपाईं भन्ने । बुझ्यौ त केटा हो ?"

"बुझ्यौं", यासिका क्यामेराले फेरि अर्कोपल्ट क्लिक । मीतज्यूले मलाई पौडी खेल्न सिकाउनुभयो । बदलामा मैले केही सिकाउन पाइनँ । उहाँलाई सब चीज गर्न आउँथयो । भैंसी चराउन आउँथयो । चराको फुल चोर्न आउँथयो । श्रीमान् गम्भीर नेपाली कण्ठै आउँथयो ।

बुबाको यासिका क्यामेराले खिचेको त्यो एउटा ब्ल्याक एन्ड ह्वाइट समयको कथा थियो । जो लोप भयो ।

मानिसहरू आजकल वनभोज जाँदैनन् । मीत लगाउँदैनन् । मानिसको मानिससित मितेरी साइनो नै रहेन । लोप भयो । थाहा छैन चौरजहारीको एयरपोर्टको खुला फाँटमा हूलका हूल बाँधेर आजकल कन्याङकुरुङ चराहरूको बथान आउँछ कि आउँदैन । करेसाबारीमा कसैले काँक्रो, फर्सीको बियाँ छर्छ कि छर्दैन ? कसैले भोटेकुकुरका झ्यापुल्ले छाउरो पाल्छ कि पाल्दैन ? सुगाले कसैलाई बोलाउँछ कि बोलाउँदैन- कुमार यता आइज । समयको चीलगाडी चढी म कता पुगेँ कता ! मेरो मीतज्यू भैंसीमै उतै कतै छुट्नुभयो । हाम्रो भेट कहिल्यै भएन ।

मीतज्यू एउटा मौलिक विम्ब हो । मेटाफर हो नेपाली संस्कृतिको । परम्परा/संस्कारको । जो लोप भयो । त्यसैगरी जसो गरी मेरो बुबाको यासिका क्यामेरा लोप भयो । कोडाक, कोनिकाका रिलहरू लोप भए ।

स्टुडियोमा गएर फोटो खिचाउने समय लोप भयो । डार्क-रूपमा धुलाइएका ब्ल्याक एन्ड ह्वाइट तस्वीरहरू भित्तामा गर्वका साथ झुन्डिन छाडे । एनालग क्यामेराले खिचिएका ती समय डार्क-रुमको अँध्यारो कोठामा कतै लोप भए । सदासदाका लागि ।

***

रेडियो, पत्र-मञ्जुषा र प्रेमपत्र

... "और दीपेन्द्र पुलिस स्कुल, नेपाल से हर्कबहादुर थापा, मनोज केसी, चन्द्रबहादुर कुँवर, दीपेन्द्र रावत और कुमार नगरकोटी । आप सभी के लिए पेस है पिनाज मसानी की ये गीत ।" त्यसपछि अल इन्डिया रेडियोको उर्दु सर्भिसबाट हाम्रो फर्माइसी गीत बज्थ्यो :

ऽऽऽजब मेरी याद सताए तो मुझे खत लिखना
तुमको जब निंद नआए तो मुझे खत लिखनाऽऽऽ

होस्टलमा, डर्मिटरीको ओछ्यानमा बसी म टोलाउँथें । चिठी नै लेखिहाल्नुपर्ने त्यस्ता कुनै स्वप्न-प्रेयसी मेरा थिएनन् तर साथीहरू मकहाँ आउँथे प्रेमपत्र लेखाइमाग्न । मेरा अक्षर सुन्दर थिए । नेपाली/अङ्ग्रेजी दुवै । ह्यान्डराइटिङ प्रतियोगितामा सधैं मै प्रथम हुन्थें । आजकल मात्र बिग्रेर झुरपट्यास भएको हो । प्रेमपत्र लेखिदिने केटीबारे म साथीलाई सोध्थें आफ्नो क्लुका निम्ति/हिन्ट्सका निम्ति, "चिठी नेपालीमा लेख्ने कि अङ्ग्रेजीमा ?"

- नेपालीमा । - ऊ भन्थ्यो ।
- केटी कस्ती छे ? - सोध्थें ।
- झकास छे । दामी छे । राम्री छे । - भन्थ्यो ।
- त्यस्तो भनेको होइन । दुब्ली, मोटी कस्ती छे भनेको ।
- अलिअलि दुब्ली छे । अलिअलि मोटी छे ।
- कुनै स्पेसल फिचर छ ? जस्तो कि ओठमुन्तिरको कोठी, बदामी आँखा ।
- उसको कम्मर दामी छ । - ऊ भन्थ्यो ।

होस्टलका छिल्लिएका ती नन-भेज-बोकाहरू प्रायः युवतीका कम्मरवरपरका भागमै अल्झिएका हुन्थे । नितम्ब या नाइटोमुनिको गुरुत्वाकर्षणको केन्द्रबाट ती बोकेलालहरू कहिल्यै माथि उठ्न सक्दैनथे । माथि उठे पनि स्तनसम्म मात्र । तैपनि म तिनीहरूलाई भन्थें :

- तिमीहरूको काम हुन्छ । दुई दिनपछि प्रेमपत्र लिन आउनु ।

म प्रेमपत्रहरू लेखिदिन्थें साथीहरूका निम्ति । अरूका निम्ति । त्यसपछि कविताहरू लेख्न थालें । आफ्ना निम्ति । साथीहरू मैले लेखिदिएका ती प्रेमपत्रहरू पट्याएर जतनका साथ राख्थे । जाडो महिनाको, मीनपचासको बिदामा ती चिठी आफ्नी प्रेयसीलाई कुनै 'हल्कारा' मार्फत् बुझाउँथे ।

माछालाई पनि जाडो लाग्ने मीनपचासको छुट्टीमा म भने आफूले लेखेका कविताहरू राम्रोसित पट्याएर, खाममा राखी शहरका पत्र-मञ्जुषाहरूमा थपक्क घुसाउँथें । लुसुक्क खसाल्थें । ती खाममा कुनै ठेगाना हुँदैनथे । मलाई लाग्थ्यो, कुनै अज्ञात हुलाकी/हल्काराले मेरो चिठी पत्र-मञ्जुषाबाट खुसुक्क निकाल्नेछ । अनि घरमा आफ्ना ससाना नानीहरूलाई काखमा राखी, अँगेनाछेउ मेरो कविता सुनाउनेछ । कवितामा म पीबी सेलीको फ्यान थिएँ । जोन किट्सको फ्यान थिएँ । सेली कविता लेखेर सानो ह्वीस्कीको बोतलभित्र राख्थे । अनि त्यो बोतललाई समुद्रमा फ्याँक्थे । म पत्र-मञ्जुषामा खसाल्थें ।

कहिलेकाहीं बाटोघाटोमा ती पुराना साथीहरू भेटिन्छन् । कफी पिउँदै प्राचीनझैं लाग्ने पुराना दिनहरूको कुरा गर्छौं । अली हैदरको 'पुरानी जिन्स' सम्झन्छौं । साथी भन्छ :

- कान्तिपुरमा तिम्रा क्याजुअल लेखहरू पढ्छु, खुशी लाग्छ कुमार ! मलाई पैल्यै था' थियो तिमी एक दिन लेखक बन्नेछौ । तिमीले लेखेको प्रेमपत्र क्या च्वाँक थियो । मसित अझै पनि छ ।
- अरे यार ! गर्लफ्रेन्डलाई दिएनौ ? - सोध्छु ।
- द्या थें । आजकल मेरी बूढी भा'छे । ऊसित तिम्रो कुरा गर्छु । सन्ध्याले तिमीलाई कहिलेकाहीं घरमा डाक्नुस् न भन्छे ।
- को सन्ध्या ? - सोध्छु ।

"उही क्या ! अलिअलि दुब्ली, अलिअलि मोटी", ऊ भन्छ । हामी हाँस्छौं । हाम्रो हाँसो कोल्ड कफीको फिंजमा तैरन्छ । एउटा अतीत कफीको मगमा निदाउँछ ।

म आजकल उतिसारो कविता लेख्दिनँ । अरूले लेख्छन् । केही समयअघि 'गरिमा'ले 'नेपाली कविताको समकालीन अनुहार-१' भनी सुन्दर कविताहरू छाप्यो । मेरो पुस्ताका 'समकालीन कवि' हरू कति सुन्दर कविताहरूसित त्यहाँ जम्मा भएका ! मनु मञ्जिलको कविता 'एक योद्धा आफ्ना नानीहरूसित'ले मन छोयो । बडो सुन्दर र ज्यादै हृदयस्पर्शी । आफूसित पनि एक डल्लो हृदय कतै छातीको सुरुङभित्र ढुकढुक गर्दो छ भन्ने आभास पाउन यस्ता कविताहरू पढ्नुपर्छ । नत्र हामी प्रायः बेखबर हुन्छौं । बिर्सिदिन्छौं आफ्नो मन । आफ्नो हृदय । ती मनुवालाई एसएमएस सन्देश पठाएँ, "मनुजी ! सब्लाइम एन्ड सोल सर्चिङ् पोयट्री !" ती मनुवाको हृदयमा सुन्दर विम्बहरूको कति कलेक्सन होला ! चित् खान्छु । त्यसैले म आजकल आफू कविता लेख्दिनँ किनभने मैले कविता पोस्ट गर्ने पत्र-मञ्जुषाहरू आजकल शहरमा छैनन् ।

बाबुराम भट्टराईको सरकारले सडक विस्तार गर्दा बुल्डोजरले ती अनाथ पत्र-मञ्जुषालाई पनि उखेलेर फ्याँक्यो । सडक किनारबाट ती लोप भए । पत्र-मञ्जुषासितै लोप भयो एउटा प्रेमील समय । फर्माइसी गाना सुन्ने रेडियो लोप भयो । त्यो रेडियो जसको कपडाको खोल पल्लाघरे दमाई दाइले बडो मिहिनेतसाथ बनाइदिन्थे । त्यो रेडियो लोप भयो । प्रेमपत्र लोप भयो । पोस्ट बक्स लोप भयो । पूरै हुलाक लोप भयो । चिठीहरू पुग्ने त्यो पूरा गाउँ लोप भयो ।

***

टाइपराइटर

विद्यालयमा टाइपिङ पढ्नुपर्थ्यो ।

त्यो क्लास मेरो निम्ति सधैं झिंजोलाग्दो । होम किज्का अक्षरहरूलाई मैले कहिल्यै आफ्नो घरको पारिवारिक सदस्य ठान्न सकिनँ । म खालि एउटै औंला इन्डेक्स फिङ्गर चलाउँथें । झन्झट लाग्थ्यो । क्लासबाट फुत्त निस्केर लाइब्रेरीतिर छिरिहाल्थें । त्यहाँ मेरो अर्कै दुनियाँ थियो । त्यहाँ 'टिनटिन' मलाई पर्खी बसेको हुन्थ्यो । बेताल, मेन्ड्रिक्स मेरो प्रतीक्षामा हुन्थे । कमिक्सहरूको अलौकिक दुनियाँमा म नाथे लौकिक-मान्छे डुल्न जान्थें तर कताकताबाट टाइपिङ टिचर खान्चोक सर मलाई खोज्न आउनुहुन्थ्यो । मेरो निजी कान समातेर क्लासमा लैजानुहुन्थ्यो । टाइपराइटरको अगाडि मलाई थुपार्नुहुन्थ्यो । गाली गर्दै सम्झाउनुहुन्थ्यो, "मिस्टर नगरकोटी ! म मान्छु तेरो ह्यान्ड राइटिङ राम्रो छ, सुन्दर छ तर तैंले टाइपिङ सिकिनस् भने तँ एक दिन लोप हुनेछस् ।"

- म त के लोप हुनु सर ? बरू यही मूला टाइपराइटर लोप हुनेछ । - भन्थें ।

टाइपराइटरलाई मेरो श्राप लागेछ कि कुन्नि ! त्यो मेसिन लोप भयो । सदाका निम्ति ।

मेसिनहरूसित म कहिल्यै घुलमिल हुन सकिनँ । कहिल्यै मेरो सङ्गत रहेन । म घुलमिल गर्न रुचाउँछु जिउँदोजाग्दो श्वास फेर्ने मनुष्यसित । संवेदना, अनुभूति, सद्भाव, माया, प्रेम, करुणा, घृणा, रिस भएको सग्लो मान्छेको सङ्गत रुचाउने मानिस म । सायद टेक्नोलजिकल्ली त्रुटिरत मान्छे ! घडी लगाउँदिनँ । सेलफोन राम्रोसित चलाउन जान्दिनँ । कम्प्युटर टाढाको कुरा । अहिलेसम्म पनि रिचार्जकार्डको पैसा ट्रान्सफर गर्न जान्दिनँ । मिसेज नगरकोटीलाई नै चार्ज गर्न भन्छु । ऊ मलाई व्यङ्ग्य गर्छे, "छ्या सुहाएन ! पोस्ट मोर्डन कथा लेख्ने

मान्छेलाई कत्ति पनि सुहाएन । एउटा जाबो मोबाइलमा पैसा ट्रान्सफर गर्न नजान्ने मान्छे केको आधुनिक लेखक !"

थुप्रै मै हुँ भन्ने मलाई मोटरसाइकल चलाउन सिकाउन आए । बाइक चलाउन सिक्नुपर्छ मोरा, उनीहरू भन्थे गर्लफ्रेन्ड बोकी धुलिखेल, ककनी, नगरकोट जानुपर्छ । म भन्थें, "काम कुरो एकातिर गर्लफ्रेन्ड बोकी ठिमीतिर ! ह्वाट ननसेन्स ?"

नगरकोटीलाई बाइक चलाउन सिकाउने ? ती पाजीहरूको यत्रो आँट ? ए रात्तै, त्यत्रो दुस्साहस ! कस्ता बज्जेहरू ! ती सबलाई लोप्पा खुवाइदिएँ ।

मेसिनहरूसितको मेरो अप्रिय सम्बन्ध यस्तै रह्यो । तर एक दिन मेरो साथी प्रिय प्रिन्स -राजकुमार बानियाँ-ले मलाई सम्झाए, "कुमारजी ! मेसिनसित सङ्गत नगर्नुस्, ठीक छ तर टेक्नोलजीसित त दोस्ती गर्नुस् । प्रविधिसित केको सिकवा गिला ! आउनुस्, म तपाईंको जिमेल एड्रेस बनाइदिन्छु । फेसबुक अकाउन्ट खोलिदिन्छु ।"

त्यसपछि प्रिन्सको औंला समाती म पहिलोपटक छिरें साइवर । मेरो जिमेल एड्रेस प्लस फेसबुक अकाउन्ट बनाइदिएपछि प्रिन्सले भने, "तपाईं अब इन्टरनेटमा छिर्नुभयो । वेलकम टु साइवर वर्ल्ड प्रिय फिक्सन डिजाइनर ! तपाईंलाई माया गर्ने पाठक होलान् । घृणा गर्ने, रिस गर्ने फ्यान होलान् । तिनीहरूसित संवाद गर्नुस् । सम्बन्ध बढाउनुस् ।"

हो त मैले सम्बन्ध बढाएँ । एक दिन धेरै समयपछि त्यो संसार छिरें । प्रिन्स ठीक भन्थे । एउटा पाठकको शुमकामना सन्देश कम्प्युटर स्क्रिनमा देखें- प्रिय फिक्सन डिजाइनर ! जन्मदिनको शुभकामना !

मैले धन्यवाद फर्काएँ । सात महिनापछि ।

म हातैले लेख्न मन पराउँछु । लेख/रचनाहरू कागजमा हातैले उतार्छु । दश, बाह्र पेजको क्याजुअल लेख लेख्न तीस, चालीस पाना हावामा उडाउँछु । आफू वरपर हेर्छु– कोही डेस्कटपमा छन्, कोही ल्यापटपमा । कागजमा औंलाहरू चलाउँदै अक्षर कोर्ने पुस्ता लोप हुँदै छ । आफ्नो टाइपराइटरमा टङ्कण गरी त्यो पुस्तालाई मैले 'सेभ' गर्न सकिनँ ।

सुन्दर अक्षरहरू लोप भए, जसरी मेरो टाइपराइटर लोप भयो ।

***

सिनिमा दुकानबाट चुँडेको चप्पल लतार्दै : आफूलाई घिसार्दै घर फर्कन्छु । खिन्न/उदास छु । सावित्री भन्छे, "किन मुहार अँधेरो देख्छु । फिल्म मन परेन ?"

- मलाई हल मुर्दाघरझैं लाग्यो । चिहानझैं लाग्यो । - भन्छु ।
- तपाईं त कमेडी फिल्म हेर्न जानुभा'हैन र ? हरर फिल्म हेरेर आउनुभो कि क्या हो ? - भन्छे ।

म फिस्स फिस्सिन्छु । यो क्याजुअल लेख वास्तवमा एक एनालग मानिसको नोस्टाल्जिया हो । यसो सोची बस्छु : खान्चोक सर ठीक भन्नुहुन्थ्यो कि म कुनै दिन लोप हुनेछु । पुरानो टाइपराइटरझैं । न्युजविक पत्रिकाझैं । कमिक्स पढिरहेको बच्चाझैं । प्रेमपत्रझैं । पोस्टकार्डझैं । रेडियोझैं । ह्यान्ड राइटिङझैं । शहरबाट पत्र-मञ्जुषाझैं लोप भएका छन् ती समय जसलाई पुरानो यासिका क्यामेराले कैद गरी राखिदिएको छ मेरो मनमस्तिष्कको डार्क-रुममा ।

घाँटीमा कुसुमे रुमालको गाँठो बाँधी, जुल्फी लर्काउँदै सिनिमा दुकान छिर्ने त्यो पुरानो ठिटो कहाँ गयो ?

एउटा जमाना थियो, जब परिवारको एक सदस्य पहिल्यै हलमा गई टिकट काटेर राख्थ्यो । अरू सदस्यहरू राम्राराम्रा पहिरनमा, पुरुषहरू काइँयोले केश कोर्दै अनि काइँयोलाई प्यान्टको पछिल्लो जेबमा घुसाउँदै, महिलाहरू सुन्दर सारी लगाउँदै/हातमा रङ्गीचङ्गी चुरा बजार्दै, बच्चाहरू नयाँनयाँ नाना लगाउँदै/ललिपप चुस्दै हूलका हूल बाँधेर मैटनी-सो हेर्न जान्थें । त्यो पूरै बगाल लोप भयो । भीडमा घुसी ब्ल्याकमा टिकट बेची हिंड्ने ब्ल्याक-म्यान लोप भयो । त्यो ब्ल्याक-म्यानसितै लोप भयो सिनेमा-संस्कृति ।

गोठाला गएका मेरा मीतज्यू फर्कनुभएन । भैंसी चराउँदा चराउँदै उहाँ लोप हुनुभयो र उहाँसितै लोप भयो एक घरेलु, मौलिक नेपाली संस्कृति । आजकल कोही कसैको मीतज्यू हुँदैन । कसैले मीत लगाउँदैन । यसरी लोप भयो मानिस मानिसबीचको एक पवित्र मितेरी साइनो । बाँकी रह्यो मात्र एक लोकल दन्त्यकथा । केवल एक नोस्टाल्जिक किंवदन्ती ।

मेरो पुस्ताको सायद म अन्तिम फोसिल हुँ ।

गुरु रिम्पोचे छेवैमा आउँछ । सोध्छ :

- पापा ! होमवर्क सिद्धेन ?

म यसरी लेख्न बस्दा उसलाई लाग्छ उसको प्रिय पापा धेरै वर्षअघि कतै छुटेको होमवर्क गरिरहेको छ । बाल्यकालमा मिसलाई बुझाउन बिर्सेको पाठ तयार गरिरहेछ । म धेरै बेर केही नबोलेपछि ऊ भन्छ, "पापा के भो ? किन नबोलेको !"

म उसको गालामा म्वाइँ खान्छु । कपाल सुम्सुम्याउँदै भन्छु :

- छोरा, म लोप हुँदै छु ।

फुटनोट्स

॥ आमा ॥

म गुरुङसेनी हुँ । घले गुरुङसेनी ।

बाउले मेरो नाम राखिदिनुभाथ्यो- सरिता गुरुङ ।

मेरो माइती देश गोरखा हो । राजा पृथिवीनारान पनि गोरखाको थियो क्यारे ! जान्दिनँ । बुझ्दिनँ । भए पनि क्यारम् त ! राजा-रजौटाहरूले मेरो जुनी फेरिदिएनन् क्यारे ! भावीको लेखा, दैवको खेला अनुठो हुँदो रेछ ।

गाउँको माटोमा खेलीबढी हुर्कें । भीरपाखामा, पँधेराउँधी सुसेली गाउँदै तरुनी भएँ । गाईबस्तुलाई घाँसपात गर्दै हलक्क बढें । खोलाको चिसो पानीले आँत भरें । बाउले इस्कुल पठाएन । भेडी-गोठ जा भन्यो । किन जान्थें म, बिनसित्तै भेडाहरूसित भेडीगोठ ? बरू रोदीघरतिर गीत गाउँदै हिडें ।

एक दिन गाउँको प्रहरी चौकीमा एउटा हल्दार आयो । दुब्लो पातलो । त्यो मुन्छे मलाई भेडाजस्तो लागेन । त्यो हल्दारले के जादूटोना गर्‍यो कोनि ! मेरी बास्सैऽऽऽ म त त्यो जुँगे हल्दारको पिरेममा भुतुक्कै भएँ ।

गामठाममा आफ्नै सोल्टीहरू थे । केटाहरू थे । हट्टाकट्टा, सुँगुरको ज्यान भा'का पट्ठा तर तिनार्को मारुनी-नाचले मलाई लोभ्याएन । रोदीघरका ती अल्लारे भेडाहरूलाई, सोल्टीहरूलाई लोप्पा ख्वाइदिएँ । ती भेडाहरूसित क्यान मायापिर्ती लाउने नाइँ ! मेरो मन त जुँगे हल्दारले चोर्‍यो ।

त्यो हल्दार गोडा एक दिन हाम्रो घरमा आयो । दैलोछेवै आँगनमा बस्यो । घरमा बाउ थिएन । आमा थिएन । दाजैहरू थिएन । म मात्तै थिएँ । बाउ भन्थ्यो, बेलुकाका पाहुनाहरू देउताका मुन्छे हुन् । दैवको मुन्छेलाई के खुवाउने ?

घ्याम्पाबाट जाँड झिकेर एक बटुको त्यसलाई दिएँ । घुटुघुटु खायो । बरालाई कस्तो तिर्खा लाग्या रै'छ । अर्को जाँड थपिदिएँ । घुटुघुटु खायो । जुँगामा अल्झ्याको जाँड पुछ्दै हल्दारले भन्यो : "मैयाँ ! ब्या गर्ने हो मसित ?"

आम्मुइ ! कस्तो ज्याद्रो मुन्छे रै'छ ! ब्या गर्छु पो भन्छ ! मोराले अर्को जाँड खाएपछि त झन् क्या पो भन्ने होला ! क्यार्ने ! मै मोरीलाई शरम भयो । लजाम्नु परेन त !

पछि बाटोघाटोमा मलाई मोराले पछ्याउन थाल्यो । आँखा सन्काउन थाल्यो । गोठाल्नी जाँदा हिन्दी गीत गाउँदै फकाउन पो थाल्यो । हाम्रो घराँ थुप्रै आरुका बोट थिए । मेरो पोल्टामा सधैं गोडादशेक आरु हुन्थ्यो । आरुले त्यसलाई हिर्काउँथें । मोराले आरु त भुईंबाट टिपीकन खान पो थाल्थ्यो । त्यो लुरे हल्दारको त्यस्तो आँट !

साँच्चै आँटिलो थियो, त्यो मुन्छे । एक दिन त्यल्ले मेरो बाउसित भन्यो, "तिम्रो छोरी मलाई देऊ बूढा ! ब्या गर्छु । पाल्छु । देश घुमाउँछु ।"

बाउ काँ मान्थ्यो नाइँ ! परदेशीको के भर ! आज याँ/भोलि कुन्नि काँ ! बाउले भन्यो, "तिमी नेवारलाई छोरी दिन्नँ । परदेशीको के भरोसा ?"

"छोरीलाई बूढीकन्ने राख्ने कसम खा छौ कि क्या हो बूढा !", परदेशीले भन्यो, "तिम्री छोरीलाई बहुत खुशीमा राख्छु । सुख दिन्छु ।"

त्यो हल्दारले भनेको सुख कस्तो थियो ? कल्पैं । पानीघट्टभन्दा पर नगाकी मलाई परदेशीले कुन देश डुलाउला ! म बूढीकन्ने किन बस्ने ? अहँ, नबस्ने ! माइतीघरमा बिनसित्तैं किन बस्ने ? अहँ, अब नबस्ने ! म त त्यो परदेशी मुन्छेसित देश घुम्न जाने ।

बाउलाई असला माछा खुप मन पर्थ्यो । यो असल मुन्छे चैं किन बाउले मन नपरा होला ? अलिअलि जाँड पानी खाने बानी रै'छ । चुरुट, बिंडी पनि खाने रै'छ। तब के ? बाउ पनि त खान्छ नि ! मर्दले खाइहाल्छन् । केको लन्ठा ?

बाउले छोरी दिने भएनन् । हल्दारले जुँगा मिलाउँदै बाउलाई भनेको हिजैजस्तो लाग्छ, "तिम्रो छोरीलाई ब्या गर्ने यो ज्यानले आँटिसक्या छ। हेर बूढा ! खाने मुखलाई जुँगाले छेक्दैन ।"

जुँगा पाल्ने मुन्छेले त्यसो भनेको काइदाको हुँदो रै'छ । बाउको जुँगा थिएन । मर्दसित जुँगा नहुनु बेफाइदाको हुँदो रै'छ । जुँगा नभएकाले बाउलाई घाटा लाग्ने भयो किनभने उसको छोरी जुँगेसित पोइला जाने भई ।

परदेशीको सरुवा भयो । जुनेली रातमा म त्यो हल्दारसित भागें । मैले माइती देश छाडें । बालापन भेडीगोठ पानीघट्टतिर कतै छुटे । बाउ, आमै र दाजैहरूलाई मनमनै टाटा गरें र यौटा परदेशीको पछि लागें । म गुरुङसेनी । यौटा नेवार मुन्छेको माग्यसित दैवसन्जोगले जोडिएँ ।

अब त बूढी भइगएँ । नातिनातिनाको दन्तेकथाको बज्यैजस्तो भइगएँ ।

परदेशीले आफ्नो भाका राखेकै हो । उसैको पछि लागेर नेपाल डुलें । कहिले काँ/कहिले काँ । मुन्छेको जुनी भन्याको यौटा यात्रा रै'छ । पुर्नेको रातमा गोरखा छाडेको मैले त्यसपछि आजसम्म माइती-देश जाने साइत जुराउन सकिनँ । नयाँ बेउली भा'थें । खुशी थिएँ । सुख-दुःख जे-जे पो पर्ला ! बूढासितै बेहोरुँला नाइँ ! पक्कै पनि आफ्नी दुलहीलाई नमार्ला, नकाट्ला ! आफ्नी जोईलाई नरुवाउला ।

मेरो पैलो छोरा मरी गएपछि जन्मेको हो, कुमार । ढोरपाटनको हिउँमुनि पैलो छोरोलाई गाउँलेहरूले पुरिदिएका थिए । भावीले छैंटीमा मेरो निधारमा यस्तै लेखिदिया रै'छ तर पैलो छोराको निधारमा भावीले क्यान केही लेखिदिएन ? भावीसित लेख्ने कलम, डटपेन, फुल्टिन पेन थिएन कि ! कलमको मसी पो सिद्धिया'थ्यो कि ! मेरो पैलो छोरा नाबालखमै मर्‍यो । मेरो काख रित्तियो । मेरो कोख चौपट भयो । मेरो कोख सिद्धियो ।

कुमार राजाको गाउँमा जन्म्या हो । महाराजगन्जको यौटा ज्यापूको घराँ । राजाको गाउँमा यौटा कुरो बडो निको लाग्यो मलाई । त्यहाँ सिनिमा-दुकानहरू हुँदा रै'छन् । हल्दारले मलाई जैनेपालको सिनिमा दुकानमा थुप्रै फिलिमहरू देखायो ।

यौटा फिलिम हेर्दा मलाई बेथाले च्याप्यो । बूढाले ट्याक्सीमा डेरा ल्यायो । रातभर बेथाले रुवाएपछि ज्यापूको डेराको छिंडीमा ब्यान मैले कुमारलाई जन्माको हुँ । चिहाँचिहाँ गर्दै जन्म्यो । राति भोड्का खाई सुतेको बूढालाई चिहाँचिहाँले जगायो । आँखा मिच्दै त्यसले भन्यो, “बजियाले चिहाँऽऽऽ चिहाँऽऽऽ त गर्‍यो तर सीधै चिहान जान्छु भनेको त होइन होला । कि कसो मैयाँ ?”

“टेरो डिमाख, मरु !” घरबेटी माले बूढालाई गाली गरी ।

मलाई ढोरपाटन याद आयो । हिउँमुनि पुरिएको पहिलो सन्तान सम्झें । चिहान सम्झें । गह भरिएर आयो । मैले अठोट गरें, यो नयाँ छोरालाई चिहान, घाटको बाटो देखाउँदिनँ । यसलाई राम्रोसित पढाएर ज्ञानी, गुनी मुन्छे बनाउँछु ।

काले ज्ञानी, गुनी मुन्छे बन्ला भनेको त ज्याद्रो चकचके भएर निस्क्यो । बच्चामा कुमार कालै थियो । हाफ कट्टु लगाएर कताकता दौडिरहन्थ्यो । जोडले चिच्याएर बोलाउनुपर्थ्यो, “ए काले भात खान आइज !” अहिले पनि कालै छ । त्यसको दाह्री-जुँगा सेतो फुल्न थालेछ । त्यसको बच्चाको नाम नवराज थियो । नव घटेर पछि राजकुमार भयो । पछि राज पनि हटेर कुमार मात्तै भयो । कुमार श्रेष्ठ । पछि श्रेष्ठ पनि हट्यो र कुमार नगरकोटी भइगयो ।

त्यसलाई हुर्काउन कम्ता गाह्रो भएन ! डोकोमा थुनेर राख्नुपर्थ्यो । डोकोलाई याँमानको ढुङ्गाले थिचेर । बूढाको सरुवा भै'रन्थ्यो । बूढा सरुवा रोग लागेको मुन्छे पो थियो कि नाइँ ! गुल्मी, तम्घास, रिडीतिर काले वामे सर्दै अनि टुकुटुकु हिंड्न पो थाल्यो । दौडन थाल्यो । बाउको भोड्काको सिसी फुटाउन थाल्यो । डोल्पामा चौरी गाईसित कुस्ती खेल्यो । टाउकोमा गोडा पाँचेक टाँका लाउनु परो । त्यो खत कालेको 'खप्पर'मा अझै होला ।

डोल्पाको हिउँमा काले दोचा र बख्खु लगाई ठमठम हिंड्थ्यो । भोटेको बच्चोजस्तो पो देखिन्थ्यो । एउटी कमनिस्ट बैनीले कालेलाई कपुरी 'क' लेख्न सिकाइदेकी हो । त्यो कुसुम बैनीलाई कुमारले बिर्स्यो कि ! अक्षर-ज्ञान दिने आफ्नी अक्षर-आमालाई बिर्स्यो कि !

बूढाको सरुवा भइरन्थ्यो । कहिले सुर्खेत, कहिले दाङ, कहिले हुम्ला/जुम्ला । रुकुम जिल्लाको चौरजहारीमा परदेशीको 'पोस्टिङ' भा'बेला थियो । बूढा एयरपोर्टको हाकिम सा'ब भाथ्यो । प्रहरी इन्चार्ज । एक साँझ बूढाको बुद्धिको घैंटोमा घाम लागेछ क्यारे ! भन्न पो थाल्यो, "बूढी ! छोराको पढाइ बिग्रने भो ! मेरो ठेगान भएन ! सरुवा भइरहनुपर्छ । जागिर नै यस्तो छ । मैले स्कुल पढ्न पाइनँ । तँलाई पनि कालो अक्षर भैंसी बराबरजस्तो हो । यसरी स्कुल फेर्दै हिंड्ने हो भने त बजियाको भविष्य बर्बाद हुने भो !"

"त्यसो भा क्यारम् त ?", बूढालाई भनें ।

"कुमारलाई बोर्डिङ्मा पढाउने, बुझिस् । त्यसले मनलागी पढोस् । अङ्ग्रेजी स्कुलमा बेपत्ता पढोस् । पढेर ठूलो मान्छे बनोस् ।", बूढाले मनको गुनासो पोख्यो ।

'खुप मुनासिब कुरा गऱ्यौ बूढा', भनें, "रौसी खान्छौ त ? पढाउने काइदा चैं के हो ? कहाँ हो । चौरजहारीमा त बोर्डिङ् छैनन् ।'

परदेशीले भन्यो, "एउटा डीआईजी साथी छ । रणबहादुर चन्दसित कुरा गऱ्या छु ।"

"को रणबहादुर ?", सोधें ।

"त्यही त क्या डीआईजी ! दाङमा भर्खरै पुलिस स्कुल खोल्या छ । मेरो फुच्चे कुमारले अब त्यहीं होस्टलमा बसी पढ्नेछ ।"

"यो होस्टल चैं क्या हो ?", सोधें ।

"प्रहरी ब्यारेकजस्तै हो ।", बूढाले यौटा गिलास रौसी र मासु खाँदै भन्यो ।

बूढाको पैसाले काँ पुग्थ्यो र ? नाकमा लाउने फुली, बुलाकी र कानको ढुङ्ग्री बन्धकी राख्ने भएँ । मेरो छोरा बुर्डिङमा पढोस्, सुनको के कुरा नाइँ !

होटल चलाउने भएँ । जुठो भाँडा माझेर भए पनि मेरो कालेलाई पढाउँछु/खुप पढाउँछु भनें । यौटा दिन चीलगाडी चढेर काले बुर्डिङ स्कुल पढ्न गो ।

हुस्टेल हो कि ब्यारेक कुन्नि क्या हो, त्यहाँ कक्षा तीनमा पढ्ने भो । चौरजहारीबाट नेपालगन्जसम्म चीलगाडीमा । नेपालगन्जबाट दाङसम्म बसमा । लौन नि ! कसरी जाने होला, त्यस्तो परदेशमा ! बूढाले छोरालाई पनि परदेशी बनाउने भो क्यारे !

आमालाई कहिल्यै नछोडेको, घरबाहिर एक दिन नबिताएको काले वर्षौंसम्म अब घरबाहिर, मेरो काखबाहिर हराउने भो । खुप रोएँ । चीलगाडी चढ्नुअघि भन्या थें, "बाबुऽऽऽ राम्रोसित पढेर तिमी ज्ञानी, गुनी मुन्छे बन्नुपर्छ ल !"

ज्ञानी मुन्छे त मलाई अँगालो मारेर बेस्सरी रुन पो थाल्यो । बिचरो त्यो फुच्चे कुमार नगरकोटी... ।

॥ बा ॥

आफ्नो संस्मरण म एउटा झुसिलकीराबाट शुरु गर्छु :

...एउटा झुसिलकीरा सदा मेरो पैन्टको खल्तीमा रहन्थ्यो । त्यो कीरालाई गोजीभित्र राखी म देश/परदेश घुमिहिंड्थें । वास्तवमा, म एक परदेशी नै थिएँ । वर्षौं वर्ष नेपालका दुर्गम गामठाममा डुलुवा बनी हिंडें । सरुवा भइरहन्थ्यो । गोजीमा एउटा झुसिलकीरा सधैं रहन्थ्यो ।

चौरजहारीमा त्यो झुसिलकीरा एउटा दिन गोजीबाट निस्क्यो र पुतली बन्यो ।

कस्तो अचम्म ! त्यो पुतलीले आफ्नै आकाश खोज्न रुचायो । स्वतन्त्र उडान भर्ने रुचि देखायो । अनि, उडी गयो ।

मान्छेहरू भन्छन्, गोजीको झुसिलकीरा वास्तवमा म स्वयम् थिएँ । म अर्थात् रत्नबहादुर श्रेष्ठ । त्यो पुतलीको नाम थियो, कुमार नगरकोटी । गाँठी कुरो के भने हरेक पिता झुसिलकीरा हो र उसको पुत्र पुतली ।

मेरो जीवन घुमन्ते परदेशीको एउटा यस्तो कथा हो, जसको कुनै स्थायी जरा छैन । आफ्नो जरा नभएको चरा थिएँ सायद म । काठमान्डुका रैथाने नेवारहरूलाई राणा प्राइम मिनिस्टरहरूले लगालग धपाउन थालेपछि मेरो पुर्खा दुई नम्बर रामेछाप बसाइँ गयो । यो उहिल्यै उहिल्यैको कुरा हो ।

जीवनमा खुबै हन्डर खाइयो । काका, दाजुहरूले स्कुल जान दिएनन् । गोठाला जाँदा भुईंमा अक्षरहरू लेख्न सिकेको हुँ तर गोठालो बन्नु मेरो नियति थिएन । १२ वर्षको उमेरमा घरबाट भागेर कलकत्ता गएको हुँ । छ वर्षको रहलपहल आयु

हाउडा ब्रिजकै सेरोफेरोमा बित्यो । जुठो भाँडा माझिनँ कि कुल्ली, मजदुरी गरिनँ कि ! पापी पेटका लागि के के गरिनँ ? अलिअलि लेखापढी सिकेँ ।

देश फिरेँ, प्रहरीमा भर्ती हुन । काठमान्डुमा ।

"तँ श्रेष्ठ थरलाई कसरी जङ्गी जागिर खुवाउने ?", हाकिमले हप्कायो । थर्कायो । श्रेष्ठहरूलाई प्रहरी र सेनामा भर्ना नलिने अलिखित आदेश रैछ माथिको । मलाई जागिर त खानै थियो । के गरूँ भनी हाकिमलाई सोधेँ । उसैले जुक्ति फुराइदियो, "थर चेन्ज गर् । श्रेष्ठ होइन, तँ आजैका मितिदेखि रत्नबहादुर नगरकोटी भइस् ।"

प्रहरीको सत्य सेवा, सुरक्षणम्मा २७ वर्ष बिताएँ । सम्पत्ति आर्जनको हिसाबकिताबमा गएगुज्रेको भएँ । छोराछोरीलाई शिक्षादीक्षा दिएँ । मैले आर्जेको सम्पत्ति बस्, यत्ति हो । हाम्रो पुर्खा, वंशमै कसैले नगरेको काम नाथे कुमारले गरेको हो । बजियाले राम्रो स्कुलमा पढ्ने मौका पायो । मेरो त पुर्पुरोमा त्यस्तो कहाँ ? त्यसले एसएलसी पास गर्दा म त झन्डै फेन्ट भाको !

बीए गरोस्, त्यसपछि बिहे गरोस् भन्ने मेरो इच्छालाई बजियाले लोप्पा खुवाइदियो । बीए गरेपछि इन्स्पेक्टर बनाउँला भन्थेँ । त्यसले घरजम गरेपछि नातिनातिना खेलाउँला भन्थेँ । बजियाले त जोगी बन्ने छाँटकाँट पो देखायो । चिहानघाटतिर बरालिएर हिँड्न थाल्यो । साधु, जोगी, महात्मा, सन्तहरूको सङ्गतमा लाग्यो । गाँजा, भाङ, धतुरो खाई मसानघाटतिर पो हिँड्न थाल्यो ।

बजियाले रजनीश, गुर्जिफ, दोस्तोयब्स्की पढ्न थालेछ । अर्काकी स्वास्नीसित, आफूभन्दा जेठी आइमाईसित प्रेम गर्न थालेछ । त्यसको ह्यान्डराइटिङ् मलाई खुप मन पर्थ्यो । बच्चैदेखि बजियालाई औंला समाई मैले अभ्यास गराएको हुँ । त्यसलाई रङ्गीचङ्गी कलमहरू सङ्ग्रह गर्न मन पर्थ्यो । अरू जेजस्तो भए पनि अक्षरचाहिँ दामी हुनुपर्छ है केटा भनी म उसलाई बारम्बार सम्झाउँथेँ किनभने अक्षरसित मेरो मोह थियो ।

नाथे कुमार 'हस् बा' भनी मैले किनिदिएका फुलस्केप कागजमा घन्टौं अक्षर अभ्यास गर्थ्यो । विभिन्न राम्रा कलमहरूको त सङ्ग्रह नै बनाइदिएको थिएँ, त्यसका लागि ।

मलाई लाग्थ्यो त्यसले कुनै दिन तिनै कलमहरूले आफ्नो दामी भाग्य लेख्नेछ तर बजियाले त बरु कविता, कथा, निबन्ध, नाटक, उपन्यास पो लेख्न थाल्यो । ए गाँठे ! भएन त बर्बाद ? कुनै ठूलो हाकिम, खेलाडी, पाइलट, डाक्टर बन्ला भन्या त नाथे कुमार झुरपट्याँस लेखक पो बन्ने भो !

साहित्यसित वास्तवमा हाम्रो वंश परम्परामा गाई बेचेको साइनुसम्म छैन । साहित्य, दर्शन, कला, सङ्गीतमा त्यसको कसरी मन बस्यो ? बडो अचम्म छ । यो जेनेटिक समस्या हो क्यार ! त्यसको 'जिन'मा कसले कविताको डीएनए इन्जेक्ट गरिदिएछ कुन्नि ?

कहिलेकाहीँ बिचरोको माया पनि लागेर आउँछ ।

त्यत्रो सानु बच्चोलाई सुदूर होस्टेलमा राखेर कुनै अपराध त गरिएन भन्ने लाग्छ । त्यसले कहिल्यै पारिवारिक वातावरण पाएन । त्योसित आफ्नो जरा भन्ने चीज नै रहेन । हामीकहाँ जन्म लिनु त्यसको भौगोलिक त्रुटि पो थियो कि त ! आफ्नो भन्ने थातथलो, पहिचान उससित केही भएन । यस्तो मान्छेलाई मानिसहरू आउटसाइडर भन्छन् क्यारे ! काठमान्डुबाट चिठीमा कविता लेखी पठाउँथ्यो बजिया मलाई : प्रिय ड्याडी, कविताको पाठेघरभित्र म चलमलाइरहेको छु ।

कुमार नगरकोटीसित म कसोकसो जोडिन पुग्दो रहेछु किनभने म त्यसको बाउ हुँ । मेरै पसिना अनि रक्तबीजले त्यसको 'आत्मज्यान' सिंचिएको छ । मेरो नाम रत्नबहादुर । ऊ मेरो पुत्र थियो तर अचेल मलाई आफूमा कुनै पितात्मक भावना, अहं, अनुभूति आउँदैन । मसित अब पितात्मकताको प्राइभेट अहङ्कार छैन । हाम्रो 'सम्बन्ध' पिता र पुत्रको 'पैतृक-सम्पत्ति'जस्तो पनि थिएन । ऊ त मेरो मित्र थियो । दोस्तीमा पिता-पुत्रको हिसाबकिताब कुन मूर्खले राखिरहोस् । दोस्तीमा को पिता, को पुत्र ! व्हाट ननसेन्स ?

मेरो मृत्यु विक्रम संवत् २०५४ वैशाख १७ गते मध्याह्नको ठीक १२ बजेर ३ मिनेटमा भएको हो । नाथे कुमार जन्मेको थियो, मङ्सिर १७ गते । हाम्रो जन्म र मृत्युको गतेमा सङ्गति मिलेको मान्नुपर्छ, १७ गते... । मेरो मृत्युपश्चात्, कोसीको घाट-किनारमा नाथे कुमारले मलाई मुखाग्नि/दागबत्ती चढाएको कुरा एकदमै साँचो हो ।

॥ म ॥

आई डोन्ट वन्ना बी फुटनोट्स अफ एनिबडिज लाइफ स्टोरी...

- गेलहर्न

वन्ना-बी-वुमन अर्थात् गेलहर्नले अर्नेस्ट हेमिङ्वेसितको आफ्नो सम्बन्धका बारेमा एउटा पत्रकारलाई भनेकी थिई माथिको कुरा- म कसैको जीवन-कथाको 'फुटनोट्स' हुन चाहन्नँ । ती वन्ना-बी-वुमनको सूत्र कथन मलाई गजब लागेको हो ।

जीवनमा हामीले कति धेरै कुरा महत्त्वहीन ठानिदिन्छौं । स-साना कुरा आत्मसंस्मरणबाट छुट्छन् । ती सीमान्तकृत सम्बन्ध, घटना, आस्था, विचार अन्ततः फुटनोट्समा देखापर्छन् । कहिलेकाहीं मलाई कुनै रचनाको मूलपाठभन्दा पाद-टिप्पणीहरू बढी मन परिदिन्छन् ।

अहिले फिक्सन-गल्लीको मापसे-गृहमा चुपचाप विस्तीर्ण छु...

शरद्को यो आउट डेटेड साँझमा तमाम कुख्यात अनुभूति/स्मृतिसितै छाया ंकित छु । देहभित्र निद्रामग्न आत्मा बिस्तारो चलमलाउँदो छ । बुर्जुवा गिलासमा बिजुली-पानीको तरल पोर्ट्रेट छ । छताछुल्ल हुन खोज्छु । मापसे-गृह छेवै ठिङ्ग उभिएको लिङ्गजस्तो रूखबाट चराहरू उडी गएपछि सायद, म आफ्नो घर फर्कनेछु ।

मृत्युको असामयिक निधनमा म पटकपटक जिउने योजनाहरू बनाउँदो रहेछु । जिउनु जीवनसितको अन्तरिम/अघोषित प्रतिबद्धता न हो ! तसर्थ, अलिकति/थोरै जिउँदो रहेछु, फुटनोटहरूमा... !

यी अलिखित अटोबायोग्राफिकल स्मृतिहरूमा फुटनोट्सले भूमिका खेलेका/लेखेका रै'छन् । बुझ्छु/सम्झन्छु/र ट्वाँ पर्छु ।

मेरी गुरुङसेनी आमा भन्नुहुन्थ्यो, "बाबुऽऽऽ राम्रोसित पढेर तिमी ज्ञानी, गुनी मुन्छे बन्नुपर्छ ल !"

तर, फ्र्याङ्क्ली स्पिकिङ्, म ज्ञानी/गुनी मान्छे होइन । आमालाई अझै के मीठो भ्रम छ कि म ज्ञानी मुन्छे हुँ किनभने म कविता लेख्छु । मेरी आमाका निम्ति कविता लेख्ने मान्छे कवि होइन, बरु ज्ञानी मुन्छे हो । फसाद त के भने म कथा पनि लेख्छु ।

आमाको सोझो मनको हिसाबकिताब के हो भने ज्ञानी मुन्छेले केवल एउटैसित 'मायापिर्ती' लगाउनुपर्छ । विधवा नै सही, एउटै मुन्छेको अस्तित्वसित आफू समर्पित हुनुपर्छ । आमा केवल रत्नबहादुर नगरकोटीसित समर्पित भएझैं तर के गर्नु ? म अलिकति एक्स्ट्रा अनैतिक रै'छु । कवितासित मात्रै होइन, मेरो त कथा, नाटक, निबन्ध, उपन्यासहरूसित पनि 'एक्स्ट्रा मरिटल अफेयर्स' छ ।

क्यारम् त ?

बा भन्नुहुन्थ्यो, "नाथे कुमारऽऽऽ हाम्रो वंशमा कसैले नगरेको काम गरिस् । अङ्ग्रेजीमै एमए ठोकेर म बूढालाई देखाइदिइस् । कथाको किताप पनि निकालिस् । यो नै त हो नि मैले आर्जेको कुल सम्पत्तिऽऽऽ ।"

स्वर्गीय बालाई मैले भन्नै सकिनँ, "बा ! म गाङधनजस्तो महत्त्वपूर्ण हुन सकिनँ, तिम्रो जीवनको । तिमी मर्दा मसित कात्रो किन्ने पैसा पनि थिएन ।"

मलाई थाहा छ, जीवनमा यस्ता कुरा मूल कथामा, टेक्स्टमा आउँदैनन् । यस्तै फुटनोट्समा ती लिपिबद्ध हुने गर्छन् । ती फुटनोट्स हामीले वास्ता नगरेका शिलालेखहरू हुन् ।

चिनुवा अचेवे आफ्ना रचनाहरूमा आफ्नो जरा खोजी बस्छन् । भीएस नयपाल आफ्नो जराको खोजमा आफ्नो थरसितै 'नेपाल' खोजी बस्छन् । थुप्रै कामु/काफ्का/लामिछाने/रोशन शेरचनहरू आ-आफ्ना जरा खोज्दै फुटनोट्स लेखी बस्छन् । आफ्नो पुर्खाले आर्जेको वंशमा कहींकतै केही छुटेझैं/हराएझैं लाग्ने ती प्रशस्त पाद-टिप्पणीहरू कुन शिलालेखमा लेखिंदो हो ?

आत्माको विशाल सङ्ग्रहालयमा पाद-टिप्पणीको सेक्सन कहाँनेर होला ? मेरो जरा काँ हो, मेरी आमाको जरा काँ हो ? मेरा बाको जरा काँ हो ? कहिलेकाहीं काव्यको लहडमा सोची बस्छु, म सायद चरा हुँ । चराको राज्य कहाँ हो ? चराले आफ्नो अस्तित्वको फुटनोट्स लेख्छ कि लेख्दैन ?

उमेर

कृपया, पाना पल्टाउनुस् !

BOOK HILL

www.ingramcontent.com/pod-product-compliance
Ingram Content Group UK Ltd.
Pitfield, Milton Keynes, MK11 3LW, UK
UKHW042130021026
15589UKWH00003B/724

9 789937 753296